北大版对外汉语教材·阅读教程系列

中级汉语分类阅读

人文篇

Ⅲ

刘士勤　主编

北京大学出版社
PEKING UNIVERSITY PRESS

图书在版编目(CIP)数据

中级汉语分类阅读·人文篇Ⅲ/刘士勤主编.—北京：北京大学出版社，2010.1
(北大版对外汉语教材·阅读教程系列)
ISBN 978-7-301-16442-6

Ⅰ.中… Ⅱ.刘… Ⅲ.汉语—阅读教学—对外汉语教学—水平考试—自学参考资料
Ⅳ.H195.4

中国版本图书馆CIP数据核字(2009)第227384号

书　　　名：中级汉语分类阅读·人文篇Ⅲ
著作责任者：刘士勤　主编
责 任 编 辑：张弘泓
标 准 书 号：ISBN 978-7-301-16442-6/H·2398
出 版 发 行：北京大学出版社
地　　　址：北京市海淀区成府路205号　100871
网　　　址：http://www.pup.cn
电 子 信 箱：zpup@pup.pku.edu.cn
电　　　话：邮购部62752015　发行部62750672　出版部62754962
　　　　　　编辑部62752028
印　刷　者：北京大学印刷厂
经　销　者：新华书店
　　　　　　787毫米×1092毫米　16开本　16.25印张　300千字
　　　　　　2010年1月第1版　2010年1月第1次印刷
定　　　价：40.00元

前　言

阅读是人们了解过去、展望未来、学习新知的基本途径，也是现代人应具备的一种基本智力技能。研究表明，人们通过视觉获得的知识占83%。在现代社会，阅读能力的高低，不仅关系到每个人的学习效率与工作能力，也会影响到一个国家在未来全球经济中的地位。因此，许多国家，无论是母语还是第二语言教学，都纷纷开设阅读课，展开阅读学与阅读教学研究，努力探索提高阅读理解能力与速度的科学途径。面对全球"汉语热"日益高涨的新形势，我们奉献给读者这套《中级汉语分类阅读·人文篇》读物，其目的就是帮助外国人、海外华侨、华人和国内少数民族同胞，在阅读短文与语段、了解中国现状和训练阅读技能技巧的过程中，既能大力提高中文阅读理解水平，又可以获得HSK高分。

本书寓传授汉语与文化知识于阅读之中，通过阅读多种范文、语段和练习实践，读者可在巩固汉语知识、加深了解中国的同时，基本掌握科学阅读技能技巧，迅速提高中文阅读理解能力和阅读速度。

"竭泽而渔"、"择善而从"是我们筛选短文的原则。书中所选短文内容新颖，信息量大；题材广泛，语言规范；体裁多样，生动有趣。为适应广大读者中文水平，我们对所收的短文大都经过改写，并将其出处与作者标于短文之后。

本书以《汉语水平等级标准与语法等级大纲》、《汉语水平词汇与汉字等级大纲》、《高等学校外国留学生汉语言专业教学大纲》等为依据，按语言难易程度依次编为3册。每册按照话题分为若干单元，每个单元收入6篇短文，并依照短文、注释、生词、练习顺序编排，总计约有25万字。各册内容和难易情况如下：

第一册主要筛选反映基本日常生活、学习活动与简单社会交际内容的短文，词语和语法点分别限定在2500与200以内。

第二册以精选反映现实日常生活、学习生活和某些社交活动的文章为主，词语和语法点分别限定在4000与500以内。

第三册主要收录反映一般生活、浅显新闻和某些社会交际活动的文章，词语和语法点分别限定在5500与1000以内。

本书由刘士勤策划、统稿，王世巽、吕文珍、何丽静、刘士勤共同编写。各自所编的专题如下：

王世巽：中华习俗、神州漫游、社会热点、巨龙腾飞、校园内外(部分)

吕文珍：我爱我家、文艺窗口、新鲜故事

何丽静：校园文化、凡人奇事

刘士勤：人生足迹、见证中国、人间情话、新中国一日、中国脊梁、历史瞬间、校园内外(部分)

生词英文翻译：何丽静(第二册)、蔡志明(第一、三册)

本书在编写过程中，得到北京大学出版社沈浦娜主任、宋立文先生、张弘泓女士和有关作者、出版单位的大力支持，在此一并深表感谢。

编　者

目　录
Contents

第一单元

新鲜故事

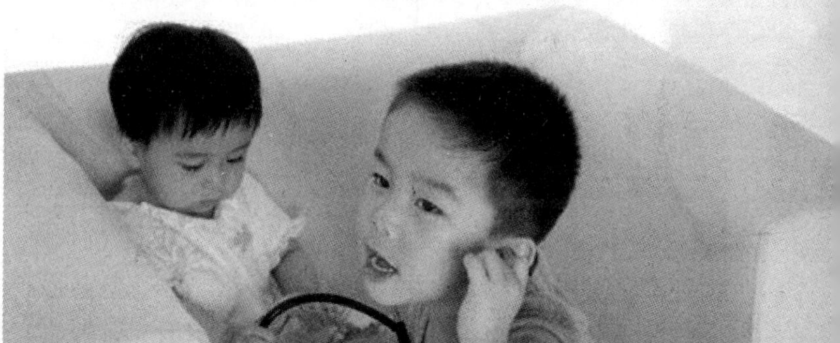

第一课

人生试题

上大学的第二年,学校开了一门课程叫“人生”。

第一次上“人生”课,老师先做了个简单的自我介绍,说他叫李毅然,和中华人民共和国同一天过生日。然后就说要进行一次考试,同学们听了都很奇怪,刚刚开学,还没有开始学习,怎么考试呢?

李老师笑眯眯地说:“说起来是考试,其实也就是个小调查。内容很简单,只有三道题目。”李老师顿了顿,看大家还是一脸茫然的样子,脸上又堆满了笑容,说:“下面我开始出题了。第一题,你们谁记得父母的生日?”听了李老师的话,很多同学愣住了。只有几个女生举起了手。李老师数了数举手的人数,轻轻地点了点头,又说:“学校有四个门卫,每两人一班轮流看大门,谁能说出其中两个人的名字?”这一下大家傻眼了。虽然大家经常从校门口出入,也知道这几个门卫分别是赵师傅、李师傅、王师傅和张师傅,可具体到每个人叫什么名字,还真说不出来。

李老师看大家哑口无言的样子,又笑了,接着抛出了第三个问题:“你是否经常反省自己?”这一问,所有的同学都低下了头。

教室里静默了一会儿,李老师说话了:“‘人生’这门课程,目的在引导我们树立正确的人生观、价值观和世界观,教导我们今后如何立身处世,做人成才。今天的三道考题,可以说是对同学们做一个检验。”

“第一题,记住父母的生日。”李老师边说边在黑板上重重地写下了“孝道”两个字。“孝道教人孝顺父母。当然,孝顺父母并不仅仅是记住父母的生日,更重要的是在思想上和行动上孝敬父母。”

“第二题,记住你身边每一个人的名字,尊重你身边的每一个人。尊重别人才能得到别人的尊重。尊重别人可以使自己宽厚。人心宽厚才能做大事业。”

“最后一题,如果你记不住父母的生日,又叫不出门卫的名字,那么,你就该反省自己了。”说到这里,李老师又在黑板上写下了“反省”两个字。“反省才会有悔悟，有悔悟才会有进步，才会有成才的可能。”

这一课使每一个同学终生难忘。

20年后，全班同学在酒店聚会。班长让大家介绍一下自己20年来的工作情况和生活情况，每人所用时间不超过一分钟。

一个同学说：“毕业之后，我一直记着‘人生’第一课上，李老师提出的三个人生试题。我不但记住了父母的生日，记住了身边每一个人的名字，经常反省自己，还经常教育自己的学生也做到这三点，所以，我教的学生特别懂事，我也年年被学校、教育局评为优秀班主任，去年还被评为全国优秀教师。”

他的话音刚落，就响起了热烈的掌声，坐在旁边的李老师也笑着点点头。

第二个同学说：“我也一直记着李老师提出的三个人生试题。我不但记住了父母的生日，记住了身边每一个人的名字，还记住了所有客户、家庭成员的生日，记住了所有竞争对手的生日。每到他们的生日，我都会送去一张贺卡或一束鲜花。礼物虽轻，却收到了意想不到的效果。不管是我的客户还是我的竞争对手，现在都是我生活和事业中最好的朋友。因此，我的事业也获得了成功，个人资产超过了8位数。”大家听了，又一次热烈鼓掌。

第三个同学说：“我也一直记着李老师提出的三个人生试题……”

全班40多个同学很快都说完了，最后，班长说话了：“同学们，大家在李老师这三道人生试题的指引下，每个人都有了自己的收获。我想再问大家两个问题，不知道大家能不能回答出来？”大家异口同声地说：“什么问题？快说吧！”

班长说：“李老师给了我们那么大的帮助，谁能说出李老师叫什么名字？”大家听了，一下子都愣住了。是啊，上学的时候，成天李老师李老师地叫，毕业之后，一提起来还是李老师长李老师短的，从没叫过李老师的名字。现在，班长这一问，还真把大家难为住了。

班长看大家都不吱声了，又抛出了第二个问题：“不知道李老师的名字，是因为我们都是学生，不能直呼老师的名字。那么，有谁知道李老师的生日是哪一天呢？”

大家听后，又一次沉默了。

班长的脸色严肃起来了。“同学们！我觉得人生的试题应该还有第四道，那就是：记住老师的名字和生日。有人说人的一生，选对伴侣，幸福一生；选对环境，快乐一生；选对朋友，甜蜜一生；选对行业，成就一生。那么，选对老师呢？”

一个同学不假思索地说：“选对老师，智慧一生。”

“那么，我们该不该记住老师的名字和生日呢？”班长的话音虽然不高，却重重地砸在了每一个同学的心上。

（选自《郑州日报》2006年1月25日，作者：邱成立，有改动）

生　词

1.	人生	rénshēng	（名）	life
2.	茫然	mángrán	（形）	at a loss
3.	愣	lèng	（动、形）	stupefied
4.	轮流	lúnliú	（动）	by turns
5.	哑口无言	yǎ kǒu wú yán		be rendered speechless
6.	抛	pāo	（动）	raise
7.	反省	fǎnxǐng	（动）	do soul-searching, self examine
8.	静默	jìngmò		become silent
9.	引导	yǐndǎo	（动）	lead
10.	树立	shùlì	（动）	form
11.	教导	jiàodǎo	（动）	enlighten, teach
12.	孝顺	xiàoshùn	（动）	be filial
13.	宽厚	kuānhòu	（形）	clement
14.	聚会	jùhuì	（动）	gather with, meet together
15.	客户	kèhù	（名）	customer, client
16.	竞争	jìngzhēng	（动、名）	compete, vie
17.	对手	duìshǒu	（名）	competitor
18.	资产	zīchǎn	（名）	asset
19.	异口同声	yì kǒu tóng shēng		all with one voice
20.	伴侣	bànlǚ	（名）	companion, spouse
21.	行业	hángyè	（名）	industry, trade
22.	不假思索	bù jiǎ sī suǒ		without hesitation, think little of
23.	砸	zá	（动）	impress, engrave

练　习

一、选择对画线词语恰当的解释

1. 李老师数了数举手的人数，轻轻地点了点头。（　　）

A. 计算　　B. 数目　　C. 数据　　D. 查点

2. 学校有四个门卫，每两人一班轮流看大门，谁能说出其中两个人的名字？（　　）

A. 守护　　B. 看望　　C. 看管　　D. 观察

3. 这一下大家傻眼了。（　　）

A. 非常地着急　　B. 眼睛有毛病

C. 什么都不懂　　D. 不知怎么办

4. "人生"这门课程，目的在引导我们树立正确的人生观、价值观和世界观。（　　）

A. 看法　　B. 观看　　C. 观赏　　D. 样子

5. 大家在李老师这三道人生试题的指引下，每个人都有了自己的收获。（　　）

A. 收到　　B. 收入　　C. 心得　　D. 获得

6. 不知道李老师的名字，是因为我们都是学生，不能直呼老师的名字。（　　）

A. 嚷　　B. 叫　　C. 呼喊　　D. 喊叫

7. 班长看大家都不吱声了，又抛出了第二个问题。（　　）

A. 扔　　B. 提　　C. 丢　　D. 投

二、根据课文选择正确答案

1. 为什么很多同学听完第一题都愣住了？（　　）

A. 觉得问得奇怪　　B. 不知父母生日

C. 担心说出不利　　D. 一时紧张着急

2. 为什么大家对老师提的问题都“哑口无言”？（　　）

A. 不想回答　B. 无法回答　C. 不会说话　D. 没有兴趣

3. 班上经常反省自己的同学有多少？（　　）

A. 多数　B. 少数　C. 一半　D. 没有

4. 老师为什么在黑板上重重地写下了“孝道”两个字？（　　）

A. 非常生气　B. 不太满意　C. 提醒重视　D. 习惯做法

5. 为什么要记住身边每一个人的名字？（　　）

A. 强化尊重他人的意识　B. 克服自以为是的缺点

C. 关注竞争对手的行为　D. 表示承担重任的决心

6. 第二个同学事业成功的原因是什么？（　　）

A. 具有尊重长辈的美德　B. 懂得尊重和关心他人

C. 学会联络朋友的方法　D. 掌握做人成才的规律

7. 哪一组说法是正确的？（　　）

A. 选对伴侣，快乐一生　B. 选对朋友，成就一生

C. 选对行业，幸福一生　D. 选对老师，智慧一生

8. 谁是这篇小说的主人公？（　　）

A. 李毅然老师　B. 门卫赵师傅　C. 三位成功者　D. 原来的班长

三、根据课文回答问题

1. 第一次“人生”课老师是怎么上的？
2. 开“人生”这门课的目的是什么？
3. 第一次“人生”课在同学中产生了什么影响？
4. 文中提到的“人生”第四个试题是什么？你认为还应该有哪些人生试题？
5. 哪些因素影响一个人的人生？

四、扩展练习：根据下列文章片段选择正确答案

1—4

老人是菲律宾华侨，在海外奋斗多年，还乡后产生了济世助人、造福家乡的念头。

于是，老人分别给家乡几所学校的校长写了信，希望每个校长能提供十来个学生的名单，他从中选定资助的对象。家人怪他把程序搞得太复杂，不如通过“希望工程”或者“春蕾计划”，干净利落地了却一桩心愿。

老人摇摇头说：“我的血汗钱只给予那些配得到它的孩子。”至于哪些孩子才有资格得到资助，家里人谁也不知道老人心里的答案。

名单很快就寄到了老人手里。老人让家人买来了许多书，有《泰戈尔诗集》《十万个为什么》等等，分别寄给名单上的孩子们。家人觉得这些微薄的赠予太寒碜了，断定书中定有“黄金屋”，可翻来覆去也没有找到夹在书中的纸钞，只是，在书的第一页看到了老人的亲笔：赠给品学兼优的学生某某，落款处是老人的住址、姓名、电话和电子信箱。

家人大惑不解，却也不愿违背老人的意愿，只好替他一一寄出那些书。时间一天天过去，老人常常对着电话发呆，还莫名其妙地唉声叹气，但谁也猜不透老人为什么会这样。

新年时老人接到一张贺卡。它很普通，上面写着：“感谢您给我寄来的书，虽然我不认识您，但我会记着您。祝您新年快乐！”看了贺卡，老人竟然兴奋地大呼小叫：“有回音了，有回音了，终于找到一个可资助的孩子了。”

家人恍然大悟，终于明白老人这些日子郁郁寡欢的原因。他寄出的书原来是块“试金石”，只有心存感激的人才会有资格得到他的资助。

老人说，土地失去水分的滋润会变成沙漠，人心没有感激滋养会变得荒芜。不知感恩的人，注定是个冷漠自私的人；不知关爱别人的人，纵使给他阳光，日后也不会激发出自身的温暖，他不配得到别人的爱。

1. 老华侨回到家乡后产生了什么想法？（　　）

A. 造福儿孙　B. 帮孩子成才　C. 买书赠送人　D. 试探别人

2. 老人为什么先给名单上的孩子寄书？（　　）

A. 鼓励孩子们学习　B. 喜欢送知识给人

C. 提高自己的名誉　D. 挑选资助的对象

3. 文中的“黄金屋”指的是什么？（　　）

A. 钞票　B. 黄金　C. 汇款　D. 书信

4. 老人想资助的是什么样的人？（　　）

A. 家庭贫困的孩子　B. 成绩优秀的学生

C. 能知恩报恩的人　D. 有特殊才能的人

5—6

有这样一个故事:有两个朋友在沙漠中旅游,在旅途中他们吵架了,一个还给了另外一个一记耳光。

被打的觉得受辱,一言不发,在沙子上写下:“今天我的好朋友打了我一巴掌。”

他们继续往前走。直到沃野,他们决定停留。一次途中过河的时候,被打的那位差点儿淹死,幸好被朋友救起来了。

被救起后,他拿了一把短剑在石头上刻上:“今天我的好朋友救了我一命。”

一旁的朋友问道:“为什么我打了你以后,你要写在沙子上,而现在要刻在石头上呢?”

另一个笑笑回答说:“当我被朋友伤害时,要写在易忘的地方,风会负责抹去它;如果我得到朋友的帮助,我要把它刻在石头上,同时也永远刻在了心灵的深处,那里任何风都不能抹去它。”

5. 一个人被朋友伤害后应该怎样做?(　　)

A. 永远记仇　　B. 尽快忘记　　C. 寻机报复　　D. 难以原谅

6. 这个故事能给我们什么启发?(　　)

A. 尽量多交朋友　　B. 对人保持警惕

C. 牢记别人恩情　　D. 原谅一切错误

7—9

世达建筑公司的老板黄世达听说老家的村支书忠旺大叔马上要过 60 大寿,就毫不含糊地接连准备了 1666 元和 5000 元的吉利红包提前送去,为的是还忠旺大叔一个人情。因为他是个孤儿,如果没有忠旺大叔的接济,也许今天的他不会是一个千万富翁,而是一个流浪汉。

但几天后,送出去的红包却都被退了回来。黄世达蒙了,难道忠旺大叔嫌钱少吗?生日当天,黄世达一早就开着他的“别克”上路了,他想亲自去拜寿。车子进了山,路边果树已硕果累累,看得人心头喜欢,但山路坑坑洼洼,十分难行,原本一个多小时的路竟跑了 4 个多小时,还把车子的保险杠撞坏了……

忠旺大叔的院子里,围坐着许多父老乡亲。黄世达一进院,把忠旺大叔搀到酒桌边,又对众乡亲说:“这些年,我黄世达忘本了,一个人在外发达,却忘记了生我养我的家乡。刚才进山,我的车颠簸坏了,那不是路有罪,而是我有罪啊！我这个吃水人忘了当初的挖井人了。所以，我要修一条水泥路，彻底解决进山出山难的问题，只有路好了，乡亲们才能早一点儿致富啊！”说到这儿，黄世达转身端起一碗酒敬给忠旺大叔：“大叔，如果你原谅我，请把这碗酒喝了！”

忠旺大叔接过酒碗说：“你刚才的话，才是大叔最想收的寿礼啊！”说完一仰脖灌下了满碗的酒……

7. 为什么黄世达给忠旺大叔送寿礼？(　　)

A. 表达报恩愿望　　B. 按照习惯办事

C. 为家乡做贡献　　D. 参加扶贫活动

8. 黄世达为什么要给家乡修一条路？(　　)

A. 对支书表示感谢　　B. 提高行车的速度

C. 支持家乡多打井　　D. 帮助家乡人致富

9. 忠旺大叔最喜欢的“寿礼”是什么？(　　)

A. 收到很多礼品　　B. 给村里买汽车

C. 为村民修条路　　D. 早日成为富翁

第二课

不试怎么知道

高中毕业那年，我以5分之差没被大学录取。大哭一场之后，我买了一张去广州的火车票。晚上，我把出去打工的决定告诉了母亲，母亲哭了："你一个女孩子去那么远的地方怎么能行？"我摇摇头："不试怎么知道不行？"第二天，我一个人带着500元钱，背着几件换洗衣服，坐了一天两夜的火车来到广州。

一下火车，听着满大街飘着的广东话，我多么希望有一个可以说话的伙伴啊，哪怕素不相识也好。还算幸运，伙伴没找到，工作先找到了，在一家箱包厂做销售科的文员。

所谓文员，其实就是打杂的。整天埋头于收发信件，打扫卫生，复印打字。我渐渐地不安心起来，没事就往车间跑。两个月后，我去找经理要求到车间做车工。经理是位50多岁的胖阿姨，她一边将手扶在我的肩上一边柔声细语地劝我："小吴啊，做车工可比做文员辛苦多了，你不要冲动啊！"我依然坚持："我承担得起这份辛苦！"经理的好脾气马上就没了，她板起脸说："不行，这是技术性的活儿，弄不好会出事故的。你还是老老实实做你的文员吧！"我窘极了，努力挤出一句话："我可以试一试啊！"很快全厂的人都知道销售科有一个傻丫头，放着清闲的文员不干，偏偏要下车间。加上车间里清一色的男人，更有难听的话满厂飞。姐妹们也都劝我："车间有什么好，把手累得像男人一样又粗又硬，小心将来嫁不出去！"

但是一周之后，我还是实现了愿望。胖经理把丑话说在了前头："小吴，你可别后悔，再想做文员是不可能了，而且车坏1件罚10件！"其实，在此之前我早已经偷偷上车练习过了，这是熟能生巧的活儿，再加上我是女孩子，平时就喜欢研究一些包包袋袋的款式和用料。果然，一个月后我就可以车比较复杂的样式了，而且一点也不比常年在车间的师傅差。没出半年，我不仅成了车间里技术最好的车工之一，工作量也冲到了前头。

可是，一场突如其来的事故差点将我击到谷底。在承担韩国客商的一笔订单时，我因看错了图纸，把1平方米的皮料误下成0.75平方米，导致原有的设计无法完成。而且一次下料就是700件皮包的量。当胖经理拿着图纸怒气冲冲地来找我的时候,我正急得围着车床团团转。最后,胖经理严肃地说:“如果解决不了这次事故,你必须承担3万元材料费的损失!”我咬紧牙,不许自己的眼泪落下来。可是看着那些整整小了1/4的小牛皮,只能让母亲汇钱过来解围了。我慢慢脱下工作服,走向厂区外的公用电话亭,当电话“嘟”的一声接通后,我憋住了在嘴边徘徊的话,只说了一句:“妈,我在这里挺好的!”

我知道自己已经别无选择,买来一箱方便面,住到车间里。白天加工厂里下达的任务,下了班就反复琢磨那张由韩国设计师设计的挎包图纸,把小牛皮折来叠去。刚开始的时候,车间里的男工友和宿舍里的姐妹们还会劝我:“认命吧,不就3万元钱嘛,大家凑钱替你补上!”我摇摇头:“不试一下怎么知道没有办法挽回呢?”过了几天,更多的人开始笑话我:“那个傻丫头闯了祸还不服输!”不久,全厂的人都说:“她吓疯了吧?”

经过无数次试验,我终于发现了补救的好办法:在折边处将原有的折料缝合改为拼合,为了美观,我还用车下来的碎料做出动感很强的缀饰,虽然比原定容积小了一点点,但看上去比原来的设计更美观大方。我把做好的样品给胖经理看,她的眼睛突然亮起来。于是,车间全部工人加班4天,在合同规定日期的前6天,700件挎包整整齐齐地放在了成品库里。

可是胖经理又犯了难,出于商业上的诚信原则,我们必须将这件事情告诉韩国客商。但是请一个专业翻译对我们这个不算大的工厂来说实在昂贵。我咬咬嘴唇:“经理,让我来试一试吧!”他怀疑地看看我:“小吴,学一门语言可不是三两天的事啊!”我一甩头发:“不试怎么知道?”

接下来,我开始在中山大学①突击学习朝鲜语②。我在沈阳出生、长大,周围邻居有许多是朝鲜族,从小耳濡目染,我也能说一些简单的朝鲜语,现在最大的困难就是词汇量。在旁听过程中,我结识了一个叫郑岫容的韩国女孩,我请她将解说过程中一些必需的话翻译成朝鲜语,然后背熟。

第七天,我穿着借来的套装,站在胖经理身边,微笑着迎接韩国客人。寒暄过后,我坦率地告诉对方:“我的朝鲜语说得不好,请放慢讲话速度。”然后,我努力地用对方的母语说明了事故和解决的办法。韩国主设计师听后,带着惊讶的神情拿起样品包,左看右看,发出啧啧称赞声,并且很有礼貌地提出想见一下我们的设计师。我说我就是啊!他忍不住竖起大拇指:“中国姑娘,真棒!”

真没想到,一场人生的“灾难”竟如此顺利地逢凶化吉。

其实,每个人都会在自己的人生道路上遇到各种各样的困难,而通常将你击倒的正是你自己。为什么要说“我不行”呢？不试一下又怎么知道自己不行呢？

(选自《故事会》2006 年第 9 期，作者：吴楠，有改动)

注　释

① 中山大学

文理科综合性大学，校址在广州。前身是 1924 年孙中山创办的广东大学。1926 年改为中山大学。

② 朝鲜语

中国朝鲜族和朝鲜、韩国使用的语言。在中国和朝鲜称为朝鲜语或朝语，在韩国称韩国语或韩语。

生　词

1. 录取	lùqǔ	(动)	matriculate, admit, enroll
2. 伙伴	huǒbàn	(名)	associate, companion
3. 幸运	xìngyùn	(副)	luckily
4. 其实	qíshí	(副)	actually
5. 车工	chēgōng	(名)	latheman, turner
6. 依然	yīrán	(副)	still
7. 罚	fá	(动)	penalize
8. 熟能生巧	shú néng shēng qiǎo		skill comes from practice, practice makes perfect
9. 事故	shìgù	(名)	accident
10. 谷底	gǔdǐ	(名)	bottom of the valley
11. 导致	dǎozhì	(动)	cause, result in
12. 解围	jiěwéi	(动)	debarrass, help out
13. 徘徊	páihuái	(动)	wander

14. 琢磨	zhuómó	(动)	ponder over
15. 大方	dàfāng	(形)	elegant, in good taste
16. 昂贵	ánggùi	(形)	costly, expensive
17. 耳濡目染	ěr rú mù rǎn		be influenced by what one constantly sees and hears
18. 寒暄	hánxuān	(动)	exchange greetings
19. 逢凶化吉	féng xiōng huà jí		turn bad luck into good
20. 通常	tōngcháng	(形)	usual, normal

练　习

一、选择对画线词语恰当的解释

1. 我依然坚持:“我承担得起这份辛苦!”(　　)

　A. 担负　　B. 承认　　C. 承接　　D. 接受

2. 加上车间里清一色的男人,更有难听的话满厂飞。(　　)

　A. 成分单一　　B. 颜色单一　　C. 颜色很淡　　D. 清洁干净

3. 一个月后我就可以车比较复杂的样式了。(　　)

　A. 切削　　B. 机车　　C. 车床　　D. 转动

4. 当胖经理拿着图纸怒气冲冲地来找我的时候,我正急得围着车床团团转。(　　)

　A. 生气的样子　　B. 转来转去　　C. 着急的样子　　D. 跑来跑去

5. 可是胖经理又犯了难。(　　)

　A. 犯了错误　　B. 十分困难　　C. 发生问题　　D. 感到为难

6. 小吴,学一门语言可不是三两天的事啊!

　A. 三天　　B. 两天　　C. 五天　　D. 短期

7. 韩国主设计师听后,带着惊讶的神情拿起样品包,左看右看,发出啧啧称赞声。(　　)

　A. 向左看　　B. 向右看　　C. 反复地看　　D. 向两边看

8. 他忍不住竖起大拇指:“中国姑娘,真棒!”(　　)

A. 不能忍受　B. 无法控制　C. 没有耐心　D. 忍无可忍

二、根据课文选择正确答案

1. 高中毕业后小吴为什么去了广州?(　　)

A. 旅行游览　B. 干活挣钱　C. 调节心情　D. 准备高考

2. 小吴做文员时没做哪种事?(　　)

A. 管理信件　B. 整理房间　C. 打印文件　D. 外出参观

3. 小吴下车间前没听到过哪种声音?(　　)

A. 赞扬　B. 反对　C. 劝告　D. 讽刺

4. 箱包厂的下料事故是怎么解决的?(　　)

A. 小吴赔偿损失　B. 依靠家属帮助

C. 修改客商合同　D. 制成新式挎包

5. 经理看了小吴重新设计的皮包心情怎么样?(　　)

A. 感到惊讶　B. 非常满意　C. 心里发愁　D. 特别生气

6. 韩国主设计师用什么方式赞扬小吴?(　　)

A. 亲自拜访　B. 举手敬礼　C. 语言祝贺　D. 竖起拇指

7. 小吴令人佩服的品质是什么?(　　)

A. 勇于克服困难　B. 工作认真细心

C. 热心帮助他人　D. 喜欢学习外语

三、根据课文回答问题

1. 小吴为什么不安心做文员而想去车间工作?
2. 经理为什么不同意小吴去车间干活?
3. 小吴是怎样处理下料事故的?
4. 你如何理解“不试怎么知道”这句话?
5. 应该怎样看待小吴的所作所为?

四、扩展练习：根据下列文章片段选择正确答案

1—2

人们正要填一口枯井的时候，一头驴子掉到了井里。井很深，那头驴子又很老，人们想尽办法，也没能把驴子拉出来。尽管驴子哀怜地求救叫喊，无奈之下，人们还是决定埋了它。

当第一铲泥土落在枯井中时，驴子叫得更响了，它显然明白了人们的意图。可是，当第二铲泥土落到井里的时候，驴子却出乎意料地安静了。人们发现，此后每一铲土落到它背上的时候，驴子都在做一件惊人的事情：它努力抖落背上的泥土，并把泥土踩在脚下，让自己登高一点。

人们不断地把泥土往井里铲，驴子也就不停地抖落并把泥土踩在脚下。就这样，驴子随着泥土的抖落不断升高，最后竟在人们惊奇的目光中，潇潇洒洒地走出了枯井。

假如你现在身处枯井，求救的哀鸣也许换来的只是埋葬你的泥土。可驴子教会了我们，走出绝境的秘诀是拼命抖落掉在身上的泥土，使之成为自救的台阶。

1. 驴子是怎么从井里出来的？（　　）

A. 登着台阶　　B. 被人救出　　C. 苦苦哀求　　D. 设法自救

2. 这个故事告诉人们遇到困难时应该怎么做？（　　）

A. 到处求援　　B. 设法克服　　C. 被迫等待　　D. 无可奈何

3—4

有个村庄，因为前任村长老了，要选一个新村长。几个候选人无论是德行还是素养都相当高，其中尤其以一个秀才最得民心。他不但博学多才，还乐善好施，因此得到了很多村民的支持。

可是最后结果出来以后，当选村长的却不是那个秀才，而是一个樵夫。秀才很不服，找到前任村长进行质问。前任村长问他：“刚才村口有个乞丐，他是我特意派去试探你们的。”秀才更加不平地叫道：“我给了那乞丐 10 个铜板了，难道还不够吗？”

前任村长说：“就是因为你给了他 10 个铜板，所以不能让你当村长，因为那 10 个铜板是我发给你们的，让你们用它做一件最有意义的事。难道你认为施舍钱财给他，就是对他好吗？他拿了钱财以后，用完了之后还是个乞丐。”

秀才继续申辩道：“那为什么是那个樵夫当选呢？”前任村长捋捋胡子道：

“他一个铜板都没有给那个乞丐，而是用那些铜板买了斧头和草鞋，给那个乞丐，这样乞丐以后就可以靠打柴为生了。樵夫胜就胜在他为乞丐指明了一条路，而不是单单给他一餐饭。”

3. 文中没提到秀才的哪种优点？（　　）

A. 品德高尚　　B. 受人欢迎　　C. 博学多才　　D. 能力很强

4. 为什么说樵夫更适合当村长？（　　）

A. 能得到领导信任支持　　B. 具有上山打柴本领

C. 能给人指明前进之路　　D. 能帮助所有人挣钱

5—8

于立下岗后七拼八凑借了6万元，开了个打字复印店，才开张就接到一笔业务，一个律师事务所要打印一整套律师资格考试教材。

于立花了一年时间把这套教材全部打印完时，他的打印水平、排版技巧、印刷能力都成熟了，所借的6万元也相继还清。同时，他还有一个意外收获，由于刚学打字时特别投入，他对所打的内容记忆很深，通过边打边学，他参加了律师资格考试，竟全部通过。

最近，于立的父亲死了，尽管父亲一直疼他，但在他下岗时显得太不近人情。当时，他知道父亲有6万元存款，作为独子的他曾多次要求拿来开店，可父亲就是不肯，连借也不借，气得他真想不认这个父亲。

在整理父亲的遗物时，于立发现了那本曾经让他朝思暮想的存折，在存折被翻到最后一页的结余栏时，只见开始的6万元存款现在仅剩8.45元，这使他大为不解，于是，于立便仔细翻找父亲的其他遗物。发现锁着的柜子里放着一摞半人高的印刷品。

拿出来一看，于立才知道这些印刷品全是他当初倾注无数心血的律师资格考试教材，原来那个需要教材的“律师事务所”竟是父亲安排的！

父亲的遗产早已融化在于立的事业中。当初，没有欠债的压力，没有练习的机会，店是很难维持下去的。于立抬起头，看看正慈祥地向他微笑的父亲遗像，眼泪滚滚而下。

5. 于立开店的意外收获是什么？（　　）

A. 具备了当律师的资格　　B. 掌握了现代印刷技术

C. 帮父亲出版了新教材　　D. 还清了6万元的债务

6. 父亲的 6 万元哪儿去了？（　　）

A. 自己花掉了　　B. 帮儿子创业

C. 买了印刷品　　D. 存在银行里

7. 于立开店后接到的第一笔业务是谁给的？（　　）

A. 律师事务所　　B. 父亲安排的

C. 朋友介绍的　　D. 自己找到的

8. 父亲在于立开店时为什么不给他钱？（　　）

A. 留着自己养老　　B. 担心开店赔钱

C. 逼他自力更生　　D. 留作开业资金

第三课

悬赏举报人

新生废品店的老板李云放出话来，说自己愿出两万块钱感谢当年那个举报他偷窃的人，只要那个人说清楚他那天晚上是怎样行窃的，就可以把这两万块钱拿走。

有人说，只怕是李老板想钓那小子出来，然后再收拾他。在里面待过的人，有几个是省油的灯？大家都纷纷点头。

李云从小就好吃懒做，读书也不认真，经常逃学打架。

李云初中毕业后，就和社会上的一些人混到一起去了。他母亲打他，他跑得比猴子还快；他母亲骂他，他这只耳朵进那只耳朵出，照样白天吃饭睡觉，晚上三更半夜不归。他母亲一边叹气，一边偷偷地抹眼泪。

李云刚开始和社会上的哥们儿在一起的时候，也没干什么大的坏事，无非是今天摸一只鸡，明天偷一条狗。随着年龄的增长，他的花费也大了，他感觉钱越来越重要了，于是决定去干一票大的。

这天白天，李云看好路，晚上，他趁着月黑风高，偷偷地出了门。由于是头一次干这样大的事情，李云心里很虚，总感觉身后有一个影子跟着自己，可是回过头来，却又发现没有人。

偷窃很顺利，李云背着一袋子偷来的贵重物品翻出那户人家的院子后，撒腿就跑。在李云跑的时候，他还是感觉自己身后有一个影子跟着，可是他几次回过头来看，却还是没发现那个影子。

李云心中很纳闷儿，是不是遇见鬼了？

李云一口气跑到后山的破庙里，藏好东西后，正准备回家睡觉，不料几个黑影冲了进来，不由分说就把他扭了起来。惊慌的李云一看，是警察！

真是怪了，警察怎么这么快就知道了呢？李云的双手被戴上冰冷的手铐的时候，他没有忘记问上一句，你们怎么这么快就知道了？一个警察冷冰冰地说，有人举报了。

李云被劳动教养①了两年。在劳教所②里，李云结识了一个朋友，那个朋友是因为销赃而被关了一年。他们在一起的时候，李云从他那儿学到了很多收废品方面的知识。李云出来后，就踩着三轮车收起了废品，然后送到那个朋友那里。

通过一年的努力，李云有了一点儿积蓄，自己也开了一个废品回收店。没几年，李云就盖起了房子，娶了媳妇儿，媳妇儿又给他生了一个大胖儿子。

有了钱后，李云想找到当年那个举报他的人。李云对那些心存疑虑的人说，我是真的很感激那个人，没有那个人使我悬崖勒马，就没有我李云的今天。

过了好多天，没有一个人来领这两万块钱。报社的记者知道了这个消息后，对李云进行了一次专访，写成了一则纪实新闻上了报纸。不料这则新闻没有帮李云找来举报他的人，却给他的回收店做了一次免费的广告，给他的人品做了一次很好的宣传，很多人都往这儿送废品，好多单位打电话来让他过去收废品。

李云的生意越做越大，后来开了一家废品回收公司，摩托车也换成了小汽车。于是李云把奖金提高到了5万块钱。

许多人又在一起议论这事，有的人说，这小子脑子太精了，真是一石几鸟啊！既做了广告，也挽回了自己的名声，还有可能找出仇人来。大家又都纷纷点头。但是那个人好像从人间蒸发掉了一样。

这年，李云的母亲病重。她把李云叫到了床边说："你帮我送5万块钱到劳教所里，让他们发给那些表现好的即将释放的孩子，让他们也像你一样，有点儿本钱自己去赚一碗饭吃。"

李云惊讶地说："为什么要送钱给他们？"

李云的母亲说："孩子，是劳教所的警察们让你重新做了人，你应该感谢他们，更应该帮助一下像你一样一时糊涂做了错事的人，鼓励他们早日出来，早日能自立生活。况且20年前那个举报你的人就是我，我有权支配这5万块钱。你不知道吧，我当时看不住你，就几乎天天晚上跟着你；管不好你，我就决定让政府来管教你。儿子，我害得你关了两年，你不会怪我吧？"

泪流满面的李云说："娘啊！我怎么会怪您呢？"

"我这下就放心了。"李云的母亲说完就闭上了双眼。李云朝着母亲的遗体"砰砰"地磕起了响头，直磕得额头鲜血直流。

不久，市报就登出了一条消息：新生废品回收公司总经理李云向市劳教所捐资10万元，用来奖励那些表现出色的劳教释放人员。李云还表示，他将呼吁社会上的有识之士，成立“新生基金会”，他每年向基金会捐资5万元……

（选自《文艺生活》2006年第11期，作者：罗文海，有改动）

注 释

① 劳动教养

中国对违反法纪而又可以不追究刑事责任的有劳动力的人实行强制性教育改造的一种措施。简称“劳教”。

② 劳教所

对实行劳动教养的人员管理教育的场所。

生 词

1. 悬赏	xuánshǎng	（动）	offer a reward
2. 偷窃	tōuqiè	（动）	steal
3. 抹	mǒ	（动）	wipe
4. 花费	huāfèi	（动、名）	expenditure, expenses
5. 虚	xū	（形）	diffident
6. 纳闷儿	nàmènr	（动）	feel puzzled, wonder
7. 不由分说	bù yóu fēn shuō		without allowing a protest
8. 积蓄	jīxù	（名）	savings, amassment
9. 悬崖勒马	xuányá lè mǎ		wake up and avoid danger at the last moment, reining at the brink of the precipice
10. 一石几鸟	yì shí jǐ niǎo		killing several birds with one stone
11. 蒸发	zhēngfā	（动）	vaporize
12. 本钱	běnqián	（名）	capital
13. 赚	zhuàn	（动）	gain

14. 况且	kuàngqiě	(连)	besides, in addition
15. 支配	zhīpèi	(动)	dominate, control
16. 捐	juān	(动)	donate
17. 出色	chūsè	(形)	excellence
18. 呼吁	hūyù	(动)	appeal, call on
19. 有识之士	yǒu shí zhī shì		a man of insight
20. 基金	jījīn	(名)	fund

练　习

一、选择对画线词语恰当的解释

1. 有人说，只怕是李老板想钓那小子出来，然后再收拾他。(　　)

A. 整理　　B. 修理　　C. 报复　　D. 整顿

2. 在里面待过的人有几个是省油的灯？(　　)

A. 不惹麻烦的人　　B. 节省油的人

C. 非常节约的人　　D. 爱闹事的人

3. 许多人又在一起议论这事，有的人说，这小子脑子太精了，真是一石儿鸟啊！(　　)

A. 精神　　B. 精力　　C. 精明　　D. 精细

4. ……但是那个人好像从人间蒸发掉了一样。(　　)

A. 消失　　B. 变瘦　　C. 加热　　D. 蒸气

5. 况且 20 年前那个举报你的人就是我，我有权支配这 5 万块钱。(　　)

A. 领取　　B. 安排　　C. 支出　　D. 指挥

6. 新生废品回收公司总经理李云向市劳教所捐资 10 万元，用来奖励那些表现出色的劳教释放人员。(　　)

A. 有颜色　　B. 特优秀　　C. 比较好　　D. 很漂亮

7. 儿子，我害得你关了两年，你不会怪我吧？(　　)

A. 关上　　B. 关闭　　C. 关口　　D. 关押

二、根据课文选择正确答案

1. 李云小时候怎样对待母亲的教育？（　　）

A. 认真听　　B. 不在意　　C. 骂母亲　　D. 抹眼泪

2. 李云刚开始和一些哥们儿干过什么坏事？（　　）

A. 小偷小摸　　B. 偷鸡卖狗　　C. 占小便宜　　D. 偷值钱货

3. 李云盗窃后，身后那个影子是谁？（　　）

A. 丢失东西的主人　　B. 监视他的妈妈

C. 跟踪他的警察　　D. 传说中的魔鬼

4. 李云收废品的知识是在哪儿学到的？（　　）

A. 服务学校　　B. 新闻报社　　C. 劳教所　　D. 废品公司

5. 李云发财后为什么要悬赏举报人？（　　）

A. 打击报复　　B. 提高效益　　C. 借机出名　　D. 真心感谢

6. 媒体对李云悬赏举报人的做法是什么态度？（　　）

A. 称赞他重新做人的行为　　B. 客观报道了李云的想法

C. 愿意为他挽回不好的名声　　D. 用免费广告支持他致富

7. 李云母亲捐款的目的是什么？（　　）

A. 感激法院的法官　　B. 提倡互助新风气

C. 帮助青年人就业　　D. 奖励新生失足者

三、根据课文回答问题

1. 李云小时候是什么样的人？
2. 李云偷窃后为什么很快被捕？
3. 举报李云的人是谁？为什么要举报他？
4. 李云从劳教所出来后情况如何？
5. 母亲为什么要把5万元送给劳教所？

四、扩展练习，根据下列文章片段选择正确答案

1—3

病人的子宫里长了瘤子，给她开刀的是一位名医。可偏偏名医也有误诊

的时候，下刀以后，豆大的汗珠就冒上了他的额头：子宫里长得不是肿瘤，是个胎儿。

名医陷入了痛苦的挣扎：要么继续下刀，硬把胎儿拿掉，然后告诉病人，摘除的是肿瘤；要么立刻把肚子缝上，然后告诉病人，看了几十年的病，这回他居然看走了眼。

三分钟的内心挣扎，名医浑身湿透。三十分钟后他从手术室回到了办公室，静待病人的苏醒。“对不起。”只见他站在病人的床前说，“太太，请原谅，是我看错了，你只是怀孕，并没有长瘤子，所幸及时发现。孩子安好，你一定能生下一个可爱的小宝宝！”

病人和家属全惊呆了。然后，病人家属突然冲了上去，抓住名医的领子吼道：“你这个庸医，什么东西！”

有朋友笑这位名医：“为什么当时不将错就错？说它是个肿瘤，又有谁知道！”名医淡淡一笑：“可是我知道！”

为自己的身家名誉去拼命的人算不得大勇，不顾自己的身家名誉而去维护真理的人，才是真正的勇者。

1. 这篇短文中“看走了眼”是什么意思？（　　）

A. 看错病人　　B. 判断有误　　C. 眼睛有病　　D. 边走边看

2. 为什么名医手术时浑身湿透？（　　）

A. 气氛异常　　B. 担心害怕　　C. 手术太累　　D. 治疗错误

3. 为什么说这位医生是真正的勇者？（　　）

A. 医疗水平高　B. 待病人热情　C. 敢坚持真理　D. 肯帮助别人

4—6

走出监狱大门，他深深吸了一口气，外面的世界早已变得那样陌生，他似乎老了许多。他挤上中巴，车子走走停停，人上人下。

十字路口、红灯、刹车。他觉得裤兜被扯了一下。他猛然回头，捉住了一只手。“看着办吧！”一个姑娘满不在乎地低着头。

“这行我也干过。”他松了手，慢慢掏出姑娘认为是钱夹的东西——释放证。姑娘抬起惶恐的目光：“啊！是你?！”

他睁圆着眼睛，发呆了良久。他朝思暮想纯洁无瑕的心上人现在怎么会变成这样呢？他不可思议地摇了摇头，然后苦笑着告诉她，他准备去看看她的，现在没有必要了。

绿灯！车子慢慢驶过十字路口。

4. 他以前和姑娘可能是什么关系？（　　）

A. 朋友　　B. 恋人　　C. 同事　　D. 同行

5. “这行我也干过”中的“行”在短文中指什么？（　　）

A. 抓小偷　　B. 偷东西　　C. 开银行　　D. 找对象

6. 他与姑娘以后会怎么样？（　　）

A. 中断联系　　B. 经常联系　　C. 继续偷窃　　D. 重归旧好

7—8

一个武士盛怒之下杀死了自己的师父，他立刻后悔了，但是错已铸成。他知道被抓住一定会被处死，只得逃走。

他流浪到一个偏远的村庄，这个村庄位于群山包围之中，只有一条狭窄的山路通向外界。山路极其艰险，许多村民葬身在路上。于是武士决定以一己之力开辟一条大路，为自己赎罪。他每天拼命地劳作，4年过去，路已经开辟了一半。一天他正在坑道里忙碌，忽然有一个年轻人喊他出来，原来是师父的儿子报仇来了。

武士说道：“我的确该死，但是请等我修好这条路再杀我。”年轻人同意等他。他看到武士为了一个似乎不可能的任务，终日辛勤地劳动着，不知不觉间，他竟对武士的执著产生了敬意。终于他忍不住出手相助，和武士并肩地干起来。

又是几年过去了，他们终于挖到了山的那头。大山被征服了，村子从此不再与世隔绝。

武士跪在年轻人面前说道：“现在我心愿已了，可以死了，请砍下我的头吧。”

终于可以给父亲报仇了，年轻人热血沸腾，大吼一声举起剑来。但他发现自己下不了手，慢慢地垂下了剑。

“你杀了我父亲，”年轻人说，“但是这几年里我跟你学到了很多。我怎么能伤害自己的老师呢？”说罢他把剑插入鞘中，转身离开。

7. 武士为什么来到偏远的山村？（　　）

A. 游玩　　B. 修路　　C. 逃跑　　D. 报仇

8. 师父的儿子为什么没杀死他？（　　）

A. 被感动　　B. 不敢杀　　C. 剑不好　　D. 手无力

第四课

千金一叫

这天,口技演员南云家里来了一位姓张的先生,说愿意出钱买他一声鸟叫。

这可是新鲜事,南云当口技演员这么多年,别说没碰到,就是连听也没听到过哩!南云惊奇地问这位张先生:“我会很多种鸟叫呢,请问你要买哪一种?出多少钱?”张先生说:“我想买山雀子的叫声。至于价钱嘛,好商量。”

南云说:“好呀,一声山雀子叫,10元钱吧!”南云他们剧团平时卖的演出票20元钱一张,南云的口技表演回回是压轴戏,南云心想:我就收个半价吧!

不料张先生财大气粗,一听南云说只收10元钱,愣了愣,说:“南老师,您别客气。如果您能满足我这个要求,我愿意出100元。”

南云十分惊奇:天啊,一声鸟叫竟然能卖100元?他简直不敢相信。

张先生看他目瞪口呆的样子,说:“南老师,我说的是真的。不过,您的这一声山雀子叫声,我是要录下来的。”

录就录呗,不就是一声叫嘛,南云一口答应下来。但他想了想,还是觉得奇怪,疑惑未解地问:“张先生要听鸟叫,买一张门票去动物园就可以了呀,何必花高价来买我这一声口技呢?”

张先生倒也实话实说:“我去过好几家公司,找来找去找不到山雀子,没办法了才来请南老师帮个忙。”说着,他从口袋里拿出一张100元大票,一台微型录音机,往桌上一放。

南云一看,二话没说,立刻噘嘴运气,“叽叽……”一声神奇悠长的鸟叫声,从他嘴巴里飞了出来。南云有些得意,可是张先生却摇头:“这不是山雀子的叫声。”

南云一愣神,山雀子本来就是俗名,不过就是山里常见的那些喜鹊、翠鸟之类,既然你说不是,那我就再试几个给你听听。南云嘴一噘,又“叽里角儿”地学叫起来。可是,他一连试叫了将近10种鸟的叫声,张先生都摇头说不对。南云问:“你是在哪里听到过山雀子的叫声?你凭什么就断定我刚才叫的都不是？”

张先生说:“我老家就在有名的南华山下,我是在那儿长大的,对山里的鸟再熟悉不过了,山雀子的叫声我怎么会听不出来？”南云一时没了主意。

张先生见南云愣在那里,觉得很失望,可又不死心,想了想,对南云说:“南老师,你无论如何要帮帮我的忙。我放一千元在这里,只要你把事儿办成了,这钱就归你！”

一千元？一声山雀子叫声竟然能值一千元？这不成了“千金一叫”吗？南云又惊又喜又怯,便让张先生一个星期之后再来。

张先生一走,南云马上登门向鸟类学家请教,方才知道张先生老家南华山那里,真有一种叫山雀子的鸟,而并不是人们通常俗称的喜鹊、翠鸟之类。热情的专家还特地放了一盘音带给南云听, 说:“这是我50年前深入南华山考察时,录下的一段山雀子叫声,你可以把它拿回去学着参考参考。”

南云接过音带,喜出望外。回家以后,他反复听反复练,终于模仿出了一种格外清脆明朗的鸟叫声。那声音如同当地的山歌,又如当地的土话,是那么土色土香而又回味无穷,这就是山雀子的叫声。

约定的时间很快就到了。张先生兴冲冲赶来,听过之后,果然面露喜色,但他又留下话来:“南老师,我这一关算是过了。不过还不能算数,我得把我录下的声音拿回家给我母亲听,她认可了才行。”说完,他拿起音带,拔腿就走了。

张先生走后,南云就不安起来,猜不透张先生母亲听了会是什么反应。让他万万没有料到的是,过了半个月,张先生第三次上他家,一脸的喜气洋洋,对他说:“谢谢你,南老师,你帮了我一个大忙啊！”说着,他把一千元人民币放在桌上,“这是我的一点心意,请南老师收下。”

南云一看,感到奇怪。“你不是已经留下一千元了吗,怎么今天又……”

张先生紧紧握住南云的手,激动地说:“南老师,这两千元您无论如何得收下。”南云越听越糊涂:“张先生,我这一声鸟叫居然卖了两千元,能告诉我这是为什么吗？”

张先生一拍脑袋:“看我,太激动了,太激动了,是该向你说个清楚。”

原来,张先生的母亲前不久得了一种怪病,人一天比一天消瘦。张先生心急如焚, 请了城里好些大医院的医生为母亲做检查, 可是都查不出个结果。一天,张先生在街上偶然碰到一个当心理医生的老同学,说起自己母亲的情况,这位老同学就怀疑老人得的可能是心病。张先生这才想到,母亲自前年双目失明之后,一直没怎么开心过。尽管张先生经营的公司生意做得很好,钱用不完,可他母亲一点不在乎这个。母亲好像越来越思念已经先她而去的老伴……

张先生说："南老师，说来你别见笑，听我母亲说，当年她和我父亲在林中约会的时候，暗号就是我父亲学的那一声声山雀子叫，我母亲可喜欢听了。那天，当我把从你这里录下的山雀子叫声拿回去一放，她两眼就瞪直了。我索性一遍遍地反复放给她听，没想到奇迹发生了，她的病竟然很快就好起来了，人一天比一天精神哩！南老师，你一声鸟叫救了我母亲一条命，你说，我花这点钱值不值？"

张先生如此孝敬母亲，南云无论如何不肯收他的钱。张先生是个豪爽人，哪里肯依，一来二去的，两人就成了朋友。

（选自《故事会》2006 年 11 期，作者：聂牛生，有改动）

NEW 生　词

1. 口技	kǒujì	（名）	vocal mimicry
2. 惊奇	jīngqí	（形）	surprised
3. 压轴戏	yāzhòuxì	（名）	grand finale
4. 竟然	jìngrán	（副）	unexpectedly, actually
5. 目瞪口呆	mù dèng kǒu dāi		dumbfounded, gapemouthed
6. 何必	hébì	（副）	needlessly
7. 俗	sú	（形）	common
8. 考察	kǎochá	（动）	inspect
9. 参考	cānkǎo	（动）	reference
10. 喜出望外	xǐ chū wàng wài		be overjoyed
11. 格外	géwài	（副）	especially, exceptionally
12. 土色土香	tǔ sè tǔ xiāng		rustically pleasing, earth ochre fragrance
13. 算数	suànshù	（动）	keep a promise, count
14. 居然	jūrán	（副）	unexpectedly, actually
15. 心急如焚	xīn jí rú fén		burning with impatience
16. 怀疑	huáiyí	（动）	suspicious of, doubt
17. 经营	jīngyíng	（动）	manage, operate

18. 暗号	ànhào	(名)	secret signal, password
19. 索性	suǒxìng	(副)	simply, without further ado
20. 奇迹	qíjì	(名)	miracle
21. 豪爽	háoshuǎng	(形)	straightforward, chivalrous

练　习

一、选择对画线词语恰当的解释

1. 南云有些得意,可张先生却摇头:"这不是山雀子的叫声。"(　　)

A. 骄傲　B. 自豪　C. 答应　D. 愿意

2. 你凭什么就断定我刚才叫的都不是?(　　)

A. 下结论　B. 规定　C. 决定　D. 评定

3. 张先生见南云愣在那里,觉得很失望,可又不死心。(　　)

A. 能下决心　B. 很不放心　C. 灰心丧气　D. 抱有希望

4. 张先生老家南华山那里,真有一种叫山雀子的鸟,而并不是人们通常俗称的喜鹊、翠鸟之类。(　　)

A. 一般　B. 往常　C. 照常　D. 时常

5. 不过还不能算数,我得把我录下的声音拿回家给我母亲听,她认可了才行。(　　)

A. 数学计算　B. 做数学题　C. 承认有效　D. 数字游戏

6. 这位同学就怀疑老人得的可能是心病。(　　)

A. 心脏有了病　B. 惦记的心事

C. 放不下的活　D. 心中的疑问

7. 尽管张先生经营的公司生意做得很好,钱用不完,可他母亲一点不在乎这个。(　　)

A. 不值得挂念　B. 不放在心上

C. 不十分相信　D. 不怎么高兴

二、根据课文选择正确答案

1. 南云的口技水平如何？(　　)

A. 出色　　B. 一般　　C. 较好　　D. 很差

2. 张先生为什么要录下南云的山雀子的叫声？(　　)

A. 自己爱听　　B. 进行研究　　C. 当作“药方”　　D. 留作资料

3. 张先生凭什么断定南云的口技不是山雀子的声音？(　　)

A. 多年研究结果　　B. 根据亲身经验

C. 多位专家鉴定　　D. 进行现场调查

4. 下面哪个短语不是形容山雀子叫声的？(　　)

A. 神奇悠长　　B. 美如山歌　　C. 回味无穷　　D. 清脆明朗

5. 南云一声鸟叫口技得到了多少钱？(　　)

A. 100 元　　B. 1000 元　　C. 2100 元　　D. 2000 元

6. 张先生妈妈得的是什么病？(　　)

A. 担心赔钱的恐惧症　　B. 思念老伴的心病

C. 害怕消瘦的疑心病　　D. 双目失明的眼病

三、根据课文回答问题

1. 张先生的母亲得了什么病？是怎么治好的？
2. 张先生花重金买鸟叫声说明了什么？
3. 南云是怎么学会山雀子叫的？
4. 张先生和南云的关系发生了什么变化？为什么？
5. 南云的怀疑是怎样一步步消除的？

四、扩展练习：根据下列文章片段选择正确答案

1—3

佳佳对父亲说：“爸爸，爸爸，我要一个储钱罐。”

“好，乖乖，爸爸给你买一个储钱罐。”父亲笑眯眯地满口应承。

佳佳就跟着父亲到超市选了一个“猪猪”造型的储钱罐。佳佳把储钱罐摆在客厅的电视柜上，每天当父亲回家时，佳佳就缠着问：“爸爸，你口袋里有零钱吗？”父亲说：“有，有！”说着就从口袋里掏出一把零钱交给佳佳。父亲给佳

佳的零钱有1角的、5角的，还有1元的。佳佳把白晃晃亮闪闪的零钱一一塞进“猪猪”的肚子里，一边塞一边数着，一、二、三、四……佳佳看到“猪猪”咧开嘴巴眯着眼睛笑呢！

父亲每天回家总会从口袋里掏出一把零钱交给佳佳，一天又一天，“猪猪”的肚子就满了，佳佳捧在手里，好沉好沉的。

佳佳用同样的办法，也让妈妈给买一个“狗狗”造型的储钱罐。佳佳把“狗狗”紧挨着“猪猪”放在一起。每天当母亲回家时，佳佳就缠着要零钱，母亲就会从口袋里掏出早已准备好的零钱交给佳佳。佳佳把白晃晃亮闪闪的零钱塞进“狗狗”的肚子里，一天又一天，“狗狗”的肚子也满了。

佳佳又缠着父亲母亲要买储钱罐。父亲用手指在佳佳的鼻子上轻轻刮了一下：“佳佳真是个贪婪的孩子！”佳佳的小嘴撅起来：“哼，我才不是呢！”母亲笑问：“你一个小孩子，要储这么多钱干什么？”佳佳说：“给爷爷，爷爷这么大个人，口袋里连一个零钱都没有呢！”

父亲和母亲回过头来，看着坐在沙发一角沉默不语的爷爷，父亲的脸红了，母亲的脸也红了！

1. 佳佳是一个：(　　)

A. 很贪钱的女孩　　B. 好收藏的孩子
C. 有爱心的孩子　　D. 特疼人的青年

2. 父母脸红的原因：(　　)

A. 心里高兴　B. 感到惭愧　C. 觉得天热　D. 身体发烧

3. 佳佳的父母对爷爷：(　　)

A. 非常尊敬　B. 不够关心　C. 比较冷淡　D. 有些厌恶

4—6

有一天，我去看望那个在山区教书的朋友。山里生活很苦，可孩子们却很懂事，学习也很刻苦，朋友为此很欣慰。

晚上，朋友在灯下改作业，我闲来无事，顺手翻看桌上的考试试卷。所谓的考试试卷其实就是一张大纸，正面写着数学，反面写的是作文。作文的题目是《我的愿望》。孩子们的愿望和我们当年一样：当老师、当解放军、当科学家……突然，一行字闯入了我的视线：“我的愿望是当一条狗。”我一惊，又觉得好笑。接着往下看：“阿爸走了，家里只剩下我和阿妈。山村的夜很黑，听人们说黑夜里有鬼，我怕鬼，阿妈也怕。阿爸不怕，可是他再也回不来了。还听人们说,有狗的人家鬼就不会去,可是我家没有狗,我如果是一条狗的话那该多好啊,我就可以天天守在阿妈的门口,她就再也不会害怕了。”

4. 山区的孩子们学习怎么样?(　　)

A. 艰难　　B. 懂事　　C. 刻苦　　D. 高兴

5. 哪一项愿望文中没提到?(　　)

A. 当作家　　B. 当军人　　C. 当教师　　D. 当科学家

6. “我愿当一条狗”说明了什么问题?(　　)

A. 喜欢狗　　B. 爱妈妈　　C. 害怕鬼　　D. 没理想

7—8

有一位富翁在孩子很小时失去了妻子。于是他请了一位管家来当儿子的保姆,并且料理其他的家务。当这个小男孩长到十几岁时,突然生了一场大病,不治而逝。这个富翁禁不住二度失去亲爱家人的打击,不久之后,也因过度悲痛而与世长辞。

富翁并没有留下遗嘱,也没有亲戚尚在人间,于是政府便根据法令将这位已故巨子的财产充公,并且拍卖他的所属遗物。

富翁的老管家是个穷人,但她决定买下一件遗物作为纪念。那是一幅挂在楼梯走道墙壁上的油画——上面画着她照顾了15年的最亲爱的小主人,这幅画多年以来都不曾取下。

屋子内的物品被拍卖得差不多了,但没有人要那幅于己无关的画,因此老管家得以用很便宜的价钱将它买下。她把它带回家,打算仔仔细细地将它清理装裱一下。她十分珍惜这幅画带给她的回忆。

就在她将画框拆开准备修理时,从画像纸板背面掉出一张纸来。她打开来,是他主人的遗嘱!

在遗嘱中,她的主人希望将他所有的财富送给那个因疼爱他的儿子而想要拥有画像的人。

7. 老管家为什么买画像?(　　)

A. 想得到遗产　B. 很喜欢油画　C. 因价格便宜　D. 疼爱小主人

8. 富翁的遗产应该归谁?(　　)

A. 亲戚　　B. 国家　　C. 朋友　　D. 老管家

第五课

难得夕阳无限好

听惯了“人生七十古来稀”①的口头禅，迎接着“八十”的到来，实在使人感到亦喜亦愧。喜在自己活了八十个年头，愧在年届八十，一无所成。

这八十年来，我究竟干了些什么，勉强值得一提的，也许就是写了些东西。我一向喜欢看回忆录这类的作品，特别是许多历史人物的回忆录。

我虽然爱看回忆录，鼓励别人写回忆录，但等到自己写回忆录时，却感到谈何容易。第一个问题是有没有写的必要，第二个问题是读者会不会感兴趣。我曾请教一位朋友，他给我说了一个故事：

有两个退休的老头儿，闲来无事，计划结伴做一次长途旅行。他们租了一部汽车，从A城到B城，长途漫漫。为了解除旅途的寂寞，老头儿甲提议他们轮流开车，轮流讲自己一生的故事。老头甲先开始，一边讲一边开车。他越讲越激动，时而开怀大笑，时而泣不成声。他一口气讲了几个钟头，直到声嘶力竭，停车稍息换班时，他发现身边的老头儿乙居然酣睡如泥，老头儿甲大失所望。轮到老头儿乙开车时，老头儿甲告诉老头儿乙，不必讲故事，他也要大睡一觉。

朋友给我讲这个故事的意思显然是不赞成我写，他认为一个人自己的回忆，别人未必感兴趣。他的故事像一盆冷水浇顶，虽没有熄灭我写回忆录的热情，但也提醒我落笔一定要小心，在正式落笔之前要经过一番心理上的酝酿。

我首先考虑的是这本书的实名。1999年我回国参加中华人民共和国建国五十周年大庆，以《五十年来家国》为题写了一篇长文发表在《人民日报》和香港《大公报》上，又以此为题接受北京电视台的采访，在国庆节前夕播出。这一次，作为这本回忆录的书名，我又在此基础上加上三十年，定名为《八十年来家国》。

八十年，对于我自己来说是一段悠悠岁月，以历史作背景看，这八十年的确是一个翻天覆地、充满变革的大时代，我自己也是这个大时代中的一个小人物。我曾在这个充满变革的大时代中颠沛流离,也有幸置身于许多历史性的场面中充当一名目击者、参与者和记录者。

这是一本回忆录,我自己是主角,是自己写自己,一不小心就可能流入自吹自擂。为了避免这个毛病,我给自己定下一个原则,就是力求真实,实话实说。

写这本书的确有点儿像朋友讲的故事中的老头儿甲在回忆往事,有时高兴得开怀大笑,有时悲伤得泣不成声。所不同的是,这本书中充满了我做记者时所耳闻目睹的名人逸事和幕后新闻,应当不会使人昏昏欲睡。

回忆这悠长的八十年,我感到一个人的一生就像是一个冒险故事。我这一生的每个转折都有冒险的成分,而每一次冒险都导向一个柳暗花明的新天地。如今八十年过去,回忆前尘,令我欣慰的是我的一再冒险,令我遗憾的是冒险得还不够。倘若时光倒流,可以让我从头再来,我一定要做更多、更大的冒险,这样我就可以没有遗憾地写一部辉煌的回忆录。

我虽然自叹自己年届八十一事无成,但仍觉得幸运之神对我不薄。我尚清楚地记得中年之后我最大的悲哀恐怕是今生今世不能回到中国这个我生长过的地方了。我不能想象在晚年因思乡怀故而在感情上可能受到的煎熬。1973 年,在我年过五十,去国二十四年之后,我竟然又回到了我的故乡。从那时起,到我握笔的此刻,已经过去了二十七年,以每年三次计,回国已有八十次之多。这是我整个生命的三分之一,是最值得记忆的珍贵岁月。

我在 1985 年出版过一本《赵浩生[②]新闻作品选》,在"作者的话"中我曾这样写道:

> 我从 1948 年出国到 1973 年第一次还乡,在这四分之一的世纪中经历过不少酸甜苦辣,但这些经历只是一个人在海外求生发展的遭遇,出国的人都有点儿类似的经验,说来也许并无动人之处。从 1973 年首次还乡到现在,回国二十多次的经历中,不但充满个人的悲欢离合,更看到一个伟大的、与我血肉相连的祖国的新生和变化、其中充满动人心弦的感受和可歌可泣的场面。
>
> 作为一个中国人,我曾和祖国十几亿同胞在这些经历中哭过、笑过;作为一个海外游子,我更有些特别的观察和感受;作为一个改行教书但并未忘情于写作的退职记者,我曾把这些感受记录发表……

这段十六年前所写的话,正是我在这篇"序言"中所要说的话。

八十年来从出生到成长,从国内到国外,男儿有远大志向,但树高千丈,落叶一定要归根。如今我度过了八十个春秋,精神体力还可以使我不断往返于太平洋两岸,我自己的感受是:"难得夕阳无限好,何必惆怅近黄昏。"但愿

《八十年来家国》只是我的回忆录的首卷。来日方长，还有更美好的日子可待，还有更精彩的文章可写！

(选自《八十年来家国——赵浩生回忆录》序言，
作者：赵浩生，有改动)

注 释

① 人生七十古来稀

来源于唐朝诗人杜甫《曲江》诗句。意思是：人能活到70岁是极少的(因为古代人的寿命比较短)。也称"古稀之年"。

② 赵浩生(1920—)

河南省息县人，抗战胜利后任《中央日报》记者期间，采访了国民党、共产党双方的许多领导人和一系列震惊中外的历史事件。移居美国后，任耶鲁大学教授，同时作为自由专栏记者继续采访海峡两岸重要人物。

生 词

1. 难得	nándé	(形)	rare, one in a thousand
2. 口头禅	kǒutóuchán	(名)	pet phrase
3. 回忆录	huíyìlù	(名)	memoirs
4. 解除	jiěchú	(动)	relieve, get rid of
5. 寂寞	jìmò	(形)	lonely
6. 提议	tíyì	(动)	suggest, propose
7. 轮流	lúnliú	(动)	by turns
8. 一口气	yìkǒuqì	(副)	in one breath
9. 熄灭	xīmiè	(动)	extinguish, quench
10. 酝酿	yùnniàng	(动)	gestate, contemplate
11. 翻天覆地	fān tiān fù dì		world-shaking, earth-shaking
12. 变革	biàngé	(动/名)	transform

13. 颠沛流离	diān pèi liú lí		drift from place to place, homeless and miserable
14. 场面	chǎngmiàn	（名）	scene
15. 参与	cānyù	（动）	participate in
16. 自吹自擂	zì chuī zì léi		blow one's own horn, self-glorification
17. 耳闻目睹	ěr wén mù dǔ		what one sees and hears
18. 逸事	yìshì	（名）	anecdote
19. 柳暗花明	liǔ àn huā míng		joy after sorrow
20. 遗憾	yíhàn	（形）	regretful
21. 辉煌	huīhuáng	（形）	magnificent, refulgent
22. 酸甜苦辣	suān tián kǔ là		joys and sorrows of life
23. 可歌可泣	kě gē kě qì		move one to praises and tears
24. 同胞	tóngbāo	（名）	brethren, compatriot
25. 惆怅	chóuchàng	（形）	disconsolate, melancholy

练　习

一、选择对画线词语恰当的解释

1. 这八十年来，我究竟干了些什么，勉强值得一提的，也许就是写了些东西。（　　）

A. 拿着　　B. 提问　　C. 谈起　　D. 提出

2. 他的故事像一盆冷水浇顶，虽没有熄灭我写回忆录的热情，但也提醒我落笔一定要小心……（　　）

A. 用冷水浇头　　B. 遭意外打击　　C. 洗了冷水澡　　D. 被大雨淋湿

3. 我虽自叹自己年届八十一事无成，但仍觉得幸运之神对我不薄。（　　）

A. 刻薄　　B. 轻微　　C. 薄弱　　D. 不厚

4. 1973 年，在我年过五十，去国二十四年之后，我竟然又回到了我的故乡。（　　）

A. 过去　　B. 失去　　C. 去向　　D. 离开

5. 我从 1948 年出国到 1973 年第一次还乡，在这四分之一的世纪中经历过不少酸甜苦辣。(　　)

A. 指各种味道　B. 幸福与痛苦　C. 人生的不幸　D. 人生的欢乐

6. 作为一个改行教书但并未忘情于写作的退职记者，我曾把这些感受记录发表。(　　)

A. 感觉　B. 体会　C. 感情　D. 受到

7. 如今我度过了八十个春秋，精神体力还可以使我不断往返于太平洋两岸。(　　)

A. 整年　B. 年代　C. 年龄　D. 季节

二、根据课文选择正确答案

1. 朋友为什么给赵浩生讲两个老头的故事？(　　)

A. 鼓励他出作品选　B. 反对他写回忆录

C. 请他一道去旅游　D. 劝他好好度晚年

2. 哪项不是赵浩生写回忆录的原则？(　　)

A. 真实可信　B. 不说假话　C. 尊重客观　D. 突出自己

3.《八十年来家国》主要内容写的是什么？(　　)

A. 作者经历　B. 国家历史　C. 旅行故事　D. 名人言论

4. 赵浩生中年之后觉得最幸运的事是什么？(　　)

A. 能回到故乡　B. 创作回忆录　C. 出版新作品　D. 广泛交朋友

5. 什么事让作者感到欣慰？(　　)

A. 到处平安无事　B. 一生多次冒险

C. 个人成就辉煌　D. 家庭生活幸福

6. 赵浩生在国外生活得怎么样？(　　)

A. 参与许多历史事件　B. 时刻感到兴奋不已

C. 尝尽人间酸甜苦辣　D. 过得极为辉煌欣慰

7. 赵浩生是怎样面对晚年生活的？(　　)

A. 乐为国家做贡献　B. 渴望回国度晚年

C. 重振精神去冒险　D. 惆怅满怀度黄昏

三、根据课文回答问题

1. 两个退休老人的故事说明了什么问题？
2. 赵浩生是一个什么样的人？他做过什么工作？
3. 作者对人生的看法如何？
4. 赵浩生最珍惜哪段岁月？
5. 作者为什么觉得晚年的生活无限好？

四、扩展练习：根据下列文章片段选择正确答案

1—6

苦难而动荡的经历，成了赵浩生从事写作的最好材料，也更加激起了他澎湃的爱国热情，培养了他宣传表达这种热情的口才和能力。他以自由投稿开始自己的写作生涯，经过艰苦的努力，成了当时知名的记者。随后，他在没有任何凭借的情况下冒险出国，国外求生奋斗的生活又使他亲身体验到寄人篱下的辛酸，更激起他渴望祖国富强的爱国心。

祖国解放后，他怀着炽热的情感积极与国内联络，盼望回国服务，但在当时的国际环境下，这个愿望一直无法实现。随着年龄的增长，他对祖国的思念更加强烈。直到1973年，中美两国关系开始解冻，他在去国24年后终于第一次回国。踏上祖国的土地，见到思念中的故土和亲朋，他汇聚了多年的情感一下子奔泻而出。在这种感情的驱使下，他拿起了手中的笔，写下了大量关于祖国的报道。应该说，在中美恢复邦交后，他是最早向国内介绍国外情况的外籍华人，也是最早向海外特别是华人圈介绍新中国的外籍华人。他的作品热情奔放，客观生动，现在国内中年以上的读者，不少人都被他的文字感动过。在海外，他的作品对于扫除读者对新中国的疑虑并进而掀起一股认祖回归的浪潮，起了非常积极的作用。特别值得一提的是，从1973年以来，他已经回国八十多次，凭他的成就和资历，他现在完全可以在国外过优裕的生活，颐养天年，但一颗强烈的爱国心，却使他不顾年事已高，依然为了中外文化的交流积极奔走。

1. 赵浩生几十年来在海外：(　　)

A. 动荡不定　B. 舒适无忧　C. 平凡安定　D. 时刻挣扎

2. 赵浩生的写作：(　　)

A. 晚年成果最多　B. 从当记者开始

C. 始于自由投稿　D. 中美建交以后

3. 新中国成立后赵浩生迫切渴望：(　　)

A. 回国看望家人　　B. 为中国做贡献

C. 早日来华旅游　　D. 落叶归根养老

4. 赵浩生的后期作品：(　　)

A. 能消除海外对新中国的一些疑虑

B. 掀起了一股来华观光的巨大浪潮

C. 极大鼓舞了广大青年的爱国热情

D. 带动华人作家客观报道中国情况

5. 赵浩生经常出入中国的目的是：(　　)

A. 喜欢自由旅行　　B. 推动国际交流

C. 联络亲人好友　　D. 搜集写作材料

6. 写这篇评论文章的作者可能是：(　　)

A. 赵浩生的美国同事　　B. 美国人物传记作家

C. 熟悉作者的中国朋友　　D. 赵先生身边的青年人

7—8

1973年是赵浩生人生中具有非凡意义的一年，他从驻加拿大的中国大使馆拿到了回国的签证。当时他并不知道，归国之梦的实现，是他在重庆作记者采访时就几度接触，因而分外敬重的周恩来批准的。周恩来亲自指示：由新华社邀请赵浩生以记者身份回国访问。

终于在与祖国阔别四分之一个世纪后踏上了归程，赵浩生带着满腔的兴奋，满头的白发，以及结婚20年但还没有进过赵家门儿的老伴儿，从罗湖桥走进国门。此时此刻，他怀着新奇与激动，睁大眼睛，贪婪地捕捉每一道风景，“差不多想把这锦绣河山吃下去”。

52天的故国神游，赵浩生说：“假若大家也要我用一句话来说明我的感想，我的回答，就是我母亲说的：‘比做梦还要好！’”他怀着一颗赤子之心去感受，去体味，去赞美，写下真实可信又充满激情的文章发往世界各地，使多年被外界和自身所封闭的中国掀开了帘幕的一角。多少像赵浩生这样被隔绝了多年的游子，读了他的文章，引发了积蓄在心的思乡狂潮，把多年受西方宣传形成的恐共心理抛掉，逐渐认同祖国，心归大陆。

7. 1973 年赵浩生：(　　)

A. 实现了来华的愿望　　B. 当了新华社记者

C. 见到了周恩来总理　　D. 梦中见到了母亲

8. “想把这锦绣河山吃下去”这句话表达了赵浩生：(　　)

A. 喜欢中餐的美味　　B. 找到写作材料

C. 渴望观赏美景　　D. 热爱家乡的心情

9—10

赵浩生告诉笔者，他始终记得，母亲去世那年，他带家人奔丧，长大的儿子严肃地提问：“解放的时候你为什么不在中国？”这一问给他很大震动，他自问：“当别人为改变自己祖国贫穷面貌艰苦奋斗时，你在做什么？”

他突然感到虽数度回国，但贡献并不多，心生负债感。于是，他辞掉一直不愿舍弃的耶鲁大学教职，接受一些跨国公司顾问的聘书，为其与中国开展贸易投资业务做政策顾问；他在日本金融界讲演，以翔实的材料为依据，分析中国经济、政治走向，日本银行界应采取的对华态度；他在香港回归前夕，鼓动老友董浩云之子董建华竞选第一任特首……

“我虽是外籍，但不是外人。不能只乘凉而不种树，只旁观而不参与。”他总是以此鞭策自己，奔波于大洋两岸。

9. 赵浩生辞掉耶鲁大学教授职务的原因是：(　　)

A. 不愿当外国教授　　B. 想得到更高报酬

C. 前往各地去演说　　D. 为中国多做贡献

10. “不能只乘凉不种树”中的“种树”指的是(　　)

A. 搞绿化　　B. 推荐人　　C. 做贡献　　D. 多造林

第六课

我与哥哥

小时候，我与哥哥一同住在乡下的一个小村子里。虽然只比我大一岁，但哥哥永远是哥哥。因为是哥哥，从小他就知道让着我这个弟弟，好多活儿，他总是抢着去干；好吃的东西，像桃子啦，苹果啦……他都留给我吃。

1970年夏天，我们俩一块儿到村子里的小学读书。由于我们都很努力，在班里一直是数一数二的尖子生。

初中毕业后，我和哥哥一同考上了离家几十里远的县城的重点高中。可是，哥哥却一定要上离家不足十里地的一所普通高中。我问为什么，他说怕和城里人不好相处，还说："你性格开朗，还是你去吧！"我带着几分惋惜和不解，独自离开了家去县城上学。这样，我们这对形影不离的兄弟不得不分手了。

上高中后，每到星期天或节假日我们俩才能见面，我总是向哥哥兴高采烈地报告自己的好成绩，好像我永远是一个胜者。哥哥总是激动地听着，高兴地笑着，并时常给我鼓励："继续加油！"而当我偶尔问起他的成绩时，他总是满不在乎地摇着头说："一般。"我想，哥哥的成绩一定远远地落在我的后边了。因为，我发现他一到星期六下午就骑上那辆旧自行车赶回家里干活儿，直到星期一上午才返回学校。这怎么能不耽误学习呢？

1982年夏天的高考结束后，我兴奋地捧回了大学录取通知书，而哥哥却懊丧地宣布自己名落孙山。多可惜呀！我劝他第二年再考，他却好像已经丧失了信心地说："再考三年也没用，再说家里……算了！"唉，哥哥的命真苦！

我进城上大学读书的那天，哥哥一直默默地把我送到十几里外的汽车站。汽车要开动了，我看到他跑过来，隔着车窗玻璃看着我，似乎要嘱咐我什么，但却没有开口。这时，只见他的泪水从眼角流了下来。我也忍不住哭了，一半儿为我们兄弟分别难过，一半儿为哥哥伤心。望着哥哥那越来越小、越来越显得孤单的身影，我不禁又可怜起他来：唉，都怪你命不好，连一所普通大学都考不上！

不久，父母因病先后丧失了劳动能力，哥哥一个人挑起了家庭的重担。他每天起早贪黑拼命地干活儿，为的就是挣钱给父母看病，供我念书。这时我才意识到：要是哥哥也真的考上了大学，谁来照顾父母，谁来供我们学习呢？恐怕我们谁也念不成大学。

上大学后第一次放假回家，看到累得骨瘦如柴的哥哥，我很内疚，也很感激，但时间一长我便没有了这种感觉，反而想，这都是命，只能怪哥哥的命不好。如果当初考进大学的不是我而是他，那么，今天在家受苦供人读书的就是我了。

大学毕业后，我留在了城里。几年后，我与一位漂亮、温柔的女同学结了婚。我们志同道合，恩恩爱爱。而我的哥哥早已过了结婚的年龄，到现在连一个农村姑娘都没娶上。看来，哥哥的命确实不好，如果当初考进大学的是他，那么，现在被爱情遗弃的人就是我了！

去年五月，我回老家去探亲，顺便给一个朋友正在读初中的儿子找一本复习资料。我私自打开了小时候我与哥哥合用现在由哥哥保管的旧书箱。书箱里的书摆放得整整齐齐，箱子的角上放着一叠哥哥念高中时获得的奖状、三好学生①证书等物。我好奇地翻着看，突然，一张薄纸跳进了我的视线，使我一下子目瞪口呆，头立刻嗡嗡乱叫起来，内疚、惭愧、感激与激动在心中交汇成一股巨大的洪流，冲垮了多年来一直筑在我胸中的自信与自豪的堤坝。我终于忍不住大哭起来。

我用颤抖的双手像捧珍珠一样捧着那张薄纸。那是哥哥的大学录取通知书，是一所全国名牌大学②发给哥哥的录取通知书！而那上边的时间恰恰与我被录取的时间完全相同——同年同月同日！哥哥啊！我的哥哥！

（选自《学汉语》1998 年第 8 期，摘编：汪明）

注 释

① 三好学生

指授予身体好、学习好、工作好的学生的光荣称号。

② 名牌大学

指有名的大学。如“北京大学”、“清华大学”、“复旦大学”等。

生　词

1.	尖子生	jiānzishēng	（名）	top student
2.	开朗	kāilǎng	（形）	open and bright, optimistic, cheerful-minded
3.	惋惜	wǎnxī	（动）	regret, feel sorry for
4.	不解	bùjiě	（动）	puzzle, can not understand
5.	独自	dúzì	（副）	alone, individually
6.	形影不离	xíng yǐng bù lí		always together, inseparable as body and shadow
7.	兴高采烈	xìng gāo cǎi liè		elated, jubilant
8.	偶尔	ǒu'ěr	（副）	occasionally
9.	满不在乎	mǎn bú zài hū		not care at all, put a bold face on sth.
10.	名落孙山	míng luò Sūn Shān		fail in a competitive examination
11.	可惜	kěxī	（形）	regrettable
12.	丧失	sàngshī	（动）	lose
13.	嘱咐	zhǔfù	（动）	exhort
14.	孤单	gūdān	（形）	lonely
15.	起早贪黑	qǐ zǎo tān hēi		work from dawn to dusk
16.	骨瘦如柴	gǔ shòu rú chái		as thin as a lath, skin and bones, a bag of bones
17.	温柔	wēnróu	（形）	mild, tender, gentle
18.	志同道合	zhì tóng dào hé		in the same camp
19.	奖状	jiǎngzhuàng	（名）	certificate of merit
20.	惭愧	cánkuì	（形）	be ashamed of
21.	颤抖	chàndǒu	（动）	tremble, shiver
22.	珍珠	zhēnzhū	（名）	pearl
23.	恰恰	qiàqià	（副）	exactly, precisely; happen to

练　习

一、选择对画线词语恰当的解释

1. 因为是哥哥，从小他就知道让着我这个弟弟，好多活儿，他总是抢着去干。(　　)

A. 躲避闪开　　B. 请人接受　　C. 主动谦让　　D. 表示容许

2. 由于我们都很努力，在班里一直是数一数二的尖子生。(　　)

A. 很差的学生　B. 调皮的学生　C. 特好的学生　D. 贪玩的学生

3. 唉，都怪你命不好，连一所普通大学都考不上！(　　)

A. 责怪　　B. 奇怪　　C. 奇特　　D. 非常

4. 不久，父母因病先后丧失了劳动能力，哥哥一个人挑起了家庭的重担。(　　)

A. 选择　　B. 挑选　　C. 承担　　D. 挑子

5. 看来，哥哥的命确实不好。(　　)

A. 命令　　B. 性命　　C. 生命　　D. 命运

6. 突然，一张簿纸跳进了我的视线，使我一下子目瞪口呆。(　　)

A. 全部　　B. 突然　　C. 一点儿　　D. 一阵儿

二、根据课文选择正确答案

1. 哥哥为什么要上离家近的普通中学？(　　)

A. 担心城里人难处　　B. 就近照顾家庭

C. 服从父母安排　　D. 哥俩不准同校

2. 如何理解课文中"名落孙山"的意思？(　　)

A. 忘记写名字　B. 未得毕业证　C. 没考上大学　D. 获得第二名

3. 高中时哥哥的实际情况怎么样？(　　)

A. 各种表现都很优秀　　B. 学习成绩不如弟弟

C. 节假日常在校学习　　D. 不具备上大学条件

4. 哥哥骨瘦如柴的原因是什么？(　　)

A. 身体有病　　B. 环境恶劣　　C. 心情不好　　D. 负担过重

5. 实际上哥哥考上了什么样的大学？(　　)

A. 全国著名大学　　B. 地方重点大学

C. 继续教育大学　　D. 一所普通大学

6. 作者是怀着怎样的心情写哥哥事迹的？(　　)

A. 可怜与同情　B. 批评与讽刺　C. 评论与赞扬　D. 尊重与歌颂

三、根据课文回答问题

1. 怎么知道哥哥上高中时是个好学生？
2. 这哥俩的命运有什么不同？
3. 弟弟看了哥哥的书箱后为什么会冲垮了心中自信与自豪的堤坝？
4. "哥哥啊！我的哥哥！"这句话表达了弟弟什么样的感情？
5. 这篇文章表达了作者什么态度？

四、扩展练习：根据下列文章片段选择正确答案

1—4

小伙子阿林大学毕业以后很快就在四川找到了一份好工作，接着又找到可心的姑娘小丽成了家。

一天夜里，他突然给安徽农村的父母拨通了电话，接电话的是父亲，他着急地问："出了什么事？"阿林赶紧说："没事，刚才突然想家，想说说话。"父亲说："你妈已经睡着了，想说就跟我说吧！小丽呢？是不是也睡着了？"父亲虽然有点怪他打电话不是时候，但言语中却掩饰不住意外的惊喜。

这时候，小丽已经甜甜地睡了。阿林和父亲便像两个淘气的孩子一样小声地你一句我一句地说了起来。父亲说："家里很好，我和你妈身体都挺好的，你别挂念！要好好照顾小丽，好好工作！"阿林说："我们也很好，身体比刚结婚时胖了许多，过两天就把照片寄回家去。"又聊了一会儿，父亲说："你赶紧睡觉吧。四川明天有雨，别忘了出门带伞！"阿林问："你怎么晓得？"父亲说："我天天都要看四川台的天气预报哩！"

放下电话，阿林更睡不着觉了。他想，多好的父亲啊，身在千里之外的安徽农村，却时刻关注着他这边的阴晴冷暖！

第二天，原本晴朗的天空，霎时间下起大雨来。全公司只有阿林一个人准备了雨伞，撑着雨伞，阿林知道，无论这时候父亲那边天气如何，父亲都一定会站在家乡的老屋前，翘首遥望着四川这边的儿子。父亲老了，不能再为儿子撑起一片天，但仍能为儿子夫妇送去一把温暖的伞。在父亲的臂膀下，他俩每一天都晴空万里，灿烂如花。

什么是父爱如山？阿林懂了。

1. 父子俩在电话里没谈什么内容？(　　)

A. 身体　　B. 天气　　C. 工作　　D. 学习

2. 儿子为什么深夜给家里打电话？(　　)

A. 思念父母　　B. 商量急事　　C. 睡不着觉　　D. 询问天气

3. 父亲为什么天天看四川的天气预报？(　　)

A. 关注天气　　B. 惦记孩子　　C. 研究气候　　D. 想去旅游

4. 文中那把“温暖的伞”指的是什么？(　　)

A. 父亲买的伞　　B. 思乡的情感　　C. 兄弟手足情　　D. 父母的关怀

5—7

难得有一个清闲的周末，我陪母亲出去逛公园。久不外出的母亲显得很高兴，她总是往人多的地方去，而我总是怕她淹没在茫茫人海而让我找不到。

自从母亲患上老年痴呆症后，我就很少让她一个人出去。因为她出去之后经常找不到回家的路，每次我都要费很大周折才把她找回来。

我们在公园玩了一天，傍晚回家时我去菜市场买菜。我怕母亲跟我在菜市场挤来挤去很累，就叮嘱她在菜市场门口等我，可不料，当我从菜市场出来时，却不见了母亲的踪影。我一边后悔自己的粗心大意，一边四处找母亲。我在菜市场里外左找右找，也没找到母亲。我的心更慌了，一边让爱人也出来找一边报了警。

天渐渐黑了，菜市场的人少了很多，而我仍未找到母亲。我一边自责一边埋怨母亲，怎么这么不听话，到处乱走。我一边担心一边祈祷她能遇到好心人，通过她胸前挂着的写着她名字和我的联系方式的小牌牌找到我。正焦急间，我的手机响了，是派出所打来的，问我是不是陈秀兰的家属。我惊喜地说是，随后和爱人打车去了派出所。我看见母亲呆呆地坐在派出所的椅子上，手里紧紧地拿着一串糖葫芦。她看见我进来，眼睛一亮，站起来，直直地走向我，把糖葫芦递给我：“娟，你吃，妈给你买的。”

刹那间,对母亲的所有埋怨和指责化作感动的泪水滚滚而下。母亲都说不清自己是谁了竟然还记得我最爱吃糖葫芦。

我咬了一口糖葫芦,真甜!

母亲开心地笑了,笑得像个孩子。

5. 下面哪一项不是“我”找不到母亲时的心情?(　　)

A. 后悔　　B. 心慌　　C. 自责　　D. 感动

6. 母亲为什么突然不见了?(　　)

A. 自己回家去了　　B. 到处寻找女儿

C. 给女儿买食物　　D. 被派出所带走

7. 痴呆的母亲为什么会给女儿买糖葫芦?(　　)

A. 母爱本能反应　　B. 自己一直爱吃

C. 盲目购买行为　　D. 童年记忆深刻

第二单元

校园内外

第一课

温总理到小学听课

秋高气爽，阳光灿烂。2006年9月7日上午，第22个教师节[①]前夕，国务院总理温家宝在北京市委书记刘淇、教育部部长周济、北京市市长王岐山等人陪同下来到北京市西城区黄城根小学，亲切看望师生，并和五年级学生一起上课。

8时30分，上课铃响了，在校长的引导下，身着便装的温家宝等人来到教学楼三层的五年级2班，在最后一排落座。

"今天我们继续学习第11课'新型玻璃'。"语文教师陈胜昔说，"请大家介绍一下，都有些什么样的玻璃。注意，你们要用'自述'的方式。"

"我是变色玻璃"、"我是吃音玻璃"、"我是吸热玻璃"……孩子们争先恐后，举手回答。

温家宝聚精会神，认真倾听，并不时在纸上写些什么。

"请大家说一下，喜欢课文里哪句话？"陈老师提问。

"我喜欢这一句。夹丝玻璃'非常坚硬，受到猛击仍安然无恙，即使被打碎了，碎片仍然藕断丝连地粘在一起，不会伤人'。"一位男同学回答。

"请大家读读这段，感受一下作者用词的精妙。"

伴随着整齐的童声，温家宝打开课本，和孩子们一起朗读。

同学们还介绍查阅到的其他新型玻璃、述说梦想发明的新型玻璃……对孩子们的大胆想象和设想，温家宝报以会心的微笑；对老师的从容和鼓励，温家宝投以赞许的目光。

40分钟的课不知不觉之间就过去了。温家宝始终面带微笑，认真听课。

"老师，能不能请温爷爷说几句？"一个孩子大胆地问。

"老师讲得很好。同学们回答得也很好。"从头到尾听完一节课，使温家宝深有感触。他站起来说："课本上讲了几种新型玻璃，你们不仅认真学了，而且还在思考、查资料，看世界上还有哪些新型玻璃。这些都很好。"

"但是还缺一条。"温家宝向学生们发问，"除了查资料外，自己还看过什么新型玻璃没有？哪位同学能回答？”

一个男孩举起了右手。

“你看过什么玻璃？”温家宝笑着问。

“我见过水晶玻璃。”

“对。就是要这样。”温家宝亲切勉励孩子们，“我们一方面要查资料，一方面还要勇于实践。”

9时10分，温家宝正准备起身离开，一位小同学勇敢地挤到桌前，请他写几句话。

略作思考，温家宝在一张白纸上，一笔一画地写下——博学之，审问之，慎思之，明辨之，笃行之。“学问、思辨、行动，就是这三个意思。明白吗？”

“明白。”孩子们纷纷点头。

语文课结束，温家宝等人来到学校大会议室，与北京市部分中小学和职业学校校长、教师座谈。温家宝向参加座谈的教师，向全国的教师们致以节日的问候和崇高的敬意。

“我们刚刚听了一堂课。我想以这种特殊的方式向老师们表达敬意。”刚刚落座，温家宝就说：“我觉得，陈老师整堂课讲得很好。她让孩子们讨论，让孩子们自己找资料、找答案。这就是启发式教学。她尊重每一个孩子，对孩子充满爱心，和学生交流，这就是教学相长。”

温家宝亲切地说：“这堂语文课也有值得改进的地方。比如，表达、用词的训练还可以加强一点。有些词语的应用，可以讲得更宽一些，像‘藕断丝连’这个词，是一种形象的比喻，可以用在这里，也可以用在其他地方。陈老师，我说得对不对？”“对。”陈胜昔点头。

座谈会上，教师和校长们踊跃发言，气氛热烈，他们向总理反映对今后教育改革和发展的建议。温家宝不时插话，和教师们进行交流。他说，我最近一直在思考两个问题：一个是，素质教育决不是不要考核，而是要求考核具有综合性、全面性和经常性。所谓综合性，就是要教学生既会动脑，又会动手；所谓全面性，就是要使学生德智体美全面发展；所谓经常性，就是要根据学生长期的学习表现决定成绩。第二个是，减轻学生负担决不是对学生放松要求和撒手不管，而是给孩子们更多的时间接触世界，接触事物，接触生活，学习更多的知识，做更多的事，思考更多的问题，培养独立思维和创造能力。素质教育对学校、对教师、对学生的要求都更高了，而不是低了。

温家宝说，没有高素质的教师，教学质量和教育水平很难提高。尊师重教，尊师在前。要进一步在全社会形成尊师重教的社会风尚。只有尊重老师，重视教育,国家才会兴旺发达。

(选自《人民日报》海外版 2006 年 9 月 9 日 作者:李斌,有改动)

注 释

① 教师节

中国教师的纪念性节日。1985 年 1 月全国人大常委会通过议案,决定每年的 9 月 10 日为教师节。

生 词

1. 灿烂	cànlàn	(形)	bright, sunny
2. 前夕	qiánxī	(名)	eve
3. 陪同	péitóng	(动)	accompany
4. 聚精会神	jù jīng huì shén		be all years, concentrate
5. 倾听	qīngtīng	(动)	listen attentively to
6. 安然无恙	ān rán wú yàng		keep intact, safe and sound
7. 藕断丝连	ǒu duàn sī lián		apparently severed, but actually connected
8. 粘	zhān	(动)	adhibit, stick
9. 精妙	jīngmiào	(形)	exquisite
10. 水晶	shuǐjīng	(名)	crystal
11. 勉励	miǎnlì	(动)	encourage
12. 审问	shěnwèn	(动)	question, quest
13. 慎	shèn	(形)	careful, cautious
14. 笃行	dǔxíng	(动)	work perseveringly
15. 思辨	sībiàn	(动)	think and distinguish, ponder and identify, discern
16. 比喻	bǐyù	(动)	compare to; simile, metaphor

17. 踊跃	yǒngyuè	（形）	enthusiastic; eagerly
18. 气氛	qìfēn	（名）	atmosphere, ambience
19. 考核	kǎohé	（动、名）	assess, evaluate
20. 负担	fùdān	（名、动）	burden
21. 风尚	fēngshàng	（名）	prevailing custom, fashion
22. 兴旺	xīngwàng	（形）	prosperous

练　习

一、选择对画线词语恰当的解释

1. 在校长的引导下，身着便装的温家宝等人来到教学楼三层的五年级 2 班，在最后一排落座。（　　）

A. 穿　　B. 披　　C. 戴　　D. 拿

2. 夹丝玻璃非常坚硬……即使被打碎了，碎片仍然藕断丝连地粘在一起。（　　）

A. 靠　　B. 贴　　C. 挨　　D. 连

3. 40 分钟的课不知不觉之间就过去了。（　　）

A. 不知道　　B. 没有知觉　　C. 没有察觉到　　D. 没有想到

4. 我们一方面要查资料，一方面还要勇于实践。（　　）

A. 数字　　B. 材料　　C. 资源　　D. 东西

5. 略作思考，温家宝在一张白纸上，一笔一画地写下——博学之，审问之，慎思之，明辨之，笃行之。（　　）

A. 简单　　B. 稍微　　C. 似乎　　D. 大概

6. “我们刚刚听了一堂课。我想以这种特殊的方式向老师们表达敬意。”（　　）

A. 表现　　B. 给予　　C. 表示　　D. 说明

7. 所谓综合性，就是要教学生既会动脑，又会动手。（　　）

A. 接触　　B. 打　　C. 运动　　D. 做

二、根据课文选择正确答案

1. 中国的教师节在什么时候？（　　）

A. 春季　　B. 夏季　　C. 秋季　　D. 冬季

2. 文中“争先恐后”说的是什么？（　　）

A. 上课进教室的时候非常拥挤　　B. 同学们积极回答老师的提问

C. 依照座位前后次序朗读课文　　D. 学生愿坐在前边不愿坐后边

3. 课后是谁提出请温总理题词的？（　　）

A. 校长　　B. 陈老师　　C. 一位同学　　D. 陪同的领导

4. 温总理与同学们的谈话中强调了什么？（　　）

A. 勇于实践　　B. 努力学习　　C. 敢于提问　　D. 善于总结

5. “教学相长”主要表现在哪个方面？（　　）

A. 老师常向学生提问　　B. 老师必须尊重学生

C. 老师对孩子充满爱　　D. 老师能和学生交流

6. 学校的考核今后应体现在哪几个方面？（　　）

A. 全面性、综合性、经常性　　B. 独立性、全面性、综合性

C. 经常性、实践性、综合性　　D. 综合性、经常性、知识性

7. 文中一共提到了几种新型玻璃？（　　）

A. 3 种　　B. 4 种　　C. 5 种　　D. 6 种

8. 本文主要介绍了什么？（　　）

A. 新型玻璃的种类　　B. 尊师重教的道理

C. 总理的视察情况　　D. 观摩教学的情景

三、根据课文回答问题

1. 文中怎样描写温总理听课的情况？
2. 温总理与同学们谈话的主要精神是什么？
3. 对陈老师的教学温总理的评价怎样？
4. 温总理是怎样讲素质教育的？
5. 温总理是怎样讲减轻学生负担的？

四、扩展练习：根据下列文章片段选择正确答案

1—3

现在的小学生都非常忙。还好，现在“减负”了，这对我们6年级同学来说当然是再好不过了。原来每天早上，都要背着又鼓又重的书包上学。在学校，上课40分钟，下课的那10分钟也总是被老师占去。一回到家，就得赶紧拿出一大堆作业，做得快的，吃饭前就能做好；做得慢的，则要到八九点。到了周末，好不容易有个玩和休息的时间，又被那些课外学习班占得一无所剩了。一味的学习只会让我们对学习产生厌烦。在学校学习也应该是劳逸结合，让我们在一个轻松的环境里，快乐地学习。

自从提倡减负以来，我们学校积极采取措施落实。我们的作业减少了，书包减轻了，每天都带着愉快地心情。每周一篇的作文，成了交流日记，不必为没有写作题材而烦恼了。更令大家高兴的是取消了期中考试，只有单元考试和期末大考。减负后，我们的课余时间增多了，学校举办的科技节，人人参与，大家利用课余时间，动手制作，取得了好成绩。我们的暑假也在减负后，过得更充实、更快乐了。从前的暑假，我们都被包围在各式各样的作业当中。今年可不同了，我的作业早早地就做完了，剩余的时间，我就在家学英语，阅读课外书，还帮助父母干家务活。最让我高兴的是我还去首都北京和秦皇岛海边足足玩了10天，可把我高兴坏了。这些地方都是有悠久历史和深厚文化的，比看书上那些死板的文字学历史生动易懂得多。这次旅游让我学到了知识，增长了见识。减负，使我们的生活、学习增添了色彩，使我们更加快乐、更加轻松地去学习知识、学习本领。

1. “减负”以前同学们到了周末就：(　　)

A. 不停地做作业　　B. 有了玩的时间

C. 去参加学习班　　D. 可以好好休息

2. 这位小学生真心希望：(　　)

A. 一味地学习　　B. 多多地休息

C. 快乐地学习　　D. 不要做作业

3. 这个暑假最让这个孩子高兴的是：(　　)

A. 作业早就做完了　　B. 读了许多课外书

C. 帮助家里人干活　　D. 去北京等地旅游

4—6

记者4日从教育部获悉，为促进青少年学生健康成长、全面发展，教育部组织创编了“第一套全国中小学校园集体舞”，并决定于2007年9月1日新学期开始，在全国中小学校全面推广，其中男女生手拉手共跳的校园华尔兹将成为高中生的指定舞蹈。第一套全国中小学校园集体舞包括小学组“好朋友”“阳光校园”“小白船”，初中组“青春旋律”“校园秋歌”，高中组“青春风采”“校园华尔兹”等7个校园集体舞蹈。

目前，全国各地中小学普遍采用第七、八套广播体操作为增强青少年体质的主要活动。记者在对北京部分中小学生的采访中了解到，他们认为目前采用的这两套体操的音乐有些过时。很多人表示，光靠做操达不到锻炼身体的效果。“为此，我们迫切需要开发一种学生广泛欢迎的体育锻炼形式。”教育部有关负责人说，即将推出的校园集体舞是教育部组织专家花了两年时间在充分调查和科学实践的基础上，考虑到不同年龄段学生的生理和心理发育规律而创编的，具有鲜明的教育性、科学性和群体参与性，富有时代特点和青春气息，适合城市和农村的广大中小学生。负责人强调，让中小学生跳集体舞，可以培养学生的审美情趣，也可以锻炼身体。

我国目前正在广泛开展“全国亿万青少年学生阳光体育运动”。教育部提出了让学生“每天锻炼一小时”，并采取把体育成绩与中考、高考录取挂钩等相关措施。校园集体舞将安排在每天学生大课间和课外体育锻炼时间进行。教育部将从本月开始培训骨干舞蹈教师，首先印制光盘发到各省，由各省举办集体舞培训班，让中小学老师学习。

4. 教育部决定，于2007年9月1日新学期开始，在全国中小学：(　　)

A. 推广中小学校园集体舞　　B. 采用第七八套广播体操

C. 开展师生阳光体育运动　　D. 举办教师集体舞培训班

5. “把体育成绩与中考、高考录取挂钩”一句中的“挂钩”的意思是：(　　)

A. 连接　　B. 结合

C. 联络　　D. 接通

6. 文中没有提到这套校园集体舞：(　　)

A. 富有时代特点　　B. 充满青春气息

C. 适宜群体参与　　D. 可以舞台表演

7—9

北京电视台报道：这几天《北京您早》栏目播出的《寻找北京的赵爷爷》，引起了强烈的社会反响。赵爷爷40年默默捐书助贫的行为感动了很多市民。昨天下午，赵爷爷所在的社区和单位就掀起了为贫困地区捐书的热潮。刚过午休时间，北京第三干休所的大院里出现了一些手提图书的老人。这位手拄拐棍的独臂老人叫张晋，他在抗日战争中失去了一只手臂，后来靠单臂写出了不少革命题材著作。当知道自己战友赵拓40年捐书不辍的事迹后，特地将自己创作的新书捐给山区孩子。干休所100多平米的会议室已经是人山书海。有的老人为了能多捐几本书甚至用上了手推车。十几位离休干部捐赠的少儿图书有1000多册，堆满了十几米的长桌。赵爷爷的事迹在人定湖社区更是引起了强烈反响，当天的捐书活动就是学习赵爷爷的开始。这位一路跑来的大妈，尽管有病在身，也坚持前来捐书。就在记者准备离开时，李奶奶的身影出现了。李奶奶是赵爷爷的老伴，她说："我是看着你们差不多走了才来的。本想躲过记者再来捐书，没想到还是被记者碰了个正着。"老人的低调再次感动了在场的每一个人。据了解，在这次向赵爷爷学习的捐书活动中，社区和干休所共捐赠图书2500多册。而更多的爱心行动仍在继续。

7. 赵爷爷是什么人？（　　）

A. 小学教师　　B. 国家干部　　C. 业余作家　　D. 退休军人

8. 赵爷爷的什么事情感动了很多人？（　　）

A. 抗日战争中他失去了手臂　　B. 默默地为孩子捐书40年

C. 刻苦写出许多革命著作　　D. 第一个提出献爱心行动

9. 李奶奶为什么最后才来捐书？（　　）

A. 想躲开记者的采访　　B. 怕捐书的人多排队

C. 不愿意被别人看到　　D. 想单独找记者谈谈

第二课

金大中为南开中学题词

韩国前总统金大中，应邀挥毫泼墨，题词“敬天爱人”，祝贺天津南开中学建校一百周年。2004 年 10 月 17 日，当这幅题词在庆祝大会上展示时，受到与会者的热烈欢迎。我出使韩国期间有幸结识金大中先生，使我荣幸地参与了联系题词的有关事宜。

天津南开中学的前身是天津南开学校，由我国爱国教育家严范孙和张伯苓于 1904 年 10 月 17 日创建，到 2004 年整整一百周年。该校名人辈出，周恩来①总理早年曾就读此校，温家宝总理也是该校毕业，曹禺、黄裳等知名作家曾是这所中学的学生，还有中科院几十位院士也出自这所学校。为迎接具有历史意义的这一天，校方决定举行各种纪念活动，同时邀请中外名人为校庆题词，勉励师生，并传诸后人。在拟邀请的外国名人中，首推韩国前总统金大中，因为校方深知，作为世界名人，金大中先生不仅致力于韩中政治、经济、外交关系的发展，而且十分关心韩中文化教育交流，曾访问过天津南开大学②，并被授予名誉教授。为此，校长康岫岩代表全校学生和教职工给金大中写了一封信，言辞恳切地提出题词的请求，但信件如何寄出或转交一时却成了难题。

说来也巧，我的一位朋友是南开中学毕业生，2004 年 6 月的一天，她带着校长的信，找到我家来求助。虽然感到突然，但我还是把信接了过来。我接受这封信，主要是通过与金大中的接触，我深感他不仅热心发展对华关系，而且特别注重中韩文化教育方面的交流，加之他又十分喜爱和擅长汉字书法。记得他 1997 年 12 月当选总统时，正值韩国处于金融危机，他泼墨题写“济世救民”四个大字，以迎接 1998 年元旦。当然请他为天津南开中学题词的要求多少有点唐突，但只要说明理由，恳切请求，金大中是有可能接受的。正在我为如何转信犹疑之时，忽然听说金大中将要来中国访问。我心中暗喜，这可是一个好机会。

不久，金大中访华期间，7 月 1 日中午，在北京设宴招待他相识的中国各界朋友，我也荣幸地应邀出席。金大中虽已80高龄，一生又为民主和自由经受了非人的熬煎，但身体尚好，精神亦佳。在相隔三年后再次访华的这次午宴上，他畅谈多次访华的感受，祈望朝鲜半岛稳定与和平，还忆及多年与中国朋友的交往，情绪激动，言谈酣畅。出席宴会的中国人士也表达了对金大中前总统的尊重，赞赏他为发展中韩关系所做的贡献。我则借机转交了天津南开中学校长给金大中的信，简要介绍了学校的历史，说明师生恳请他为校庆百周年题词，完全是出于对他的尊重和爱戴，希望他在百忙之中满足他们的请求。金大中听后表示感谢，但又客气地说他的书法水平不高，拿到书法王国中国来可能让人耻笑。在座的中方人士都支持南开中学的请求，金大中笑着说他回国后将会认真考虑。

好消息终于传来了。金大中虽已退出公职，但平日事情仍然很多。9月下旬中秋节③，韩国放三天假，金大中利用假期才写好了这幅题词。题词送到北京后，我们赶忙展开，“敬天爱人”四个遒劲的大字映入眼帘，上款是“祝贺南开中学建校100周年”，下款是“2004年10月大韩民国前大统领金大中”。题词高约60厘米，宽20厘米，十分考究得体。据说“敬天爱人”是金大中的一条座右铭，是他待人处事的准绳，寓意十分深远。我赶快把它转交给天津南开中学。

2004年12月初，我去汉城参加韩中知名人士论坛，顺便带去了南开中学校长给金大中先生的感谢信和礼品。因金大中先生去马来西亚访问了，只好交给他的秘书。对于一生波澜壮阔的金大中前总统来说，书写一幅题词是一件极其普通的事，然而我们从中不难看出，这位致力于发展韩中全面伙伴关系的前总统，对于有助于推动两国文化交流的事，怀有的热忱和真诚。

现在，金大中书写的这幅珍贵题词，与李鹏前总理、邹家华前副总理的题词一起，悬挂在天津南开中学校史展览馆中，成为永远的纪念。

（选自《人民日报》海外版2005年1月20日，作者：延静，有改动）

注释

① 周恩来(1898.3.5—1976.1.8)

伟大的马克思列宁主义者，政治家、外交家，中国人民衷心爱戴的党和国家卓越领导人，中国人民解放军的创始人之一，原籍浙江绍兴，生于江苏淮安,1913年进天津南开中学学习。

② 南开大学

中国著名的综合性大学,校址在天津,前身为1904年创办的私立南开学校,1919年建大学部,成立南开大学,1996年设有9个学院,29个系、23个研究所、28个研究室和研究生院。

③ 中秋节

中国的传统节日之一,也称"八月节",在农历8月15日,这一天家人团聚,有赏月和吃月饼的习俗,也是韩国等其他亚洲国家的传统节日。

生 词

1. 题词	tí cí		inscribe, inscription
2. 应邀	yìngyāo	(动)	be invited; on invitation
3. 挥毫泼墨	huī háo pō mò		writing with the Chinese brush
4. 出使	chūshǐ	(动)	be sent on a diplomatic mission
5. 前身	qiánshēn	(名)	predecessor
6. 创建	chuàngjiàn	(动)	found, establish
7. 院士	yuànshì	(名)	academician
8. 致力于	zhìlìyú		devote to, apply oneself to
9. 授予	shòuyǔ	(动)	award
10. 恳切	kěnqiè	(形)	sincere
11. 擅长	shàncháng	(动)	be accomplished in, be good at
12. 金融	jīnróng	(名)	finance
13. 唐突	tángtū	(名)	abruptness
14. 畅谈	chàngtán	(动)	collogue, speak freely about
15. 转交	zhuǎnjiāo	(动)	deliver to, pass on
16. 耻笑	chǐxiào	(动)	ridicule, scoff
17. 公职	gōngzhí	(名)	government service, office
18. 遒劲	qiújìn	(形)	powerful, vigorous
19. 座右铭	zuòyòumíng	(名)	motto, maxim

20. 寓意	yùyì	(名)	implication, moral
21. 执著	zhízhuó	(动/形)	persist in, dedicate
22. 珍贵	zhēnguì	(形)	precious

练　习

一、选择对画线词语恰当的解释

1. 当这幅题词在庆祝大会上展示时，受到与会者的热烈欢迎。(　　)

A. 参加会议的人　　B. 赞助会议的人
C. 组织会议的人　　D. 支持会议的人

2. 校方决定邀请中外名人为校庆题词，勉励师生，并传诸后人。(　　)

A. 显示　　B. 传达　　C. 宣传　　D. 留给

3. 说来也巧，我的一位朋友……带着校长的信，找到我家来求助。(　　)

A. 巧妙　　B. 灵活　　C. 恰巧　　D. 技巧

4. 他 1997 年 12 月当选总统时，正值韩国处于金融危机……(　　)

A. 值得　　B. 遇到　　C. 承担　　D. 价值

5. 我也荣幸地应邀出席。(　　)

A. 应该邀请　　B. 接受邀请
C. 应付约会　　D. 响应约请

二、根据课文选择正确答案

1. 恳请金大中先生题词的是：(　　)

A. 天津南开大学校长　　B. 金大中的一位朋友
C. 应邀参加宴会的人　　D. 天津南开中学校长

2. 天津南开中学的校友不包括：(　　)

A. 延静　　B. 周恩来
C. 曹禺　　D. 温家宝

3. 作者向金大中转交信件的时间是：(　　)

A. 在韩国工作期间　　B. 在京参加宴会时

C. 出席中韩论坛时　　D. 访问马来西亚时

4. 金大中先生的个人兴趣是：(　　)

A. 关心对华关系　　B. 重视文化交流

C. 擅长汉字书法　　D. 喜欢结交朋友

5. 天津南开中学的创建人是：(　　)

A. 周恩来与张伯苓　　B. 张伯苓与严范孙

C. 温家宝与邹家华　　D. 周恩来与温家宝

6. 作者在午宴上向金大中先生：(　　)

A. 转达了南开中学恳请他题词的请求

B. 转交了南开中学对他题词的感谢信

C. 颁发了南开大学授予他教授的证书

D. 带去了南开中学校长送给他的礼物

7. 天津南开中学校史展览馆可能缺少：(　　)

A. 国际名人的题词　　B. 前总理李鹏题词

C. 邹家华先生题词　　D. 在校学生的题词

三、根据课文回答问题

1. 天津南开中学哪些地方值得人们羡慕？
2. 金大中先生为推进韩中友好做出过哪些贡献？
3. 南开中学为什么特邀金大中为百年校庆题词？
4. 作者是怎样完成两次转交信件任务的？
5. 南开中学百年校庆都有哪些纪念活动？
6. 怎样理解"敬天爱人"这句话的寓意？

四、扩展练习：根据下列文章片段选择正确答案

1—5

到南开读书既是我青少年时代的理想，也是我人生道路上的转折点——正是南开中学的严谨学风，老师诲人不倦的教导，使我这个当时十分贪玩的

学生受到了系统和严格的训练,明确了人生志向,选择了献身祖国科技事业的道路。

回首往事,我切身地感到:南开不仅使我学到了扎实的科学文化知识,更重要的是在老师的教导下,使得刻苦顽强、一丝不苟的作风逐渐在我头脑中牢牢扎下了根——这是我在大学学习和以后科研工作中的重要原动力。

南开中学的课余生活特别丰富多彩。学校要求学生既要学习好,又要身体好。正是中学时期受到"重视体育"的熏陶,使我在大学期间一直积极参加体育锻炼,还加入了清华大学垒球代表队。强健的体魄保证了我很好地完成了大学的学业。

高中时代是青年人确定人生观的关键时期。南开中学具有优良的革命传统,重视对学生的品德教育。通过在南开中学的各项学习和政治活动,我逐步懂得了做人的道理,初步树立起革命的人生观。

光阴荏苒,半个多世纪过去了。在人生的征途上我始终没有忘记母校对我的培育。我在南开中学度过了人生最难忘最宝贵的时光。母校优良的革命传统,严谨的治学风范,对学生德智体的全面培养,使我终生受益匪浅。

南开育我,我爱南开。我对母校的依恋与感激之情是难以用语言文字表达的。

1. 作者青少年时最大愿望是什么?(　　)

A. 献身体育事业　　B. 从事科技事业

C. 找到一个好职业　　D. 到南开中学读书

2. 作者后来主要从事哪方面工作?(　　)

A. 科学技术　　B. 文化体育

C. 教书育人　　D. 学术研究

3. 南开中学给予作者的最大影响是什么?(　　)

A. 让他有了强健的好身体　　B. 帮他树立了革命人生观

C. 教他学会了怎样搞科研　　D. 使他重视高中阶段学习

4. 这篇短文表达作者的什么心情?(　　)

A. 感谢老师,思念学友　　B. 怀念母校,热爱家乡

C. 南开育我,我爱南开　　D. 总结经验,喜悦自豪

5. 南开中学办学的最大特色是什么？(　　)

A. 培养德智体全面发展的学生　B. 大力培养科技方面专门人才

C. 着重培养体魄强健的毕业生　D. 把革命传统教育放在第一位

6—7

从教37年，担任19年校长，张世义一直把“办有生命力的教育”当成自己的追求，而教育的生命力首先体现在“一切为了学生的发展”。张世义说：“我要尽可能地给孩子们创造良好的学习生活条件。让他们在潞河度过人生最美好的时光。”他还说：“办有生命力的教育要承认学生的差异性，要根据学生不同的兴趣爱好和潜质，因材施教。”

在潞河中学，新生入学都要接受性格、心理等方面的测试，老师会根据测试结果结合学生的兴趣爱好帮助学生设计自己的升学目标和人生规划。学生的课余时间可以自由支配，除国家义务教育规定的课程外，学校还开设了文学艺术、科学技术等方面的选修课，以满足学生个性发展的需求。

6. “有生命力的教育”本质特点是什么？(　　)

A. 尽力创造优美的环境　B. 一切有利于学生发展

C. 重视学生的兴趣爱好　D. 实行统一的规模教育

7. 为什么说潞河中学具有良好的学习生活条件？(　　)

A. 学生选修的课程丰富多样　B. 理论联系实际设施较齐全

C. 能够让学生实现升学目标　D. 提供学生发展个性的环境

8—9

2007年8月26日傍晚，当监测到国际空间站进入南京上空时，南京三中业余无线电台负责人王龙老师首先向国际空间站业余电台NAISS发出呼叫。10秒钟后，20名来自南京、上海、广州等地的中国学生，通过南京三中的业余电台与国际空间站飞行师克莱顿·安德森进行了为时9分44秒的对话。参与提问的学生以南京的中学生为主，也有刚上三年级的小学生和正在求学的大学生。对学生们的问题，国际空间站内的美籍飞行师安德森一一作了回答。

据了解，这次活动的中文主持、英文主持、包括问题的设计、无线电台的调试等，主角都是学生。兴趣是最好的老师，通过参加无线电活动，孩子从中体会到无线电知识的趣味性，从而激发出他们学习的热情，培养了热爱科学、崇尚科学的思想。很多学生通过这项活动在动手能力、英语听说能力等方面都大有长进，效果比让孩子们死读书或给他们讲大道理要好得多。

8. 哪个城市的学生没有参加这次“对话”活动？（　　）

A. 广州　　B. 上海　　C. 北京　　D. 南京

9. 这两段话主要介绍了什么情况？（　　）

A. 中美青少年对话的内容　　B. 一次活动的情况与效果

C. 王老师开展活动的计划　　D. 组织无线电活动的好处

第三课

扬起语言的风帆，让中华文化远航

——记北京语言大学的特色对外汉语教学

2007年2月22日，伊斯兰堡，由北京语言大学承办的巴基斯坦国立现代语言大学孔子学院①正式开班，这是巴基斯坦的第一所孔子学院。此举是北京语言大学在汉语国际推广的道路上向前迈进的又一步。作为中国唯一一所以对外国留学生进行汉语和中华文化教育为主要任务的国际型大学，北语记录了新中国对外汉语教学发展的足迹，也见证了中国对外政策逐步走向开放的历程。

培养中外友好的使者

1956年，中国与埃及建立外交关系，翻开了中国与非洲各国友好往来的新篇章。随后几年，中非之间的交流活动迅猛发展，许多非洲国家要求派遣留学生到中国学习。1962年6月，教育部决定创办一所专门从事外国留学生汉语教学工作的大学，定名为"外国留学生高等预备学校"。创办的第一年，该校即招收了14个国家和地区的99名留学生。1965年周恩来总理批示，将这所学校的名字改为"北京语言学院"，即现在的北京语言大学。建校40多年来，北语共为非洲46个国家培养了4142名留学生，他们中的许多人回国后都在政治、外交、经贸、文化、教育等领域做出了突出的贡献，成为中非友好交往的使者。

1973年，中国恢复了和部分西方国家的文化交往，一位名叫白乐桑的法国青年来到北京语言学院学习汉语，两年后学成回国从事汉语教学。1987年他创办了法国汉语教师协会并担任第一任会长；2006年他被法国政府任命为首位汉语总督学，负责法国12000名学汉语的中学生的授课和考核。

1992年中国和韩国建立外交关系，两年后，韩国就超过日本成为在北京语言大学留学人数最多的国家。近年来，在北京语言大学的韩国留学生每年都保持在4000人次左右。

以学科建设引领发展

许多来华留学生都说，北京语言大学是他们在中国的家，是高水平的教学质量使他们学会了汉语，爱上了中国。

北京语言大学校长崔希亮教授曾说："学校发展不能长胖就长高，一所健康发展的大学应该是身材适中，我们要使北语成为以语言教学与研究为特色和优势、多学科协调发展、教学与科研并重的国际型高水平大学。"据了解，北京语言大学来华留学研究生教育发展迅速。近 20 年来，北京语言大学已培养了来华留学硕士、博士研究生 210 余人，培养来华高级进修生 30 余人。波兰留学生帕维尔·玛突莱维切是第一个在中国连续获得学士、硕士、博士三个学位的西方人。谈到在北语的学习情况，帕维尔显得很激动，他说："学校的老师给了我非常大的帮助，社会调查是精品课程的内容之一，也是方言研究的重要方法，枯燥而辛苦。在老师陪同下我跑遍了浙江省温州地区 11 县、市、区的 33 个乡镇。每到一地，就请来 65 岁以上老人，用方言读从《方言调查字表》中选出来的 1200 个字，录音后再用国际音标记下来，注上声调。"后来，帕维尔的博士学位论文《吴语瓯江方言韵母演变研究》受到专家的高度评价。

确定 HSK②的权威性

校党委书记、校务委员会主任王路江教授向我们介绍说："经过 45 年的发展，学校已形成了特色鲜明、优势明显、结构合理、内容充实的学科体系。"学校研发了汉语水平考试(HSK)，1992 年国家教委确定其为国家级考试。截止 2007 年 3 月，共有来自 130 多个国家和地区的约 130 多万人次考生参加了汉语水平考试，HSK 已经成为外国留学生检测汉语水平最具权威的衡量标准。

与此同时，北语向海外派遣了对外汉语教学师资近千人次，他们以推广汉语、弘扬中华文化为己任，足迹遍布世界五大洲。近半个世纪以来，几代北语人呕心沥血，因为他们为之献身的事业与国家和民族的命运紧密相连，与新中国在世界舞台上的地位息息相关。他们的辛勤结出了丰硕的成果，从北京语言大学走出的毕业生，有 2 人担任过所在国国家总理，1 人曾担任议会议长，14 人担任过驻华大使，30 多人担任驻华使馆的参赞，而更多的在从事着中外交流或与中华文化传播有关的工作，他们是传播中华文化的友谊使者。

2006 年 4 月 13 日，新加坡国务资政吴作栋参观了北京语言大学。他很有兴致地走进课堂听了 20 分钟的课，并笑着对陪同参观的学校领导说："如果有可能，我也想在这里花几个月来学习汉语。"

（选自《人民日报》海外版 2007 年 9 月 10 日，作者：刘菲，有改动）

注　释

① 孔子学院

孔子是中国历史上著名的思想家、教育家、哲学家。以孔子命名的"孔子学院"旨在教授汉语，介绍中国传统文化，根据各国特点和需要，采取中外合作、特许经办和独立设置等形式设立孔子学院，其总部在北京，英文名为"Confucius Institute"。

② HSK

HSK 是汉语水平考试(Hànyǔ Shuǐpíng Kǎoshì)的缩写。HSK 是为测试母语非汉语者(包括外国人、华侨)的汉语水平而设立的国家级标准化考试。

生　词

1. 帆	fān	(名)	sail
2. 承办	chéngbàn	(动)	undertake
3. 唯一	wéiyī	(形)	only, sole
4. 使者	shǐzhě	(名)	envoy, emissary
5. 迅猛	xùnměng	(形)	rapid, with great momentum
6. 派遣	pàiqiǎn	(动)	send, dispatch
7. 批示	pīshì	(动/名)	instruct
8. 任命	rènmìng	(动)	nominate, appoint
9. 督学	dūxué	(名)	school inspector
10. 考核	kǎohé	(动)	assess, evaluate, examine
11. 协调	xiétiáo	(形/动)	coordinate

12. 硕士	shuòshì	（名）	master
13. 精品	jīngpǐn	（名）	high-quality goods, elaboration product, sublime
14. 音标	yīnbiāo	（名）	phonetic symbol
15. 韵母	yùnmǔ	（名）	simple or compound vowel of a Chinese syllable
16. 演变	yǎnbiàn	（动）	evolution, evolvement
17. 权威	quánwēi	（名）	authority
18. 截止	jiézhǐ	（动）	until, up to
19. 衡量	héngliáng	（动）	measure
20. 弘扬	hóngyáng	（动）	promote
21. 呕心沥血	ǒu xīn lì xuè		exert one's utmost effort, work one's heart out
22. 丰硕	fēngshuò	（形）	plentiful, fruitful
23. 参赞	shēnzàn	（名）	counsellor

练　习

一、选择对画线词语恰当的解释

1. 北语记录了新中国对外汉语教学发展的足迹，也见证了中国对外政策走向开放的历程。（　　）

   A. 记载　　B. 写出　　C. 记忆　　D. 纪念

2. 1956年，中国与埃及建立外交关系，翻开了中国与非洲各国友好往来的新篇章。（　　）

   A. 开始成立　　B. 开始形成　　C. 开始创立　　D. 开始建造

3. 许多留学生学成回国后都在政治、外交、经贸、文化、教育等领域做出了突出的贡献。（　　）

   A. 区域　　B. 行业　　C. 方面　　D. 范围

4. 2006年白乐桑被法国政府任命为首位汉语总督学，负责法国12000名学汉语的中学生的授课和考核。（　　）

A. 教授　　B. 开课　　C. 上学　　D. 教课

5. HSK已经成为外国留学生检测汉语水平最具权威的衡量标准。（　　）

A. 评定　　B. 考虑　　C. 比较　　D. 计算

6. 2006年4月13日，新加坡国务资政吴作栋参观了北京语言大学。（　　）

A. 游览　　B. 访问　　C. 参加　　D. 观看

二、根据课文选择正确答案

1. 北京语言大学的主要任务是：（　　）

A. 在国外大学承办孔子学院

B. 推广海外的汉语教学工作

C. 教授外国人汉语和介绍中华文化

D. 增强中国与世界各国的友好往来

2. 北京语言大学创立的时间是：（　　）

A. 1956年　　B. 1962年　　C. 1965年　　D. 1973年

3. 北京语言大学在办学过程中不特意追求：（　　）

A. 扩大规模多招生　　B. 多学科协调发展

C. 教学与科研并重　　D. 发挥自身的优势

4. 波兰留学生帕维尔的最大特点是：（　　）

A. 写出高质量的学术论文　　B. 重视贴近社会进行调查

C. 讲究社会方言调查方法　　D. 获得中国三个学位证书

5. 对于HSK最好的概括是：（　　）

A. 北京语言大学研发的汉语水平考试

B. 汉语水平考试被确定为国家级考试

C. 对外检测汉语水平最具权威的衡量标准

D. 有130多万人次考生参加汉语水平考试

6. “与新中国在世界舞台上的地位息息相关”，这句话说的是：（　　）

A. 北语人的呕心沥血　　B. 对外汉语教育事业

C. 国家和民族的命运　　D. 北语培养的毕业生

7. 北京语言大学的特色在于:(   )

A. 重视教学更重视科研　　B. 接受所有国家留学生

C. 在国外承办孔子学院　　D. 把汉语作为外语来教

三、根据课文回答问题

1. 北京语言大学的主要任务是什么?
2. 北京语言大学都叫过什么名字?
3. 文中介绍了法国人白乐桑的哪些经历?
4. 波兰留学生帕维尔是怎样写博士论文的?
5. 现在HSK推广情况如何?
6. 文章介绍了北京语言大学哪些方面的情况?

四、扩展练习:根据下列文章片段选择正确答案

1—3

2007年6月29日,来自15个国家的100多位留学生从中国人民大学校长手中接过神圣的学位证书,有上百位学生家长从世界各地赶到现场与爱子爱女共度这一珍贵时刻,9个驻华使馆的外交官莅临会场表示祝贺。

近年来,外国留学生来华求学如火如荼,每年以两成以上的速度递增。2005年留学生数量更是突破14万人,成为新中国成立以来留学生数量最多、生源国家数量最多、就读学校数量最多的一年。中国已经成为外国留学的新热土。中国政治稳定,经济快速发展,国际影响日益显著,这些都是吸引外国留学生的原因。内地高等教育的教学质量受到国际认可,留学环境日渐改善成为中国吸引留学生的因素。此外,到中国求学的各项费用相对低廉,也是吸引外国留学生的原因之一。

更直接的原因是,随着中国软实力在国际上的提升,汉语正成为国际社会的香饽饽。美国《时代》周刊载文称,在20世纪掌握英语是领先一步的关键,而到了21世纪,掌握汉语则成为占据优势的体现。英国语言学家戴维·加多尔指出:"如果你想领先一步,那么就学习汉语吧!"

中国在外国留学生眼中越来越富有魅力。很多留学生表示,来华后感觉比预先设想好,不论城市建设还是生活环境都与自己的国家相差无几,这让他们始料未及。对于中国的教学方法和学习环境他们也很满意,认为在中国学习确有收获。很多留学生都向亲朋好友推荐了自己的学校。据调查,七成留学生表示,到中国留学的目标是"用汉语工作",甚至有一半的留学生准备毕

业后在中国发展。

1. 近年来外国留学生来华求学人数平均每年增加：（　　）
   A. 约 20%　　B. 20%多　　C. 接近 20%　　D. 20%左右

2. 文中没有提到吸引外国留学生来华的原因是：（　　）
   A. 中国政治稳定经济发展　　B. 学习和生活费用比较低
   C. 留学生的入学条件不高　　D. 中国在世界的影响扩大

3. 据调查，50%的在华留学生表示：（　　）
   A. 希望毕业后能留在中国工作　　B. 愿意向亲友推荐自己的学校
   C. 留学的目标就是用汉语工作　　D. 中国大学的学习环境相当好

4—6

北京语言大学日前举行了留学生相声表演大赛。阿曼留学生安沃尔和韩国留学生朴喜珍站在台上没有一丝拘谨。

“我最近学了一个新词——东西，你是什么东西？”

“我不是东西，不对不对，我是东西，也不对啊。”

“一看你就是外国人，汉语学得不好。我告诉你吧，‘东西’一般不能指人，是指物。”

两人你来我往，一句句精彩的对话引得满堂大笑，全场气氛顿时变得热烈起来。表演好相声对留学生来说难度的确很大，而参加比赛的 11 对选手却是各显神通。报告厅里座无虚席，充满了笑声、掌声和喝彩声。

南斯拉夫留学生叶温娜和香港学生蔡润琴表演的《语言中的“吃文化”》，又引出了生活中常见的一种语言现象，用“吃”表达各种不同的情况，如说受不了叫“吃不消”，表示不忠诚是“吃里爬外”，说人生活好叫“吃香的喝辣的”，说一个人倔强叫“软硬不吃”。经这么一说，引得台下的留学生又想起不少有“吃”字的词儿来，马上补充说还有“吃不了兜着走”、“吃醋”、“吃后悔药”……台上台下也分不清是谁在说相声。

泰国留学生王德珠和韩国留学生车智原平时就喜欢相声，听说有相声比赛，他俩自愿搭档，查资料，写台词，在老师的精心指导下，成功地为同学们表演了相声《八点差一分》，幽默的语言、生动的表演，夺得了比赛的第一名。王德珠同学激动地告诉记者：“相声是中国传统艺术，我从来没有想到自己会说相声，这次比赛把学汉语与说相声连到一起，在笑声中学习，这种形式非常好。”

4. 文中用“座无虚席”表示：(　　)

A. 在主席台上没有人坐　　B. 报告厅很大座位又多

C. 许多位子空着没人坐　　D. 观众很多没有空位子

5. “吃香的喝辣的”一语是表示人的：(　　)

A. 道德品质　B. 性格特点　C. 工作态度　D. 生活状况

6. 中国相声艺术的主要特点是：(　　)

A. 表演生动　B. 语言幽默　C. 载歌载舞　D. 互动交流

7—9

俄罗斯鄂木斯克师范学院汉语系的28名大学生，参加了在哈尔滨举办的汉语夏令营。他们大多数是第一次来中国，对神奇的中国非常感兴趣。这次来中国一是要“充电”，听中国老师讲汉语课，与中国朋友零距离接触；二是要了解和感受中国的悠久历史和灿烂文化。夏令营期间学生们上午学汉语，下午练中国书法——毛笔字、学习中国太极拳。周末休息日，他们到中国普通百姓家做客，吃粽子、饺子、元宵、月饼和中国菜，学会了用筷子吃饭；去茶馆品茶，体验中国茶文化的魅力。按中国方式过生日，参加中国年轻人的婚礼……包罗万象的活动内容，使俄罗斯大学生们真正接触到了普通中国人的生活。同学们切身感到，不到中国就不能真正了解中国，而不了解中国文化就不能学好汉语。夏令营活动使俄罗斯大学生对中国产生了深刻的印象，一位女大学生激动地说，以后还要来中国学汉语，将来有可能的话，要来中国工作，当翻译或教师。另一个同学则表示，现在俄罗斯正在兴起学汉语热，她要学好汉语，在家乡当一名汉语教师。她喜欢教师职业，喜欢汉语教学。一个俄罗斯小伙子说，他明年就要毕业了，他家里有亲人在德国，原本想毕业后去那里，现在他改变了主意，想来中国发展，因为他觉得这里有更大的施展才华的空间。一个月的夏令营生活很快就要结束了，俄罗斯大学生们恋恋不舍。在结业式上，一位俄罗斯女生用中文演唱的歌曲“月亮代表我的心”，道出了全体营员对中国老师、中国朋友的感激、友好之情。

7. “这次来中国要‘充电’”的“充电”说的是：(　　)

A. 购买日常家用电器　　B. 来夏令营锻炼身体

C. 通过学习提高自己　　D. 与中国人亲密接触

8. 文中没有提到俄罗斯大学生周末：(　　)

A. 上茶馆体验品茶　　B. 到中国人家里做客

C. 游览名胜与古迹　　D. 出席年轻人的婚礼

9. 那位参加夏令营的俄罗斯小伙子表示：(　　)

A. 改变未来工作地点　　B. 回家乡当汉语教师

C. 要去德国施展才华　　D. 毕业后来华当翻译

第四课

坚持教育创新　培育一流人才

记者：上海交大在2001年率先在上海高校中推行新一轮学分制[①]改革，当时学校是如何考虑的？

谢绳武：上海交通大学是一所有108年历史的老学校，我们在传统上就一直很重视本科教育。2001年9月起，交大实行比较完整的学分制。

新学分制内容包括实行"四选"（选课、选科、选师、选时）以及实行学分制、导师制、弹性学制等。在交大，新生可以在学校规定的范围内，按照自己意向和本人条件选择课程、任课教师、上课时间，自主安排学习内容和进程，学校允许一部分优秀学生在完成第一学年基础理论课程学习后，根据自己的专长、兴趣与爱好，申请第二次自主选择专业。同时，学校将双学科学士学位选修范围扩大到所有同学。

近年来，我们推出了学生按时段来选课的新教改制度，将一天的课分成12节课时可供学生自主选择，同一科目分别定在不同时间由不同的老师来上，学生可根据自己的实际情况来选择自己的上课时间和授课老师。这样，学生可以完全根据自己的爱好来上课，大大提高了学习效率。

我们一直致力于创造一个学生主动学习的环境，尊重学生选择，鼓励学生自主发展。

记者：您刚刚提到双学位选修，目前学生选修第二学位的情况如何？

谢绳武：我们在很多年前就开始实施第二学位选修制度，鼓励学有余力的同学选修第二学位。目前选修第二学位学生的比例在交大已经占到了三分之二。每年有千余名学生在毕业时拿到第二学位文凭。这对学生的就业相当有利。

学分制给学生创造了一个相当有利的弹性学习时间。学校允许学生在取得规定的学分后提前毕业。

记者：说到创新人才培养体系，交大是否已经由原来的"按专业招生"转变为"按学院招生"？

谢绳武：是的。从2003年开始，交大20个学院中，17个学院开始实行按学院招生。同一学院的学生入学时不分具体专业，一般在进校两年后，根据学习成绩、本人志愿及学校有关规定，在所在学院范围内再选择专业。优秀的学生一年以后还可以提出转专业、转学院的申请。实行按学院招生，是希望从更宽的口径上培养人才，按照国际上著名大学人才培养模式，进行通识教育[②]。

记者：交大学生转系的比例有多少？

谢绳武：目前比例大约在10%左右。按照规定，交大的学生在一至二年级可以转学院，学院内可以转系，系内可以选择专业及专业方向。

记者：我们了解到交大有学生通过交流，还拿到了国外著名大学的学位。请您介绍一下这方面的情况。

谢绳武：这是我们国际化办学的一部分。深入开展国际化办学，是从2000年开始与美国密歇根大学进行的合作。我们从机械工程学院开始尝试，采用新的教学计划，交大与密歇根大学互补，学生以4人一组的小组为单位，进行团队训练。

过去我们对本科生教育是基础课、专业基础课、专业课三步走。实行合作办学后，我们打破了原有模式，一些专业课程提前在一年级就开始学习。早日介入，对学生的发展很有好处。本科生读完三年级后，可以申请去密歇根大学继续学习，并拿到密歇根大学的学位。除了本科生外，我们在硕士研究生方面也有合作，硕士研究生一年在上海学习，一年在美国学习，两年后拿到双方学位。同时密歇根大学也有学生过来交流，这种交流方式，对双方学生的发展都有好处。

今后，我们将为学生短期进修、交流提供更多机会，并与国外一流大学广泛开展学分互认、学位互授等深层次合作办学项目。

记者：我们知道交大的学生在多项国际赛事中都有非常优异的表现，这方面学校有些什么推动举措？

谢绳武：交大一直非常重视开展学生课外科技活动，重视学生的创新能力。例如，我们的工程训练，不仅向理科学生开放，也要求文科、管理类学生参与。我们新建了学生科技馆，有较好的条件让学生进行课外科技活动。我们创造大量的生产实践机会，让学生把书本上的知识用活。在2002年国际ACM大赛中，交大代表队夺得全球冠军，学生们的创造能力得到了专家们的一致好评。

交大不仅重视专业知识和创新能力的培养，也一向重视人文素养的培养。我们鼓励学生全面发展。我们的理念是，在大学，更重要的是教会学生如何做人。

记者：前段时间，交大的公开招聘引起了社会关注，学校在师资队伍建设方面有哪些新举措？

谢绳武：今年以来，上海交大实行了大幅度的人事制度改革，一举推出400个正、副教授岗位，面向海内外公开招聘；拿出两个副校长岗位，面向社会公开选拔。最近我们还计划公开招聘学院院长。将重点岗位由“内部晋升”转变为公开招聘，可以扩大选人视野、拓宽选人渠道，另外也可以激活原有师资队伍的人才活力，加快实现交大建设世界一流大学的战略目标。

（选自《中国青年报》2004年11月30日，作者：林蔚，有改动）

注 释

① 学分制

一种以学分作为计算高校学生学习分数单位的制度。19世纪美国率先实行，20世纪70年代后中国一些高校也采用学分制。

② 通识教育

指培育人们的精神人格的全才教育。其目的是立人、塑造人的心灵。也称博文教育、博雅教育或人文教育。英文称之为General Education。

生 词

1. 率先	shuàixiān	（副）	firstly
2. 推行	tuīxíng	（动）	carry out, implement
3. 学分制	xuéfēnzhì	（名）	credit system
4. 本科	běnkē	（名）	undergraduate course
5. 学分	xuéfēn	（名）	credit hour
6. 学制	xuézhì	（名）	educational system
7. 意向	yìxiàng	（名）	intention, will
8. 进程	jìnchéng	（名）	progress

9. 学科	xuékē	(名)	subject
10. 专长	zhuāncháng	(名)	special skill, specialty
11. 教改	jiàogǎi	(名)	education reform
12. 科目	kēmù	(名)	subject
13. 学位	xuéwèi	(名)	degree
14. 文凭	wénpíng	(名)	diploma
15. 招生	zhāo shēng		recruit students
16. 口径	kǒujìng	(名)	caliber
17. 尝试	chángshì	(动)	attempt
18. 团队	tuánduì	(名)	teamwork
19. 介入	jièrù	(动)	involve
20. 举措	jǔcuò	(名)	action, measure, move
21. 素养	sùyǎng	(名)	accomplishment, professional integrity, professionalism
22. 理念	lǐniàn	(名)	idea, concept
23. 选拔	xuǎnbá	(动)	select
24. 晋升	jìnshēng	(动)	promote
25. 拓宽	tuòkuān	(动)	expand, widen

练　习

一、选择对画线词语恰当的解释

1. 上海交大在 2001 年率先在上海高校中推行新一轮学分制改革。(　　)

   A. 制度　　B. 规矩　　C. 限制　　D. 规则

2. 新学分制内容包括实行“四选”(选课、选科、选师、选时)以及……(　　)

   A. 选举　　B. 选择　　C. 选拔　　D. 选修

3. 新生可以……按照自己的意向和本人条件选择课程、任课教师、上课时间。(　　)

   A. 任务　　B. 任命　　C. 担任　　D. 责任

4. 我们将与国外一流大学广泛开展学分互认、学位互授等深层次合作办学项目。(　　)

A. 先进的　　B. 同等的　　C. 有名的　　D. 头等的

5. 我们创造大量的生产实践机会,让学生把书本上的知识用活。(　　)

A. 活泼　　B. 活动　　C. 工作　　D. 灵活

6. 在 2002 年国际 ACM 大赛中,交大代表队夺得全球冠军。(　　)

A. 抢夺　　B. 改变　　C. 争夺　　D. 失去

二、根据课文选择正确答案

1. 上海交大新入学的学生缺少:(　　)

A. 发展兴趣爱好的自由　　B. 独立选择老师的权利

C. 随时变动专业的机会　　D. 选择听课地点的方便

2. 目前交大能够选修双学位的是:(　　)

A. 所有交大学生　　B. 刚入学的新生

C. 能"四选"的师生　　D. 学校的优秀生

3. 上海交大实行学分制的根本目的是:(　　)

A. 提高本科教学质量　　B. 鼓励学生自主发展

C. 缩短学生读书时间　　D. 创造良好授课环境

4. 交大推行"按学院招生"的好处是:(　　)

A. 方便学生自选专业　　B. 强化学生素质教育

C. 易获国际名校赞扬　　D. 培养社会所需人才

5. 上海交大最早承担国际化办学试点任务的是:(　　)

A. 硕士研究生院　　B. 机械工程学院

C. 国际化研究院　　D. 短期进修学院

6. 上海交大原先对本科生"三步走"的教学模式不包括:(　　)

A. 预备性课程　　B. 基础性课程

C. 专业基础课　　D. 专业性课程

7. 交大对学生的首要要求是：(　　)

A. 牢固掌握专业知识　　B. 具备较强创新能力

C. 德智体美全面发展　　D. 懂得怎么样去做人

8. 加强师资队伍建设的新措施不包括：(　　)

A. 实行公开招聘　　B. 面向社会选拔

C. 校内重点推荐　　D. 聘请外国教授

三、根据课文回答问题

1. 上海交大推行的新学分制包括哪些内容？
2. 实行按时段选课有什么好处？
3. 交大为什么变动招生方式？
4. 交大采取了哪些国际化办学措施？
5. 交大是如何落实鼓励学生全面发展理念的？
6. 交大为什么要改革用人制度？
7. 交大鼓励学生自主发展的做法有哪些？

四、扩展练习：根据下列文章片段选择正确答案

1—4

2007年11月1日是西南联大建校70周年。联大北京校友会汇集师长、同学及与联大有密切联系者撰写的110多篇文章，编成《我心中的西南联大》一书，从各个侧面记叙西南联大的爱国主义精神、民主科学传统、学术自由风气、大师如云盛况以及异彩纷呈的业余文化生活等等，内容翔实，生动感人。这本书的出版发行，可以使更多人了解联大、认识联大。我认为是很有意义的。

抗战爆发，北大、清华、南开三校迁到昆明后合并为国立西南联合大学(简称"西南联大")。西南联大值得怀念的是它的自由宽容、博大深宏的学风。团结师生的唯一凝聚力是爱国主义。

联大教授重创新，都以讲自己的教材为荣，以讲现成的教科书为不光彩。这也是其他大学罕见的。

联大抓体育抓得很紧，功课都及格，体育不及格不能毕业。还规定文科学生必选一门自然科学，理科生必选一门人文科学，目的在于培养通识人才。有的系鼓励选修第二外语，如哲学系学德语，为的是读康德、黑格尔的著作。入

学第一年,英文、国文(语文)都是重点必修课,必须学好,这两门不及格,不能升级。

我在西南联大先当学生,后当教师。我是北大文科研究所的第一批研究生。研究生与北大几位导师教授同住在一个宿舍,又在同一个餐厅吃饭,因为房间小,分在两处用餐。师生们朝夕相处,谈学问,也谈生活,议论政治,也随时讲些历史掌故,师生关系十分融洽。据我所知,这种师生之间互相关心帮助的风气,三校其他院系也有。如清华大学文科研究所学生帮助老师买菜,物理系的吴大猷夫人患急病,学生朱光亚背着送医院。此种故事甚多,无须多举。师生之间朝夕见面经常地交流,有学术的,有思想的。

1.《我心中的西南联大》一书的主要特色是:(　　)

A. 作者都是联大教授　　B. 内容详细生动感人

C. 着重记述业余生活　　D. 突出介绍联大学风

2. 西南联大的培养目标是:(　　)

A. 全面发展的通识人才　　B. 专门科学技术人才

C. 高水平的语文人才　　D. 具有体育专长的人才

3. 最后一段重点介绍的是:(　　)

A. 作者在"联大"的生活　　B. "北大"研究所的风气

C. "联大"当年办学条件　　D. "联大"师生深厚友谊

4. 这篇短文可能选自:(　　)

A. 编者的推荐信　　B. 电视新闻消息

C. 一本书的序言　　D. 听众的读后感

5—7

北大10年,任彦申历任校党委副书记、党委书记;此前,他在清华学习、工作长达15年之久。他的处女作《从清华园到未名湖》,自今年6月出版后,仨月内加印4次。下面是他与记者的几段谈话。

记者:您说,自己身上留有这两所大学的"基因"。那么,这两所学校分别给了您哪些不同的东西?

任彦申:我在书上把北大、清华的特点都讲了。北大视野很开阔,思想很活跃,勇于探索。北大有很多很好的想法,如果你是一个善于筛选的人,你在北大可以长很多见识。如果你是一个没有主意的人,没有稳定价值观的人,你在北大会混乱。清华非常务实，比较严谨，团队精神好，注重实际和实效。这两个学校，对我都有很大的影响。把北大认识世界的能力和他批判事物的能力，与清华改造世界的本领相结合，把北大的想法和清华的办法相结合，是非常好的。

记者："北大的想法、清华的办法"，效果如何？

任彦申：几乎所有的异想天开，最后都变成现实。比如，张三说，联合国可不可以和北大一起发行北大的纪念邮票？他找个人去跑跑，跑成了。校庆要用车，可当时学校尽是破车，怎么办？通过在奔驰公司工作的校友，找到公司副总，后来副总很看好这一"免费广告"的机会，奔驰提供了一支迎宾队。

宾客来了住在哪里？北大招待所先不说条件，住不下啊。光国外校长论坛，就是两三百人的会。香格里拉和中国大饭店，是郭鹤年先生的，我去香港找了郭先生，说想借用酒店，但没有钱。郭先生不光没收钱，还提供机场接送客人。

北大校友里面，国家领导人有，大院士有，下岗的也有，怎么招待？同学之间最平等，"序齿不序爵"，干吗要按照官本位、学术本位把彼此分开呢？一律不招待，一律在本班参加活动。

5. 任彦申曾经是：(　　)

A. 北大党委书记　　B. 清华大学校长
C. 清华党委副书记　　D. 北京大学毕业生

6. 作者认为最好的校风应该是(　　)

A. 严谨治学与团队精神相结合　　B. 怀疑一切同批判精神相结合
C. 探索精神与务实态度相结合　　D. 美好愿望与大胆设想相结合

7. 百年校庆时北大独自办的事情是(　　)

A. 与人联合出纪念邮票　　B. 用五星饭店招待客人
C. 租奔驰公司车队迎宾　　D. 按在校班级接待校友

8—9

青岛理工大学领导班子认为，作为21世纪的大学生，要想成为一名高素质的创新性人才，首先要成为一个具备健全人格、踏实工作作风和勇于承担社会责任的公民。为了把学生领进创业创新的大门，他们从新生刚入校起就安排了"大学生职业生涯规划"等课程，帮助大学生设计和规划自己的职业道路；在高年级开设了"就业指导"、"现代成功学"、"创造心理学"、"成功心理学"、"大学生思想品德"以及"企业管理"和"市场营销"等课程，使其与模拟操练以及创业创新比赛等活动有机结合在一起，形成完整的创业创新教育体系，为大学生创业创新教育提供了坚实的理论和实践保障。

为了鼓励学生奋发成才、勇于创新，他们制定了《青岛理工大学第二课堂学分制管理实践细则》，将思想政治与道德素养、社会实践与志愿者服务、学术科技与创新创业、社团活动与社会工作、技能培训及其他培训6方面列入本科培养计划。坚持以人为本、统一要求和发展个性相结合的原则，创造多层次、多形式、因人施教的成才环境，允许学生跨院系、跨专业选修课程；实行主辅修制，鼓励学生获取第二学位。同时还指导学生参加科技活动，参与“创业计划”竞赛、学术科技作品竞赛。并对获奖的师生给予奖励。

8. 青岛理工大学开设许多职业教育课程的目的是：(　　)

A. 落实学校新世纪教学大纲　　B. 帮学生做好创业创新准备

C. 培养学生的社会公民意识　　D. 夺取创业创新比赛的金牌

9. 这两段话主要介绍了青岛理工大学：(　　)

A. 如何培养创新型的人才　　B. 帮学生获双学位的措施

C. 开展科技创新竞赛计划　　D. 创业创新教育体系计划

第五课

实践验真知　服务促和谐

——河北农业大学赴临漳实践服务活动

日前，由河北农大经济贸易学院、信息科学与技术学院、理学院师生组成的河北农大促进社会主义新农村建设实践服务队，在河北省临漳县开展了社会实践与服务活动。活动为期一周，受到当地干部群众的广泛欢迎。

观摩生态文明村　感受农村新变化

在省级文明生态村——临漳县兵马寨村、回漳村，实践队师生考察观摩了以沼气建设为主要特色的文明生态村。在观摩活动中，实践队师生深切地感受社会主义新农村建设的巨大变化，也燃起了他们学农爱农服务“三农”①的强烈愿望。来自邯郸市的经贸学院的胡子慧同学激动地说：“在我的记忆中，农村是一排排低矮的平房和泥泞不平的土路，还有夜幕降临时升起的炊烟，而现在我们看到的是具有现代气息的新楼房、整洁明亮的农家小院，还有清洁环保节能的沼气池和功能齐备的村民服务中心。农村的变化太大了，党和国家的新农村政策太好了！今后我一定更加努力地学好专业知识，身体力行地实践和宣传党和国家的新农村政策，为家乡更好地建设新农村贡献自己的一份力量。”

社会调研　关注民生

带着课题实践，在实践中创新是河北农大促进社会主义新农村建设小分队此次实践活动的一大亮点。实践活动筹备期间，队员们在专业老师的指导下围绕农村人居环境、农民夜校、农村经纪人、农村专业合作组织和农村科技人才状况等问题精心设计了《农业院校大学生对当地新农村建设的作用》和《职业技术教育与农村发展现状》两套调查问卷。在临漳县农村，他们进农舍、下田地、访企业，开展了深入细致的调研活动，通过调研和农民零距离接触，增强了投身“三农”服务的使命感和责任感，也为将来参加大学生科技创新、创业活动收集了大量鲜活材料。

支教扫盲　快乐成长

在临漳期间，实践小分队开展了一系列支教扫盲实践服务活动。实践队员为小朋友们送去了书包、文具等学习用品，根据专业特长，结合当地小朋友的特点，分组对他们开展了诗歌朗诵比赛、简单英语对话、有趣的化学实验等寓教于乐的支教活动。几天下来，实践队的大哥哥大姐姐成了当地小朋友的“香饽饽”，他们让孩子们在快乐中学到了知识。

送文化下乡　助建新农村

实践小分队还建立了社会实践的长效机制，变“三下乡”②为“常下乡”，将回漳村确立为河北农业大学实践服务基地，并向基地捐赠了价值1500余元的科技、法律图书和文具用品。河北农业大学副校长和临漳县委书记为实践服务基地揭牌。他们坚持把物质文明和精神文明结合一起下乡，组建了“带文明下乡，送电影进村”社会实践服务团。他们为当地群众送去了养兔、养羊等科技影片和《暖春》、《凤凰琴》等新农村主题的影片，活动形式喜闻乐见。先进文化送到了农民朋友身边，大大提高了广大群众知荣辱、树新风、学科技、谋发展的意识，收到了良好的社会效益。

(选自中青网2007年8月12日，
作者：张锐，有改动)

注　释

①“三农”，农业、农村、农民的简称。中国是一个农业大国，农村人口占全国人口的3/4。解决好“三农”面临的问题，是中国整个经济社会发展中关系全局的突出问题，也是党和政府的一项极其重要的工作。

②“三下乡”，文化、科技、卫生下乡的简称。文化下乡包括图书、报刊下乡，送戏下乡，电影、电视下乡，开展群众性文化活动；科技下乡包括科技人员下乡，科技信息下乡，开展科普活动；卫生下乡包括医务人员下乡，扶持乡村卫生组织，培训农村卫生人员，参与和推动当地合作医疗事业发展。

生 词

1.	信息	xìnxī	（名）	information
2.	生态	shēngtài	（名）	ecology
3.	观摩	guānmó	（动）	observe and emulate
4.	沼气	zhǎoqì	（名）	firedamp, marsh gas
5.	泥泞	nínìng	（形）	muddy
6.	降临	jiànglín	（动）	fall
7.	功能	gōngnéng	（名）	function
8.	民生	mínshēng	（名）	the people's livelihood
9.	课题	kètí	（名）	subject, task, project
10.	亮点	liàngdiǎn	（名）	highlight, bright spot
11.	筹备	chóubèi	（动）	prepare, arrange
12.	经纪人	jīngjìrén	（名）	broker
13.	使命	shǐmìng	（名）	mission
14.	扫盲	sǎo máng		eliminate illiteracy
15.	寓教于乐	yù jiào yú lè		learn through playing
16.	香饽饽	xiāngbōbo	（名）	favorite
17.	机制	jīzhì	（名）	mechanism
18.	捐赠	juānzèng	（动）	donate
19.	揭牌	jiē pái		unveil the sign board
20.	喜闻乐见	xǐ wén lè jiàn		love to see and hear
21.	荣辱	róngrǔ	（名）	sense of honour or disgrace

练 习

一、选择对画线词语恰当的解释

1. 社会实践与服务活动受到当地干部群众的广泛欢迎。（　　）

A. 广大　　B. 普遍　　C. 广阔　　D. 全面

2. 在我的记忆中,农村……变化太大了,党和国家的新农村政策太好了!(　　)

A. 记录　　B. 想象　　C. 记住　　D. 印象

3. 在我的记忆中,农村是一排排低矮的平房和泥泞不平的土路,还有夜幕降临时升起的炊烟。(　　)

A. 来到　　B. 下来　　C. 面临　　D. 下降

4. 结合当地小朋友的特点,分组对他们开展了诗歌朗诵比赛、简单英语对话、有趣的化学实验等活动。(　　)

A. 问答　　B. 谈话　　C. 讨论　　D. 会话

5. 他们为当地群众送去了养兔、养羊等科技影片和《暖春》、《凤凰琴》等新农村主题的影片。(　　)

A. 主要题目　　B. 中心内容　　C. 第一角色　　D. 重要思想

6. 先进文化送到农民朋友身边,大大提高了广大群众知荣辱、树新风、学科技、谋发展的意识,收到了良好的社会效益。(　　)

A. 新风格　　B. 新风情　　C. 新风尚　　D. 新风景

二、根据课文选择正确答案

1. 文中"一行"的意思是:(　　)

A. 一队行进的人　　B. 一同工作的人

C. 一道同行的人　　D. 一起旅行的人

2. 当地文明生态村的主要特色是:(　　)

A. 修建了现代化的楼房　　B. 改造了泥泞的乡村路

C. 使用环保节能的沼气　　D. 设立了村民服务中心

3. 小分队开展的支教活动中不包括:(　　)

A. 诗歌比赛　　B. 数学测验　　C. 英语对话　　D. 化学实验

4. 文中"寓教于乐"的意思是:(　　)

A. 教育比娱乐重要　　B. 把教育当成娱乐

C. 通过教育感到快乐　　D. 在娱乐中受到教育

5. 文中的“香饽饽”是比喻:(　　)
A. 好吃的点心　B. 亲密的朋友　C. 贵重的东西　D. 受欢迎的人

6. 建立大学生社会实践基地,可以体现社会实践的:(　　)
A. 目的性　B. 长效性　C. 灵活性　D. 针对性

7. 文中的“喜闻乐见”说的是:(　　)
A. 受到欢迎　B. 听到新闻　C. 爱听音乐　D. 遇见熟人

三、根据课文回答问题

1. 河北农业大学社会实践活动的主题是什么？主要活动有哪些？
2. 文明生态村有什么特点？新农村有什么变化？
3. 农村调查对于大学生有什么意义？
4. 河北农大开展了哪些支教服务活动？
5. 大学为什么要建立实践服务基地？
6. “带文明下乡,送电影进村”作用如何？

四、扩展练习:根据下列文章片段选择正确答案

1—3

7月,我们家电维修小组来到孔浦二村做了一次暑期社会实践。虽然以前家电维修小组也出去服务,可这次活动,给我的感受却更加深刻。到了社区,就开始了我们的工作,大家搬来几张桌子,放上我们的家伙,就算是我们的开场白吧。社区村民们好奇地围了过来,看这看那的,并且问我们哪些东西能修等等,我们都耐心地一一回答了,然后就有人把有毛病的家电拿出来给我们小试牛刀。我们先问了一下出了什么故障,然后按照所学到的知识和经验再仔细检查,查出毛病,对症治病。随着时间的推移,人也越来越多。虽然天气很热,可是人们的兴致却异常高,很多人都带了无法使用的录音机、复读机、电风扇什么的让我们修。我们也积极动手,人人手里都有活干,忙得不亦乐乎。我们知道送出的是服务,是爱心,是奉献,是我们当代大学生的美德。在短暂的实践过程中,我深深地感觉到自己所学知识的肤浅和在实际运用中知识的匮乏。刚开始时,对一些小家电感到无从下手,茫然不知所措。在学校总以为自己学得不错,一旦接触到实际,才发现自己知道的是多么少,这时才真正领悟到“学无止境”的含义。这次短暂而又充实的实践,是我走向社会的一个起点、是一种经历,对将来走上工作岗位也会有很大帮助。

1. 文中“小试牛刀”的意思是：(　　)

A. 开始进行试验　　B. 显示一下本领

C. 做事毫不费力　　D. 自认能力很强

2. 家电维修小组在孔浦二村：(　　)

A. 没事干　　B. 很快乐　　C. 忙极了　　D. 未动手

3. 本文是大学生暑期社会实践的：(　　)

A. 调查报告　　B. 专题评论　　C. 工作总结　　D. 心得体会

4—7　对大学生社会实践的调查报告

调查目的：时下，大学生利用课余时间找兼职工作、打工或在假期参与社会实践、实习，已成为一股热潮。通过调查了解当代大学生社会实践的状况并提出存在的问题以及解决方法。

调查对象：这次调查选择广东5所大学的在读大学生共50名，分别为大一学生5名，大二学生30名，大三学生15名。

调查内容：1. 大学生是否参加过暑期工、兼职或实习。2. 最想参与何种社会实践。3. 所参与的打工或实习是否与所学专业相符。4. 能否体现实践与理论知识相结合问题。

调查方法：通过派发问卷进行调查，共发放问卷50份，收回有效问卷50份。

调查结果：从调查中发现，许多大学生都认为兼职是大学生的第二个“课堂”，通过兼职可以学到许多宝贵的东西。无论什么职业都有其可取与不可取之处，就看个人的需求。

有52%的同学认为，如果要参加社会实践，最理想的就是到企事业单位进行实习交流，其次有40%是打工或兼职；而56%的同学做过兼职工作，20%打过暑期工，14%参与过实习，表示从未做过的仅占10%。现在大学生兼职、打工，除了做家教(14%)、网络的实习实践(6%)外，越来越多的大学生在兼职或打工时从事派传单、商品促销(22%)、校园销售(14%)、当餐厅服务员(8%)等不需要特殊技能的简单工作，都与所学专业知识相去甚远；76%的学生所实习或兼职的工作与自己专业不全相符或完全不符，仅24%的人认为完全或基本相符。

在回答实习或打工目的是什么时，有32人选择“接触社会，积累工作经验”，占了总数的64%，选择“赚取生活费”，占了20%。选项人数显示，大学生兼职以接触社会和充实自己为主要目的。大学生在工作时间上的弹性是很大的，认为在不影响学习的基础上赞成合理兼职或实习，对此没有人反对。54%的人都提出学校除了提供就业指导以及专业课程外，还应该提供实习机会。

4. 调查报告没有提到的是：（　　）

A. 性别　　B. 年级　　C. 学校　　D. 人数

5. 调查中发现多数同学：（　　）

A. 暑期打工　　B. 参加过实习

C. 做过兼职工作　　D. 未参加过实践活动

6. 大学生的社会实践活动中，能较好结合所学专业的有：（　　）

A. 12%　　B. 24%　　C. 38%　　D. 66%

7. 调查报告中说，大部分同学希望学校提供：（　　）

A. 实习机会　　B. 课余打工　　C. 兼职工作　　D. 就业体验

8—10

我们高校办学的根本目标是培养学生成为有理想、有道德、有文化、有纪律的一代新人。各高校纷纷开展大学生暑期社会实践，以期望提高大学生社会适应能力，服务社会。但我要对大学生暑期社会实践发表自己的看法！

在现在的社会就业中，往往用人单位希望能够招到已经在本行业具有一定工作经验的人，招聘信息上，常常有"是否具有本行业工作经历"一栏。今年暑假，我只身前往深圳，希望找到一家能够提供暑期社会实践的单位，来增强本专业的知识，同时也作为自己的实习经历，但事与愿违，在跑了七八个人才市场后，竟然没有一家愿意提供这方面的职位。

原因主要有以下几条：一、短短两个月的时间，对于一般业务培训来说，过于短暂，即使对于个人能够提高能力，但两个月之后，依然要回到学校学习，这样，对于用人单位来说无疑是一种损失。二、即使某个单位提供了某方面的职位，培训经费则要该单位承担，但是，大学生暑期实践只是暂时性的，还未等到他给单位创收，就返回学校，这种亏本买卖，很少有单位愿意做。三、两个月时间，用人单位也认为，对于大学生所需要的实习经验来说微不足道，对于大学生的发展，帮助甚微。

大学生暑期社会实践难的问题确实摆在我们的面前，对此，我们必需调动社会的力量，尤其是学校与社会之间，更应当建立起一种相对稳定的模式，否则，暑期社会实践难于达到其目的。

8. 这位同学找社会实践单位的途径是：(　　)

A. 上网查询　B. 学校介绍　C. 人才市场　D. 朋友推荐

9. 单位不愿接纳大学生实习的原因并不是：(　　)

A. 不能长时间留在单位工作　B. 单位要付给大学生劳务费

C. 短期实习对学生帮助不大　D. 单位要支付培训费不合算

10. 本文对于大学生社会实践：(　　)

A. 给予了高度的赞扬　B. 指出了存在的问题

C. 介绍了个人的经历　D. 提出了反对的意见

第六课 中国教育

——在公平和谐中让人民满意

全面建设小康社会①,任重道远。国家的未来发展,民族的伟大复兴,归根结底靠人才,人才培养的基础在教育。

提高人的素质,促进人的全面发展,大力发展教育成为根本途径;推进经济社会全面协调可持续发展,建设和谐社会,发展教育乃必经之路。

教育发展瞄准公平和谐

教育关系到亿万人的学习,关系到千家万户,关系到祖国的前途、民族的未来,教育公平是最重要的社会公平。建设社会主义和谐社会,做到每个人的起点公平——教育公平显得尤为重要。

追求教育公平是人类亘古不变的理念。早在2500年前,大教育家孔子就提出了"有教无类"等朴素的教育民主思想。

在新的时代条件下,中国政府多次重申:要坚持教育优先发展,促进教育公平,保障人民享有接受良好教育的机会,并提出了实现教育公平的有效渠道。从2007年起,继全部免除农村义务教育②阶段学杂费之后,又有两项促进教育公平、和谐发展的重大措施出台:一是从当年新学年开始建立健全国家奖学金、助学金制度,进一步落实国家助学贷款政策,使家庭经济困难的学生能够上得起大学、接受职业教育;二是在教育部直属师范大学实行师范生免费教育,培养大批优秀教师,让教育成为全社会最受尊重的事业。

农村全部免除义务教育阶段的学杂费

知识改变命运。教育公平涉及每一个家庭、每一个人,随着经济发展、社会进步,教育已经成为"书包翻身"的重要途径。事实上,近些年来,无论是中央政府还是基层教育部门,都在尽最大努力解决贫困家庭孩子上学问题。据教育部、财政部负责人介绍:为免除学杂费、补助学校公用经费、寄宿学生生活费、维修改造校舍费,2006年全国各级财政安排了361亿资金。2007年,又在全国农村全部免除义务教育阶段的学杂费，使农村1.5亿中小学生平均每人每年可“减负”少则一二百元，多达五六百元。农民有一句顺口溜：种田不纳税，上学不缴费，农民得实惠，和谐好社会。

党的好政策，就是人民心头的阳光。过去“人民教育人民办”，如今，义务教育正在实现“政府办”，这体现了执政理念的转变。农村义务教育经费保障机制改革，给农村带来了教育公平的阳光，温暖了农民学子的心田，从最大程度上和最大范围内促进了义务教育的公平。这一历史性重大决策，成为中国教育史上的一个重要里程碑。

从制度上保障人民接受教育的机会

保障人人享有接受教育的机会，是政府的责任。高等教育和中等职业教育要向每一位具备条件的青年敞开大门。为切实解决家庭经济困难学生的就学问题，从2007年秋季新学期开学起，每一个拿到录取通知书的大学新生，都会同时收到学校寄送的《高等学校学生及家庭情况调查表》及介绍国家、学校资助政策的小册子。家庭经济困难的学生如实填写“情况调查表”，到家庭所在地的乡、镇或街道民政部门加盖公章，带到学校，就可以通过专门设立的“绿色通道”③报到入学，进入学校后再申请享受各种资助政策。

建立健全家庭经济困难学生资助政策体系，是党中央、国务院根据新形势新任务要求，及时做出的一项影响深远的重大决策，是促进教育公平的大事，充分体现了发展为了人民、发展依靠人民、发展成果由人民共享的重要原则。

教育历来被看作百年大计、千秋大业，在建设和谐社会、实现中华民族伟大复兴的征程中，更加公平和谐的教育将担负起新的历史使命。

（选自《光明日报》2007年9月24日，
作者：郭扶庚、王庆环，有改动）

注　释

① 小康社会

通常指家庭生活比较富裕，能安然度日的状况。特指到2020年，使中国工业化基本实现、综合国力显著增强、国内市场总体规模位居世界前列、人民享有更加充分民主权利、具有更高文明素质和精神追求、社会各方面制度更加完善、国家更加安定团结、为人类文明做出更大贡献的社会状况。

② 义务教育

国家规定的一定年龄的儿童必须受到的(一定程度的)教育。中国一般把小学6年、初中3年定为义务教育阶段。有的地区把高中3年也定为义务教育阶段。

③ 绿色通道

比喻为他人排忧解难,使其度过难关继续从事某项工作或事业等。

NEW 生 词

1. 公平	gōngpíng	(形)	equity;fairness
2. 和谐	héxié	(形)	harmony
3. 任重道远	rèn zhòng dào yuǎn		have arduous tasks ahead, have a long way to go
4. 复兴	fùxīng	(动)	revive,revitalize,resurrect
5. 协调	xiétiáo	(动、形)	coordinated
6. 瞄准	miáozhǔn	(动)	aim at
7. 起点	qǐdiǎn	(名)	beginning,starting point
8. 亘古	gèngǔ	(动)	through ancient times,time immemorial
9. 重申	chóngshēn	(动)	restate,reiterate
10. 免除	miǎnchú	(动)	exempt
11. 学杂费	xuézáfèi	(名)	tuition and incidental fees
12. 出台	chūtái	(动)	release,issue
13. 奖学金	jiǎngxuéjīn	(名)	scholarship
14. 贷款	dàikuǎn	(名/动)	loan
15. 涉及	shèjí	(动)	relate to
16. 寄宿学生	jìsù xuésheng		boarder
17. 顺口溜	shùnkǒuliū	(名)	jingle,lyrical rhyme

18. 纳税	nà shuì		pay tax
19. 机制	jīzhì	（名）	mechanism
20. 决策	juécè	（动）	decision
21. 享有	xiǎngyǒu	（动）	enjoy, have
22. 录取	lùqǔ	（动）	admit, accept
23. 资助	zīzhù	（动）	subsidize, fund, support
24. 填写	tiánxiě	（动）	fill in
25. 公章	gōngzhāng	（名）	official seal

练　习

一、选择对画线词语恰当的解释

1. 提高人的素质……大力发展教育成为根本途径。（　　）
   A. 最为重要的　B. 影响全局的　C. 完全彻底的　D. 自始至终的

2. 教育关系到祖国的前途，民族的未来。（　　）
   A. 以后的时间　B. 将来的地位　C. 将来的前途　D. 今后的愿望

3. 从 2007 年起，又有两项促进教育公平、和谐发展的重大措施出台。（　　）
   A. 走上舞台　B. 研究制度　C. 贯彻实施　D. 公开发布

4. 进一步落实国家助学贷款政策，使家庭经济困难的学生能够上得起大学。（　　）
   A. 有学习能力　B. 有经济保证　C. 有身体条件　D. 有充足时间

5. 教育已经成为“书包翻身”的重要途径。（　　）
   A. 喻指文化能提高人的素质　　B. 强调只有读书才能有前途
   C. 比喻知识能改变人的命运　　D. 通常指学历越高越有希望

6. 每一个拿到录取通知书的大学新生，都会同时收到学校寄送的《高等学校学生及家庭情况调查表》。（　　）
   A. 介绍有关情况的书籍　　B. 说明有关事情的文件
   C. 写给有关人员的信件　　D. 讲解书法特点的著作

7. 每一个拿到录取通知书的大学新生，都会同时收到学校寄送的……介绍国家、学校资助政策的小册子。(　　)

A. 页数很少的本子　　B. 开本特别小的书

C. 易普及的专业作品　　D. 浅而易懂的读物

二、根据课文选择正确答案

1. 文章开头两段主要谈的是什么问题？(　　)

A. 发展教育的重要性　　B. 培养人才的艰巨性

C. 建小康社会的途径　　D. 促经济发展的难度

2. 2007 年促进教育公平的新政策不包括哪一项？(　　)

A. 免除农村义务教育阶段的学杂费

B. 建立完善的国家奖学和助学制度

C. 银行认真贯彻国家助学贷款政策

D. 给予所有师范院校学生免费教育

3. 中国哪些地方免除了义务教育阶段的学杂费？(　　)

A. 贫困地区的城镇　　B. 所有的农村地区

C. 全国各地贫困县　　D. 一切城市与农村

4. 那句"顺口溜"表达了农民的什么心情？(　　)

A. 高兴与期盼　B. 希望与等待　C. 喜悦和称赞　D. 信任和感谢

5. 哪件事在中国教育史上具有里程碑的意义？(　　)

A. 出台"人民教育人民办"政策　B. 改革农村义务教育费供应机制

C. 建立城乡现代教育的公平制度　D. 实现了人人能平等学习的目标

6. 哪种青年目前不能进大学读书？(　　)

A. 一些交不起学费的人　　B. 家庭贫穷的农民子弟

C. 没有入学通知书的人　　D. 未享受读书资助的人

7. 这篇文章的中心意思是什么？(　　)

A. 如何建立人民满意的教育制度　B. 强调发展教育事业的巨大作用

C. 报道农民欢迎公平教育的制度　D. 介绍资助贫困大学生的新政策

三、根据课文回答问题：

1. 教育承担着什么样的任务？
2. 中国政府采取了哪些保障人民享受公平教育权利的新措施？
3. 广大农民是怎样评论农村义务教育经费制度改革的？
4. 贫困青年如何才能享受高等教育机会？
5. 如何评价中国资助贫困生的政策？
6. 这篇文章的内容要点是什么？

四、扩展练习：根据下列文章片段选择正确答案

1—3

教育公平是社会主义制度优越性的客观要求和必然反映。大力促进教育公平，是我们教育工作者肩负的神圣使命和时代责任。教育公平的原则应集中体现在两个方面：一是公民接受教育的机会要公平，适龄青少年都应当享有公平地受教育的权利。二是公民受教育的过程要公平，要能够在受教育的过程中享受到同等的优质教育资源，使学校的每一个学生都能享受到学校优质的教育资源。

我国在促进教育公平方面取得的成就是十分突出的，例如，全面免除了农村义务教育阶段学杂费，教育部直属师范大学实行师范生免费教育，高中阶段教育的普及程度逐年提高，高等教育通过跨越式发展进入大众化阶段，建立健全了国家奖学金助学金制度和国家助学贷款政策等，这些成就为我国进一步推进教育公平奠定了坚实的基础。

1. 教育工作者担负的一项重大任务是：(　　)

A. 促进教育公平　　B. 制定教育原则
C. 分配教育资源　　D. 享受教育权利

2. 促进教育公平的措施不包括：(　　)

A. 实施高等教育的大众化　　B. 免费进行农村义务教育
C. 免除所有师范生的学费　　D. 提高高中教育的普及率

3. 教育过程公平的意思指的是：(　　)

A. 适龄的青少年都能够上学　　B. 城乡人人都有读书的机会
C. 学生都能领到国家奖学金　　D. 公民享受同等的优质教育

4—5

如今,教育公平已成为一个普遍的政策价值取向。通过近十多年来的全力攻关,我国普及九年义务教育人口覆盖率已经达到98%。同时,不同地区、学校之间又开始推进教育均衡发展。与29年前相比,青年人上大学的机会成倍增加。

现在,每年全国新增的高中以上学历劳动力中,大专以上的增加到35%。而这一比例在改革开放之初还不到10%。改革开放以来,我国教育发展进入了新的阶段。1978—1989年,是恢复性快速发展时期;1990—2000年,是跨越式发展时期;2001年到现在,是新的持续发展时期。我国经济实力的增强,为教育发展提供了有力支撑。教育的发展显著改善了我国人力资源状况,这与经济社会发展、人民生活水平提高相适应。

4. 推进教育均衡发展的目的是:(　　)

A. 增加城乡人的就学机会　　B. 保障教育过程的公平性

C. 完成义务教育的覆盖率　　D. 让青少年能够就地读书

5. 中国教育近30年来未经历过:(　　)

A. 快速恢复性的阶段　　B. 持续发展的新阶段

C. 跳越性的前进时期　　D. 大专普及教育时期

6—7

2002年,我国高等教育毛入学率达到15%,初步实现了高等教育大众化。2006年,全国各类高等教育总规模超过2500万人,比2001年上升8.7个百分点。按照国家稳步发展高等教育的要求,2006年全国共招收普通本专科学生546万人,是2001年268万人的两倍。2006年普通本专科在校学生达1739万人,比2001年的1175万人增长48%。从数量来说,高等教育实现了"跨越式"发展。

6. 中国初步实现高等教育大众化目标的时间是:(　　)

A. 2001年　　B. 2002年　　C. 2004年　　D. 2006年

7. 目前高等教育发展的方针是:(　　)

A. 保持稳定步伐　　B. 加快发展速度

C. 扩大办学规模　　D. 着重提高质量

8—10

秋日，青藏高原如往常一样，一片金黄。但是，见证了这片高原上的孩子如何长大的金色草地，却比往年寂寞了许多，因为它再也见不到驮着黑板、载着老师，牧民走到哪里就搬到哪里的“马背小学”，以及跟着“马背小学”学习的孩子们。

但是，这片金色的草地却是快乐的，因为它知道，在镇里、在州里，草原上长大的孩子，如今也同城里的孩子一样，坐在宽敞明亮的新教室里上课；在计算机室，通过卫星接收，他们可以和城里的孩子学到一样的东西。而且他们在那里也有了自己的家，这个家就叫寄宿制学校。他们在学校读书，不仅不用花钱，国家还发给生活补助。

据统计，2006 年全国小学寄宿生人数达 704 万人，占小学在校生总数的 6.6%，西部地区小学寄宿生比例明显高于东部和中部地区。全国初中阶段寄宿生总规模已达 2221 万人，占在校生总数的 37.3%，中西部农村初中寄宿生则分别达到 44.9%和 52.4%。这是一组可喜的数字。

寄宿制点燃的热情，随着 2006 年春天农村义务教育经费保障机制改革的启动而越加高涨。全部免除农村义务教育阶段学生学杂费，对贫困家庭学生提供免费教科书并补助寄宿生生活费，这项简称为“两免一补”的惠民政策感动了大江南北，对于西部地区的农村孩子来说，更是雪中送炭。

8. “马背小学”的孩子们现在：(　　)

A. 都在马背学校读书　　B. 全利用卫星来上课

C. 在教室里上课学习　　D. 全在计算机室上课

9. 44.9%这个数字表示的是：(　　)

A. 全国小学生寄宿率　　B. 各地初中生寄宿率

C. 中部农村初中生寄宿率　　D. 西部农村初中生寄宿率

10. 义务教育阶段享受“两免一补”的人是：(　　)

A. 所有的农村孩子　　B. 农村贫困的学生

C. 全国各地的青年　　D. 西部城镇的孩子

第三单元

中国脊梁

第一课

我和文学

我因为不善于讲话，有感情表达不出来，才求助于纸笔，用小说的情景发泄自己的爱和恨，从读者变成了作家。1928年在法国写成第一部小说《灭亡》，寄回国内，由朋友介绍在当时的权威杂志《小说月报》上发表。这样我顺利地进入了文坛。

过了一年半载，就用不着我自己写好稿到处投寄，杂志的编辑会找人来向我组稿。我并未学过文学，中文的修养也不高，唯一的长处是小说读得多，古今中外的作品能够到手的就读，读了也不完全忘记，脑子里装了一大堆“杂货”。

我写作一不是为了谋生，二不是为了出名，虽然我也要吃饭，但是我到40岁才结婚，一个人花不了多少钱。我写作是为着同敌人战斗。那一堆“杂货”可以说是各种各样的武器，我打仗时不管什么武器，只要用得着，我都用上去。

前两天有一位日本作家问我你怎么能同时喜欢各种流派的作家和作品呢？我说，我不是文学家，不属于任何派别，所以我不受限制……“我也不怕别人把我赶出文学界。”我的敌人是什么呢？我说过：“一切旧的传统观念，一切阻止社会进步和人性发展的不合理的制度，一切摧残爱的努力，它们都是我最大的敌人。”我所有的作品都是写来控诉、揭露、攻击这些敌人的。

从1929年到1948年这20年中间，我写得快，也写得多。我觉得有一根鞭子在抽打我的心，又觉得仿佛有什么鬼魂借我的笔为自己伸冤一样。我常常同主人公一起哭笑，又常常绝望地乱搔头发。

我最近还在另一个地方说过：艺术的最高境界是无技巧。我认为打动人心的还是作品中所反映的生活和主人公的命运。我最恨那些盗名欺世、欺骗读者的谎言。

在最初的20年中间我写了后来编成14卷《文集》[①]的长篇、中篇、短篇小说。里面有《激流三部曲》，有《憩园》，有《寒夜》。第二个20年里面，新中国成立了，一切改变了，我想丢掉我那枝写惯黑暗的旧笔，改写新人新事，可是因为不熟悉新的生活，又不能深入，结果写出来的作品连自己也不满意，而且经常在各种社会活动中花费大量的时间，写作的机会更加少了。

我一次一次地订计划叫嚷要为争取写作时间奋斗。然而计划尚未实现，“文化大革命”来了。我一下子变成了“大文霸”、“牛鬼蛇神”，经常给揪出去批斗，后来索性由当时“四人帮”②在上海的6个负责人王洪文等决定把我打成不戴帽子的反革命，赶出文艺界。造反派和“四人帮”的爪牙贴了我几千张大字报，甚至在大马路上贴出大字标语说我是“卖国贼”，“反革命”，要把我搞臭。“四人帮”垮台以后，我仍然得到读者的信任。我常说：“读者们的期望就是对我的鞭策。”读者们要我写作用不着等待长官批准。“四人帮”倒了，我的书重版，却得到了更多的读者。

我虽然得到了“第二次解放”，究竟白白浪费了将近10年的时间，真是噩梦醒来，人已衰老，我今年76岁，可以工作的时间已经不多了。我必须抓紧时间，也抓紧工作。

我制订5年计划，宣布要写8本书（其中包括两部长篇小说），翻译5卷的赫尔岑的回忆录③。本来作者写作品用不着到处宣传，写出就行，我大张旗鼓，制造舆论，就是希望别人不要来干扰，让我从容执笔，这是我最后一次为争取写作时间而奋斗。

我要奋笔多写。究竟写什么呢？5本《随想录》将是我生活中探索的结果。我要认真思考，根据个人的经验，就文学和生活中的许多问题发表自己的看法。两本小说将反映我自己在“文化大革命”中的遭遇，不一定写真人真事，也写可能发生的事。

我认为那十年浩劫在人类历史上是一件大事。不仅和我们有关，我看和全体人类都有关。要是它当时不在中国发生，它以后也会在别处发生。古今中外的作家，谁有过这种可怕而又可笑、古怪而有惨痛的经历呢？当时中国的作家却很少有一个逃掉。每一个人都做了表演，出了丑，受了伤，甚至献出了生命，但也经受了考验。我这样想：要是我不把这10年的苦难生活作一个总结，从彻底解剖自己开始弄清楚当时发生的事情，那么有一天说不定情况一变，我又会中了催眠术无缘无故地变成另外一个人，这太可怕了！这是一笔心灵上的欠债，我必须早日还清。它像一根皮鞭在抽打我的心，仿佛我又遇到50年前的事情。“写吧，写吧。”好像有一个声音经常在我耳边叫。

于是，我想起了1944年我向读者许下的愿，我用读者的口说出对作家们的要求：“你们把人们的心拉拢了，让人们互相了解，你们就是在寒天送炭、在痛苦中送安慰的人。"我要写,我要奋笔写下去。首先我要使自己"变得善良些、纯洁些,对别人有用些"。

我快要走到生命尽头了。我不愿意空着双手离开人世,我要写,我绝不停止我的笔,让它点燃火狠狠地烧我自己,到了我烧成灰烬的时候,我的爱、我的恨也不会在人间消失。

(选自巴金《十年一梦》,1995年,人民日报出版社)

注 释

①《文集》

《巴金文集》的简称,共14卷,1958年至1962年,由人民文学出版社出版。

②"四人帮"

1966年至1976年"文化大革命"期间,由江青、王洪文、张春桥、姚文元组成的反革命集团。

③ 赫尔岑(1812—1870)

俄国革命民主主义者,唯物主义哲学家、作家。晚年所写的回忆录《往事与随想》,反映了19世纪三四十年代俄国和西欧的社会生活及革命斗争。

生 词

1. 发泄	fāxiè	(动)	give vent to, abreact
2. 权威	quánwēi	(形)	authoritative
3. 修养	xiūyǎng	(名)	attainment
4. 写作	xiězuò	(动/名)	write; writing
5. 流派	liúpài	(名)	sect; school
6. 人性	rénxìng	(名)	humanity
7. 摧残	cuīcán	(动)	destruct
8. 控诉	kòngsù	(动)	complain, charge

9. 绝望	juéwàng	(动)	despair
10. 境界	jìngjiè	(名)	state, zenith, peak
11. 谎言	huǎngyán	(名)	lie, falsehood
12. 牛鬼蛇神	niú guǐ shé shén		monsters and freaks, evil guys
13. 揪	jiū	(动)	ferret out
14. 鞭策	biāncè	(动)	spur on, urge on; encouragement
15. 噩梦	èmèng	(名)	nightmare
16. 执笔	zhíbǐ	(动)	write
17. 遭遇	zāoyù	(名)	bitter experience, misfortunes, hard lot
18. 浩劫	hàojié	(名)	catastrophe, great calamity, holocaust
19. 解剖	jiěpōu	(动)	dissect ideologically, make soul-searching of
20. 心灵	xīnlíng	(名)	soul
21. 人世	rénshì	(名)	the world, the land of the living
22. 灰烬	huījìn	(名)	ash

练　习

一、选择对画线词语恰当的解释

1. 过了<u>一年半载</u>，就用不着我自己写好稿到处投寄，杂志的编辑会找人来向我组稿。（　　）

   A. 一年半　　B. 一年左右　　C. 两年上下　　D. 半年

2. 我打仗时不管什么武器，只要<u>用得着</u>，我都用上去。（　　）

   A. 会使用　　B. 允许用　　C. 有用处　　D. 能操作

3. 我常常同主人公一起<u>哭笑</u>，又常常绝望地乱搔头发。（　　）

   A. 又悲又喜　　B. 喜怒无常　　C. 先哭后笑　　D. 感情变化

4. 我认为<u>打动</u>人心的还是作品中所反映的生活和主人公的命运。（　　）

   A. 使人感动　　B. 用手摇动　　C. 令人吃惊　　D. 发生变动

5. 每一个人都做了<u>表演</u>,出了丑,受了伤,甚至献出了生命,但也经受了考验。(　　)

A. 演出的文体节目　　B. 做出的示范动作

C. 特殊的打扮　　D. 显示出来的行为

6. 那么有一天<u>说不定</u>情况一变,我又会中了催眠术无缘无故地变成另外一个人,这太可怕了!(　　)

A. 估计错误　　B. 相当犹豫　　C. 无法确定　　D. 很难决定

二、根据课文选择正确答案

1. 作者创作是为了:(　　)

A. 表达爱恨感情　　B. 维持个人生活

C. 成为社会名人　　D. 训练写作能力

2. 文中没有谈到的"敌人"是:(　　)

A. 旧的传统观念　　B. 恶劣自然环境

C. 违反人性行为　　D. 腐朽社会制度

3. 作者第二个20年创作中遇到的主要困难是:(　　)

A. 缺少写作工具　　B. 没有新的朋友

C. 失去创作机会　　D. 不了解新生活

4. 巴金认为"文化大革命"是:(　　)

A. "第二次解放"　　B. "寒天送炭"

C. "十年浩劫"　　D. "进入了文坛"

5.《随想录》主要写的是:(　　)

A. 作者对文学和生活看法　　B. 作者在"文革"期间的遭遇

C. "十年浩劫"的变化过程　　D. "四人帮"散布的各种谎言

6. 巴金晚年最珍惜:(　　)

A. 深入生活　　B. 个人健康　　C. 创作时间　　D. 社会工作

7. 巴金认为作家应该:(　　)

A. 用笔创作小说　　B. 给读者送温暖

C. 用皮鞭抽打人　　D. 发泄个人私愤

8. 这篇短文主要讲述了巴金：(　　)

A. 人生历程与经验　　B. 作品内容与影响

C. “文革”期间的遭遇　　D. 创作经历与计划

三、根据课文回答问题

1. 巴金为什么要写作？
2. 巴金在头20年间取得了哪些创作收获？
3. 在前后两个20年间巴金的创作发生了什么变化？
4. 《随想录》的主要内容是什么？
5. 文章表达了巴金的哪些希望和愿望？
6. 巴金是怎样揭露和批判“十年浩劫”的？

四、扩展练习：根据下列文章片段选择正确答案

1—4

巴金，1904年出生在成都北门一个官宦之家。他曾说，“我出生在一个封建的大家庭里，有将近20个长辈，有30个以上的兄弟姊妹，有三四十个男女仆人”。(《将军》序)1919年，五四运动爆发后，各种新思潮涌入四川，使少年巴金深受震动。巴金先后在成都、南京、上海求学、养病，1927年1月，又赴法国学习。1928年12月，他回到祖国，定居上海。巴金的早期作品主要是对旧制度的鞭鞑和批判，对青年反抗精神的讴歌，对民主的追求。《灭亡》、《爱情三部曲》(《雾》、《雨》、《电》)，《激流三部曲》(《家》、《春》、《秋》)是他这一时期的代表作。尤其是《激流三部曲》，以他生活了19年的封建大家庭为素材，不仅展现了封建家庭内部的罪恶，更表现了青年一代在“五四”新思潮影响下的觉醒和对封建势力的不妥协斗争。小说文字流畅，情感真挚浓烈，备受青年人的推崇，对于三四十年代许多知识青年冲出旧家庭的藩篱，走向革命，起到启蒙的作用。觉新，觉慧，鸣凤，瑞珏，书里的人物至今仍为人们所熟悉，在文学人物长廊里熠熠发光。

抗战爆发后，巴金毫不犹豫地投身到抗日救国斗争的洪流中，和茅盾一起创办战时联合刊《呐喊》(后改名《烽火》)，并担任上海文艺界救亡协会机关报《救亡日报》编委。他此时的作品《憩园》、《第四医室》以及抗战胜利后所创作的《寒夜》都代表了他文风的转变：激情逐渐沉淀，从直抒胸臆转为沉郁含蓄。文风虽变，但爱国主义和人道主义精神却始终如一。

1. 文中开头几行主要介绍了巴金的：(　　)

A. 家庭主要成员　　B. 兄弟姐妹状况

C. 出生地的位置　　D. 早期重要著作

2.《激流三部曲》包括的作品有：(　　)

A.《灭亡》、《电》和《家》　　B.《憩园》、《灭亡》和《雨》

C.《雾》、《电》和《寒夜》　　D.《春》、《秋》和《家》

3. 巴金早期作品的主题词是：(　　)

A. 震动、求学、养病　　B. 觉醒、反抗、追求

C. 回国、定居、创作　　D. 批评、追求、失望

4. 这篇短文主要介绍了巴金：(　　)

A. 抗日战争时期的经历与作品　　B. 离家求学与回国创作的情况

C. 最初 20 年的作品及其内容　　D. 文风发生重大新变化的痕迹

5—6

巴金的《随想录》再造了一个辉煌。他的文学价值，特别是社会影响，不逊于他早年的《家》、《春》、《秋》，甚至超越了这些作品。《随想录》中抒发的感受、理解和建议，得到了经过那段历史的人的共鸣。巴金动笔写《随想录》时已经 70 多岁，完成时就 80 多岁了。这部巨著，也看出巴金对人民对历史的负责，也为他的创作生涯的连贯画上完美的句号。应当说，无论中外，晚年有重大作品的作家不多，而巴金的《随想录》，就是重大作品。有人认为，《随想录》是一部思想史，而不能简单地作为文学作品来看，因为这是对思想建设的贡献，是对祖国命运前途的思考、建议、期望。巴金是用作家的语言，表述了这些思想。

5. 巴金与其他许多著名作家的区别是：(　　)

A. 晚年写出重大作品　　B. 七八十岁还在写作

C. 时刻思考中国命运　　D. 所有著作都是精品

6. 这篇短文表达了作者：(　　)

A. 对巴金品德的赞扬　　B. 对《随想录》的评价

C. 对老年作家的期望　　D. 对祖国命运的关心

7—8

巴金同志是杰出的社会活动家。全国解放后，他作为民间的外交使者多次出国访问，参加国际文化交流等活动。1950 年 11 月，他参加了华沙第二次世界保卫和平大会。后又 5 次访问苏联。1962 年 8 月，他率团参加了在日本东京召开的第八届禁止原子弹、氢弹世界大会。1979 年 4 月，他率中国作家代表团首次访问法国，在巴黎掀起了一股“巴金热”，极大地促进了中法两国的文化交流。1984 年 5 月，他作为世界七大文化名人之一，应邀参加了在日本东京召开的第四十七届国际笔会大会。他在海内外获得了多种荣誉称号，他 1982 年获意大利“但丁国际奖”，1983 年获法国“荣誉军团勋章”，1984 年获香港中文大学荣誉文学博士学位，1985 年获美国文学艺术研究院外国名誉院士称号，1990 年获苏联“人民友谊勋章”、日本福冈“亚洲文化奖特别奖”，1993 年获亚洲华文作家文艺基金会“资深作家敬慰奖”，1998 年获上海文学艺术奖杰出贡献奖，2003 年国务院授予他“人民作家”荣誉称号。

7. “巴金热”出现在：(　　)

A. 19 世纪 80 年代　　B. 20 世纪 70 年代
C. 20 世纪末期　　D. 21 世纪初期

8. 巴金最后获得的是：(　　)

A. 亚洲文化奖特别奖　　B. 外国名誉院士称号
C. 人民作家荣誉称号　　D. 荣誉文学博士学位

9

“不要用我的名字。”在一些名利等问题上，巴金时常这样说。1993 年，巴金 90 岁诞辰时，四川省作家协会打算以巴金的名字设立基金会和文学奖，巴金坚决不同意。他在给四川省作家协会的信中写道：“我只是一个普通的文学工作者，写作六十几年，并无多大成就……我一向不赞成以我的名字建立基金会、设立文学奖。”

后来，又有一家海外华人组织与巴金的侄子李致联系，说他们准备出一笔钱设立巴金文学奖，以奖励在文学上有成就的海外华人。李致立即告诉他们，巴老一贯不赞成用他的名字设立文学奖，他不会为这事去惊动他老人家了。

9. “不要用我的名字”表现了巴金的：(　　)

A. 节约意识　　B. 顽固思想　　C. 朴素作风　　D. 谦虚态度

第二课

姚明：跨越大洋的文化使者

在美国，姚明的名字家喻户晓；在休斯敦，市民因火箭队有姚明而骄傲。这个2.26米的大个子不止是中国人的宠儿，似乎也顺理成章地受到了美国媒体的青睐。不过，姚明之所以在美国也如此知名，不只是因为它的身高，或者他的球技，而是因为他是独一无二的，姚明只有一个。

作为"中国名片"的姚明

不少美国人曾认为中国人是古板的、落后的，可是2.26米的姚明和他的打球方式给美国人带来了完全不同的感受。他谦逊而彬彬有礼的举止，让美国人耳目一新。前中国驻美大使杨洁篪曾给姚明取了个别号——中美外交的民间大使。

毫无疑问，姚明在NBA的几年间，在美国人心目中树立了中国人的新形象，姚明也因此成了美国人眼里的"中国名片"。这张"名片"有时相当管用。在姚明加盟之前，休斯敦火箭队主场里没有任何与中国有关的内容。姚明来了以后，门卫只要看到亚裔人，立即会用汉语问候"你好"。而每逢中国重要的节日，如春节、元宵节，原本只在华人社区活跃的一些歌舞团也会被请到丰田中心去献艺。可以说，姚明身上折射出的中华文化的底蕴，改变了许多美国人对中国的看法，同时也让美国人最喜爱的篮球运动打上了中国印记！

每逢休斯敦火箭队主场比赛，全场上万人的呐喊声让人热血沸腾，当地观众只要看到中国人，都会伸出大拇指，用不太熟练的汉语"姚明"、"谢谢"等来表达他们对姚明的热爱。

作为"东方英雄"的姚明

美国是一个崇尚个人英雄主义的国家，在他们看来，姚明是一个"东方式的英雄"。纽约一位教授告诉记者，在他眼里，姚明不仅是一位聪明、不怕挫折、高大英俊的青年，还是一位严于律己、有善心、有团队精神、能处处替他人着想的英雄，他身上集中体现了东方文化的内涵，他的优秀怎么形容都不算溢美。

休斯敦有些超级球迷，生活完全是以姚明为中心的。姚明在哪里落脚，他们就去哪里为姚明加油助威。姚明俱乐部有一位叫刘杰的女性理事，她和她的美国丈夫为了姚明，把家从别的城市搬到了休斯敦。他家有一个房间是专门为姚明准备的，里面贴着很多姚明的海报和图案。单是刘杰身上的"姚明故事"，一篇文章也写不完。

现在，姚明已被美国人视为最可爱的运动员之一，他的良好形象也影响了很多华人。他们教育孩子要"努力成为姚明那样的人"。因为姚明，很多华裔孩子学中文有动力，有激情了，一些美国人也因此开始学习中文。有姚明打球的赛季，姚明球迷俱乐部能帮火箭队多卖两万张票，仅是休斯敦的华人贡献给火箭的财富就高达100多万美元。

中国驻休斯敦总领事馆文化参赞赵海生说："姚明不仅提升了中国人的自豪感，也是亚洲人的骄傲。我碰到过很多韩国人和日本人，也以姚明与他们有相同的肤色、同样来自亚洲、来自相同的文化地域而骄傲。"

作为"文化品牌"的姚明

美国人看姚明的心态其实很单纯。姚明如果打得不好，他们会骂；下一场打好了，他们又会夸个不停。有一场比赛，场外有几个美国女孩同时打出标语，称赞姚明，并公开表示愿意嫁给他。

不管是面对夸奖还是指责，姚明并没有为迎合美国人的口味而改变自己。姚明就是姚明。正因为如此，"姚氏幽默"非常受美国主流社会的欢迎，CNN的男女主持人提起姚明从来只有夸奖没有批评，即便他或火箭队表现不太好也是如此。

不少美国人正是通过姚明，才认识到中国的伟大，对古老中国的神秘产生向往，甚至爱上中国，到中国旅游、经商或投资。

有一次，中国驻休斯敦总领事馆文化领事汪俊到休斯敦一所高中去介绍中国文化。讲课前，他问孩子们中国的首都在哪里。有说北京、也有说香港、上海的。当问起他们对中国有什么了解时，所有人异口同声地回答说"姚明"。火箭队老板亚历山大曾说过："姚明将成为体育史上最伟大的明星。从世界的角度来说，姚明的影响会超过迈克尔·乔丹，不仅仅在美国，而且是在世界。"对于这个评价，亚历山大的解释是，"我之所以说他会是体育史上最有影响力的人，是因为他的背后有那么多的中国人，有那么多的亚洲人。”

（选自《人民日报》海外版 2006 年 8 月 1 日，
作者：邹德浩，有改动）

生　词

1. 家喻户晓	jiā yù hù xiǎo		widely known, household name
2. 市民	shìmín	（名）	town's people
3. 媒体	méitǐ	（名）	media
4. 青睐	qīnglài	（动）	favor, be popular
5. 之所以	zhīsuǒyǐ		the reason that
6. 独一无二	dú yī wú èr		unique, in a class by oneself
7. 古板	gǔbǎn	（形）	old-fashioned, rigid
8. 举止	jǔzhǐ	（名）	behavior, demeanour
9. 耳目一新	ěr mù yì xīn		find everything new and fresh
10. 别号	biéhào	（名）	alias
11. 树立	shùlì	（动）	build up
12. 社区	shèqū	（名）	community
13. 折射	zhéshè	（动）	refract, reflect
14. 底蕴	dǐyùn	（名）	foundation, inside information, background
15. 崇尚	chóngshàng	（动）	advocate, uphold
16. 严于律己	yán yú lǜ jǐ		be strict with oneself, practice good self-discipline
17. 着想	zhuóxiǎng	（动）	consider or think for the good of
18. 内涵	nèihán	（名）	connotation
19. 指责	zhǐzé	（动）	accuse, censure, rebuke
20. 幽默	yōumò	（名/形）	humor; humorous
21. 神秘	shénmì	（形）	mystery
22. 明星	míngxīng	（名）	star
23. 角度	jiǎodù	（名）	angle, point of view

练　习

一、选择对画线词语恰当的解释

1. 每逢中国重要的节日……原本只在华人社区活跃的一些歌舞团也会被请到丰田中心去献艺。(　　)

A. 贡献出艺术品　　B. 表演歌舞节目

C. 展览绘画艺术　　D. 教唱中国京剧

2. 有姚明打球的赛季……仅是休斯敦的华人贡献给火箭的财富就高达100多万美元。(　　)

A. 达到　　B. 到达　　C. 告诉　　D. 表达

3. 很多韩国人和日本人,也以姚明与他们有相同的肤色、同样来自亚洲、来自相同的文化地域而骄傲。(　　)

A. 皮肤的颜色　　B. 涂摸的彩色　　C. 血液的颜色　　D. 花纹的色彩

4. 姚明下一场打好了,他们又会夸个不停。(　　)

A. 夸张　　B. 奖励　　C. 称赞　　D. 歌颂

5. 有一场比赛,场外有几个美国女孩同时打出标语,称赞姚明。(　　)

A. 建造　　B. 捆好　　C. 发出　　D. 展开

二、根据课文选择正确答案

1. 美国各种媒体对姚明:(　　)

A. 一直热情称赞　　B. 经常进行报道

C. 不太关心过问　　D. 很少批评表扬

2. 文章没谈到姚明的另一个别号可能是:(　　)

A. 民间大使　　B. 中国名片　　C. 小巨人　　D. 文化使者

3. 热情赞扬姚明道德品质的人是:(　　)

A. 美国教授　　B. 中国大使

C. 俱乐部老板　　D. 媒体记者

4. 刘杰搬家的故事说明美国人:(　　)

A. 追求美好　B. 喜好移动　C. 办事随便　D. 尊重英雄

5. 文中谈到把姚明当作学习榜样的人主要是:(　　)

A. 美国的华人　B. 中国外交官　C. 休斯敦球迷　D. 电台主持人

6. 姚明让美国人真实地了解到:(　　)

A. 中国篮球运动的水平　B. 人类英雄的共同特点

C. 东方各国文化的情况　D. 中国人的性格和品质

7. 美国人通过姚明加深了对中国的认识这件事表明:(　　)

A. 身体高大的人最受人尊敬　B. 明星人物的巨大影响力

C. 亚洲人日益关心 NBA 赛事　D. 篮球成了增进友谊的渠道

8. 火箭队老板认为姚明比乔丹影响大的理由是:(　　)

A. 参赛次数更多　B. 商业效益更高

C. 影响范围更广　D. 球迷人数更多

三、根据课文回答问题

1. 休斯敦市民为什么一见到中国人就伸出大拇指?
2. 东方式的英雄具有哪些特点?
3. 哪些事实表明美国人很喜爱姚明?
4. 美国人是怎样评价姚明的?
5. 举例说说姚明在美国产生了哪些影响?
6. 为什么说姚明是传播中华文化的使者?

四、扩展练习:根据下列文章片段选择正确答案

1—3

虽然中国的经济发展速度很快,但它还需要几十年的时间才能够在社会生活水平上与西方接近。而体育是中国能够很快与西方平起平坐的一个引人注目的领域。

近 20 年来,中国在奥运会奖牌榜上的位置不断上升,而且总是比它的经济发展快。在每一届奥运会之前,中国的体育部门都会制定雄心勃勃的夺金目标。这种强大的压力塑造了一个体育巨人。2004 年奥运会时,中国向美国在奖牌榜上的至高地位发起了挑战,赢得了 32 枚金牌,仅比美国少 3 枚。这一

成绩令中国人备受鼓舞。他们在私下里说,到2008年,中国能够在自己的土地上超越美国。

当由几百人组成的中国代表团自豪地走进雅典奥运会体育场时,中华人民共和国的五星红旗比其他任何国家的国旗都飘扬得更高。这并非偶然,因为被选中当旗手的不是别人,正是比其他所有运动员都要高的姚明。

期待已久的2008年奥运会主办权终于落户北京,姚明几乎肯定将成为这一盛会上的明星。姚明是中国运动员中唯一的全球偶像,在国内外的名气都很大,直接体现了中国在世界上的崛起。

1. 中国哪方面的实力最接近世界水平?(　　)

A. 经济产值　　B. 国际影响　　C. 奥运奖牌　　D. 生活水平

2. 把中国看成"体育巨人"的主要理由是什么?(　　)

A. 经常参加运动的人员多　　B. 奥运金牌数量位居前列

C. 世界级的体育明星最多　　D. 赛场上五星红旗飘得高

3. 各国最关心中国在奥运会上的哪方面情况?(　　)

A. 奖牌数迅速增加　　B. 谁当五星红旗旗手

C. 金牌能否超过美国　　D. 姚明名气是否提升

4—6

要说我最喜欢的体育明星,那还是姚明。姚明虽然不是第一个打入美国NBA赛场的中国人,但他的"状元秀"身份,一上来就给咱们国人长了志气。在接下来的比赛中,姚明成长非常迅速,特点也日益鲜明,现在已经是休斯敦火箭队的主力。最令我佩服的,还是他做事认真,一丝不苟的态度。在球场上,每次运球,每次投篮,每次抢断,每次封盖……他都全力而为,滴滴汗水都体现着认真二字。

姚明征战在NBA赛场上,他代表的是全体中国人民的形象,他的坚强、勤劳、勇敢、执着正是中国人民伟大精神之所在。他的成功,也是我们中华民族正在崛起的一个缩影,"东亚病夫"的称号将永远地留在历史的记忆里。

现在我也成为一个篮球迷,如果有姚明上场,我是非看不可。篮球运动那种强调拼搏,强调团队意识的比赛精神也对我的工作和生活产生了影响。我在带学生、搞课题时也常常强调这点。遇到困难时,不到最后一刻决不放弃,再难再累也要上;如某位学生的研究方向有问题,或者个别问题解不开时,大家一起来,帮他克服困难,找出解决问题的方法。心往一处想,劲往一处使,常能起到 1+1>2 的作用，团队的成功才是最大的成功。

4. 姚明办事的最大特点是什么？（　　）

A. 无比坚强　B. 毫不拖延　C. 格外迅速　D. 十分认真

5. 这篇短文没谈到中国人的哪种品质？（　　）

A. 执著认真　B. 探索创新　C. 勇敢勤劳　D. 顽强拼搏

6. 作者欣赏哪种体育品德？（　　）

A. 尽力而为的毅力　B. 不畏艰险的性格

C. 集体主义的精神　D. 迅速抢断的作风

7—9

提起“体操王子”李宁的名字，在中国几乎没有谁不知道。他当运动员的时候，一共获得过 106 个冠军。其中有 14 个世界级冠军，8 个亚运会冠军。在 1982 年世界杯体操比赛中，他创造了一个人为中国队夺得 6 枚金牌的纪录，开创了体操领域的“李宁时代”。他不仅是第一个当选国际奥委会运动员委员会委员的亚洲人，而且还是目前中国最大体育品牌企业的董事长。

1999 年，36 岁的李宁跟“球王”贝利、“飞人”乔丹等 25 名运动员一起，被国际体育记者协会评选为“本世纪最佳运动员”。6 月 26 号，他在出席了“20 世纪世界最佳运动员”颁奖仪式以后说：“20 世纪对中国人来说，是不平凡的一个世纪。我们的祖国发生了翻天覆地的变化。今天我有幸作为中国体育界的一员向世界证明这种变化。当我获得这一荣誉的时候，我代表的是我们的国家、我们的民族，我为此感到无比的骄傲和自豪。”

7. 哪种称呼是李宁的“别号”？（　　）

A. 民间大使　B. 飞人　C. 球王　D. 体操王子

8. 李宁现在的职务是什么？（　　）

A. 某公司的董事长　B. 国际奥委会官员

C. 中国体操运动员　D. 世界体协的记者

9. 李宁的成就向世界传达了什么信息？（　　）

A. 中国体育迎来了李宁时代　B. 中华民族人人可得金牌

C. 中国社会发生了巨大变化　D. 运动员都能成为企业家

第三课

他让阳光温暖艾滋病人

桂希恩是我国第一个发现河南艾滋病高危区的人。在他的促成下,河南省上蔡县文楼村成为中国第一个可以免费接受艾滋病治疗的村子。作为一名传染病专家,桂希恩让阳光温暖了艾滋病人这个曾经被忽略的群体。

第一个发现“艾滋病村”

1960年,桂希恩从武汉医学院医疗系毕业后,志愿到青海从事地方病防治及临床工作,一干就是16年。1976年,桂希恩调到武汉大学中南医院,从事传染病的研究和临床治疗工作。

1999年夏天,一个老家在河南省上蔡县文楼村的进修医生,发现村里很多青壮年得了一种怪病,发烧、拉肚子,怎么也治不好。迷惑不解的他向桂希恩请教,希望桂教授帮助他把病因搞清楚。起初,桂希恩没有想到这是艾滋病,他推测是传染病,因为他听说患病的人大部分是青壮年。几天后,桂希恩第一次来到文楼村。看了几个得“怪病”的人,他大吃一惊:这些人的临床表现非常像艾滋病,他们的症状有发烧,有口腔溃疡,有口腔的真菌感染,还有很多人皮肤上出现带状疱疹,有些人长期拉肚子,有些人则有淋巴结的肿大,这些都符合艾滋病的症状。

得到确诊结果后,桂希恩向当地卫生局报告了情况。10月31日,他带着在文楼村的调查报告去了北京,报告被送到中央有关负责同志的手中。桂希恩被请到中国疾病预防控制中心,详细汇报了疫情的调查结果。随后不久,中央派出艾滋病防治工作组来到文楼村。自此,文楼村成为全国第一个可以接受艾滋病免费治疗的村子。

我愿意和病人做朋友

桂希恩有一个手机,但号码只有艾滋病患者才知道。他说:“这条热线是专门为那些患者朋友设立的。”

桂希恩深知，艾滋病患者除了需要药物治疗，更需要精神上的安慰。但一些人对艾滋病感染者的歧视，让他深感忧虑。

一名村民被确认患有艾滋病以后，他到邻居家坐过的板凳被主人扔掉，村里人见了他就躲。为了让这名病人不再受歧视，桂希恩在村头与病人拍了张握手的照片，摆放在病人家中，以此告诉村里人，一般的接触是不会感染艾滋病的。

更令人感动的是，2001 年 5 月，家庭住房并不宽敞的桂希恩教授，毅然把 5 位艾滋病人接到家中，每天 3 餐，他和 5 位患者像一家人一样，在一个饭桌上吃饭，共用一个卫生间。

桂希恩教授曾 14 次下河南，为 500 多名艾滋病高危人群做检测，每确诊一位病人需要 600 元，这些费用都是他自己平时省吃俭用攒下的钱。艾滋病人程金在他家治病期间，看到桂教授竟然没有一件像样的衣服，在离开之前，特地把媒体捐献给他的一件新的衬衣悄悄压在桂教授的枕头底下，并在一张纸条上写道："作为一个专家，您的穿着也不比我好到哪里去，这件衣服您留着比我更有用。我知道当面给您的话，您不会接受，所以在临走前将衣服放在您的枕头底下，只有用这表示对您再次感谢……"

桂希恩给艾滋病患者做检查不戴手套。他说，正常的防护措施他是有的，不戴手套，是因为自己的手没有破损。他说病人很好，很关心医生，他愿意跟病人做朋友，让病人和他之间没有隔阂。

不用扬鞭自奋蹄

最近，桂希恩刚从湖北的巴东、襄樊、浠水等地回来，此行的目的是去基层检查培训的效果，情况令桂希恩很满意。

2004 年 2 月 28 日，瑞士银行家马丁·哥顿先生把专门表彰对中国艾滋病教育和预防治疗工作作出杰出贡献的"贝利·马丁奖"颁发给桂希恩教授。

马丁·哥顿先生说："桂希恩教授是湖北乃至中国战斗在艾滋病防治与控制工作战线上的杰出代表，从他身上看到了中国预防和控制艾滋病所取得的成就，衷心地希望大家关注艾滋病，关心艾滋病感染者和病人，为预防控制艾滋病作出新的贡献。"

同年 6 月 11 日，在湖北考察工作的国务院总理温家宝，专门抽出时间登门看望桂希恩教授。温总理紧紧握着桂教授的手说："我在电视上看到你的事迹，很感动。我还在最近召开的'两院'院士大会①上表扬了你的事迹。这次到湖北出差，专门来看看你。"

2005年1月,桂希恩教授当选为中央电视台“感动中国2004十大年度人物”[②]。

面对领导的关怀和荣誉,桂教授说:“我属牛,是一头老牛,老牛自知夕阳近,不用扬鞭自奋蹄!”刚刚从武汉大学中南医院传染科主任位置上退下来的他,现在是湖北省艾滋病培训中心、武汉大学艾滋病医学研究中心的主任。现在,他一直忙于和美国的霍普基金会合作培训治疗艾滋病医生的项目。他说:“防治艾滋病,医生的素质和责任心需要提高。艾滋病高发区的基层医生急需培训,他们可是救火队员啊。”

(选自《人民日报》海外版2005年6月9日,作者:闻哲,有改动)

注　释

①“两院”院士大会

中国科学院和中国工程院院士大会的简称。

②“感动中国”年度人物

中央电视台开展的一项社会活动。每年年末,电视台先播映一些人物的模范事迹,观众直接投票从中推选10位最能打动自己的优秀者,然后授予“感动中国2004年十大年度人物”称号,予以表彰。

生　词

1. 艾滋病	àizībìng	(名)	AIDS
2. 传染	chuánrǎn	(动)	infect
3. 群体	qúntǐ	(名)	community, group
4. 医疗	yīliáo	(名)	medical treatment; medical
5. 临床	línchuáng	(形)	clinical
6. 迷惑	míhuò	(动、形)	puzzle
7. 推测	tuīcè	(动)	speculate, guess
8. 症状	zhèngzhuàng	(名)	symptom

9.	溃疡	kuìyáng	（名）	ulcer
10.	感染	gǎnrǎn	（动/名）	infect; infection
11.	淋巴结	línbājié	（名）	lymph
12.	疾病	jíbìng	（名）	disease
13.	治疗	zhìliáo	（动）	treat, cure
14.	热线	rèxiàn	（名）	hot line
15.	忧虑	yōulǜ	（动）	worry
16.	歧视	qíshì	（动）	discriminate; bias, discrimination
17.	省吃俭用	shěng chī jiǎn yòng		economical in everyday spending, pinch and scrape
18.	捐献	juānxiàn	（动）	donate, contribute
19.	隔阂	géhé	（名）	barrier, estrangement
20.	培训	péixùn	（动）	train
21.	颁发	bānfā	（动）	award
22.	院士	yuànshì	（名）	academician

练　习

一、选择对画线词语恰当的解释

1. 村里很多青壮年得了一种怪病，发烧、拉肚子，怎么也治不好。（　　）

   A. 治理　　B. 消灭　　C. 治疗　　D. 整顿

2. 他推测是传染病，因为他听说患病的人大部分是青壮年。（　　）

   A. 担心　　B. 害病　　C. 祸患　　D. 忧虑

3. 这条热线是专门为那些患者朋友设立的。（　　）

   A. 运输繁忙的交通线路　　B. 直达目的地的交通线

   C. 四通八达的联络工具　　D. 快速联系的通信渠道

4. 桂希恩在村头与病人拍了张握手的照片，摆放在病人家中，以此告诉村里人，一般的接触是不会感染艾滋病的。（　　）

   A. 指跟患病人握手的做法　　B. 指拍摄双方握手的相片

   C. 指在村口同人握手行为　　D. 指全村农民集体的合影

5. 桂希恩教授曾 14 次下河南，为 500 多名艾滋病高危人群做检测。（　　）

A. 下降　　B. 退场　　C. 取下　　D. 前往

6. 在湖北考察工作的国务院总理温家宝，专门抽出时间登门看望桂希恩教授。（　　）

A. 反复检验　　B. 现场查看　　C. 实地调查　　D. 对比检验

二、根据课文选择正确答案

1. 桂希恩教授是一位什么样的人？（　　）

A. 第一个检查出艾滋病患者的大夫

B. 参与防治地方病时间最长的医生

C. 发现中国艾滋病高危区的第一人

D. 世界上治好首例艾滋病人的专家

2. 大学毕业后桂希恩首先在哪个地方工作？（　　）

A. 青海省　　B. 北京市　　C. 武汉市　　D. 河南省

3. 桂希恩用什么方法推测“怪病”是艾滋病？（　　）

A. 临床化验检查　　B. 观察患者症状

C. 邀请专家鉴定　　D. 根据经验推测

4. 桂希恩为什么要多次去文楼村？（　　）

A. 建立联系患者热线　　B. 拍摄防治疾病照片

C. 考察临床医疗效果　　D. 调查村民患病情况

5. 文章没谈到桂希恩同病人的哪方面情况？（　　）

A. 建立专门联络热线　　B. 与患病者同吃同住

C. 临床亲自治疗疾病　　D. 自费花钱检测病人

6. 程金的那件新衬衣是怎么来的？（　　）

A. 桂教授送的　B. 媒体捐献的　C. 从家带来的　D. 医院发给的

7. 什么人把桂希恩选为“感动中国”十大年度人物之一？（　　）

A. 中国电视观众　　B. 温家宝总理

C. 瑞士籍银行家　　D. 艾滋病患者

8. 瑞士银行家为什么向桂希恩颁发"贝利·马丁奖"？(　　)

A. 支持他大力培训防治艾滋病大夫

B. 奖励他首次开通联系病友的热线

C. 帮助他搞好培训艾滋病医生项目

D. 表扬他对防控艾滋病的重要贡献

9. 目前桂希恩教授的工作重点是什么？(　　)

A. 调查湖北各地的艾滋病疫情

B. 大力培养高素质的"防艾"医生

C. 建立中美合作培训医生基地

D. 寻找合作培训"防艾"医生费用

三、根据课文回答问题

1. 桂希恩教授是怎样发现河南省艾滋病村的？
2. 哪几件事表明桂教授真把患者当成了朋友？
3. 桂教授用什么方法消除人们对艾滋病人的歧视？
4. 人们为什么要评选桂希恩为"感动中国"的年度人物？
5. 社会各界是怎样看待桂希恩教授的？
6. 桂教授退休后在做什么？

四、扩展练习：根据下列文章片段选择正确答案

1—2

简单的几样旧家具，最值钱的"家当"就是一台25寸的彩电，在床头柜上有两张放大的照片显得格外醒目，一张是桂希恩教授的"全家福"，照片上面足有近百人，各种肤色的人都有。另一张照片上是桂希恩与艾滋病患者程金父子的合影。笔者原以为程金是桂教授的亲戚，后来才知道程金只不过是普通的艾滋病患者，但在桂教授的眼里，病人不论身份的高低，永远都是他的朋友。

桂希恩的母亲是美国人，奶奶是法国人，女儿也在美国工作，许多亲戚都在国外，按常理他的生活应是十分富裕的，然而一生节俭的桂希恩教授对自己的生活是十分苛刻的，由于忙于工作，馒头、方便面是他和身为妇产科教授老伴的主要食物。3位艾滋病人住进他家的第一天，他特地从餐馆买来鱼香肉丝等3个小菜，与艾滋病人共进晚餐。桂希恩说这是他在家中最"奢侈"的一

顿晚餐。每次出差,桂希恩教授都要带上一袋馒头,饿了就啃上几口。别人住进宾馆,他总是悄悄溜走,找最便宜的旅馆住,生怕多花一分钱。20世纪80年代初,定居于美国的亲戚送给桂教授一台苹果牌电脑,那时中国人还只有少数人使用电脑。收到这台电脑,桂希恩教授就将它放在了单位实验室,供大家使用。科室的两台崭新的电冰箱也是他捐献的,而他家用的却是一台陈旧的小冰箱。

1. 桂希恩教授的家庭有什么特点?(　　)

A. 生活十分富裕　　B. 饮食极其简单
C. 成员肤色不一　　D. 世代都是医生

2. 这两段话主要介绍了桂教授的哪种品德?(　　)

A. 乐于助人的品质　　B. 待人和蔼的态度
C. 勤劳简朴的作风　　D. 一心为国的精神

3—5

艾滋病的医学全名为“获得性免疫缺陷综合症”,它是由人类免疫缺陷病毒引起的。这种病毒终生传染,破坏人的免疫系统,使人体丧失抵抗各种疾病的能力。艾滋病主要通过4种途径传播:血液、不正当的性行为、吸毒和母婴遗传。艾滋病病毒在人体内的潜伏期平均为12年至13年,国际医学界至今尚无防治艾滋病的有效药物和疗法。因此,艾滋病也被称为“超级癌症”和“世纪杀手”。

为了提高公众对艾滋病危害的认识,更有效地唤醒人们采取措施预防艾滋病的传播和蔓延,世界卫生组织1988年1月确定每年的12月1日为世界艾滋病日,号召各国在这一天举办各种活动,宣传和普及预防艾滋病的知识。自世界艾滋病日设立以来,每年都有一个明确主题。2000年和2001年的主题,分别是“预防艾滋病——男人责无旁贷”和“预防艾滋病,你我同参与”。2002年12月1日是第15个世界艾滋病日,其主题是:相互关爱,共享生命。

3. 这篇短文没介绍艾滋病的什么情况?(　　)

A. 有关病名定义　　B. 疾病传染渠道
C. 病毒隐藏时间　　D. 现在流行情况

4. 2001年“世界艾滋病日”的主题是什么?(　　)

A. 相互关爱,共享生命　　B. 预防艾滋病,你我同参与
C. 同一个世界,同一个希望　　D. 预防艾滋病,男人责无旁贷

5. 世界卫生组织为什么要确定“世界艾滋病日”？（　　）

A. 提高治疗疾病的质量　　B. 举办各种防治活动

C. 宣传预防艾滋病的知识　　D. 限制病菌传染范围

6—7

据报道，2002 年初全球艾滋病病毒感染者已经达到 4200 万人，只 2002 年就有 500 万人感染艾滋病病毒，300 多万人因此死亡。南部非洲是受艾滋病打击最重的地区。2002 年，该地区新感染艾滋病病毒的人数达 350 万，死亡人数高达 240 万。艾滋病不仅造成死亡和高昂的医疗费用，对这一地区的农业生产也带来了灾难性影响。仅 2001 年，非洲 6 国就因艾滋病失去了 50 万劳动力，1400 万人因此陷于饥荒。

亚洲和太平洋地区紧随非洲，成为艾滋病发病严重的地区。亚太地区 2002 年有 97 万人感染艾滋病病毒，病毒携带者总数达到 720 万，比 2001 年增长了 10%。预计到 2007 年，这一地区还将有 1100 万人成为艾滋病病毒感染者。

东欧和中亚地区则是世界艾滋病增长最快的地区。2002 年，这两个地区新感染艾滋病病毒的有 25 万人，病毒携带者总数已达 120 万人。

6. 现在世界上艾滋病的重灾区在什么地方？（　　）

A. 非洲南部地区　　B. 环太平洋地区

C. 东欧中亚地区　　D. 整个亚洲大陆

7. 这篇短文没报道艾滋病的什么情况？（　　）

A. 艾滋病流行趋势　　B. 艾滋病治疗经验

C. 艾滋病患者人数　　D. 艾滋病分布区域

8

中国疾病预防控制中心副主任沈洁 1 日在一次研讨会上说，近年来，中国艾滋病疫情、发病和死亡都呈现明显上升趋势，传播模式和途径也正发生变化：未来数年里，经注射吸毒方式传播仍将是中国艾滋病流行的主要传播方式。由采血供血引发的艾滋病传播基本控制，对进一步的传播流行不会构成很大威胁。而异性性接触传播将逐步上升成为艾滋病的主要传播方式。

8. 中国艾滋病今后流行的主要方式是什么？（　　）

A. 注射吸毒　　B. 母婴传播　　C. 异性性接触　　D. 采血与输血

第四课

“杂交水稻之父”袁隆平

在首届全国民间科学发展研讨会上，袁隆平院士预言：“民间科技之花，必然争奇斗艳。”他的讲话深深地鼓舞了来自全国各地的民间科技工作者。当年，袁隆平在做出杂交水稻这一令世界瞩目的重大发明时，他只是湖南安江农校的一名普通教师。头戴草帽，挽着裤管赤着脚是他在人民心目中的标准形象，没有人怀疑他是一位具有中国特色的科学家。

不谙世故的科学家

这几年我曾多次采访袁隆平院士，他给我留下了深刻的印象。他平素的确不大注意穿着，在一些需要的场合他西服革履，可事情一过，就马上解开领带脱下西服：“还是这么舒服。”

他为人做事从不曲意逢迎。我清晰地记得 2002 年 7 月 1 日下午，雨后初晴，我陪着他先去浏阳河新修的大堤走了一遭，然后便沿着田间小道，直奔长沙马坡岭国家杂交水稻工程技术中心的试验田。大堤保护了长沙市区和国家杂交水稻工程技术中心的试验田，还有长沙郊外的农田。有人告诉我，这道大堤是袁隆平院士出面向国家申请了 4000 多万元修起来的。不过，在一次会议上，袁隆平与当年主管这项资金的水利部副部长邻座，副部长问：“还记得我吗？”袁隆平想了想回答说：“记不起来了。”还是坐在袁隆平另一侧的财政部长的提醒，他才想起来。在这类事情上，他总是“只对事不对人”，不谙世故。

科学面前人人平等

袁隆平一向崇尚“科学研究不问出身，科学面前人人平等”。在试验田边，我和他遇到了朱运昌研究员。朱运昌在 63 岁上沿着袁隆平的思路，研究成功一种杂交水稻新品种，亩产达到 800 公斤以上，袁隆平称赞他大器晚成。袁隆平院士告诉我，到 2030 年，世界水稻产量要比 1995 年增长 30%，才能满足世界人口增长的需要。土地的承载力是有限的，到 2050 年世界人口接近或达到

100亿,全球性的粮食危机就有可能出现,人类在食品生产上必须有一个根本性的突破。

在国家杂交水稻工程技术中心,我悄悄坐在教室后排观摩了一节袁隆平院士亲自讲授的课程,有十几个国家的水稻专家在接受培训。曾有不少人劝袁隆平不必亲自讲课,但他总是尽教师之责,以平等的态度对待来自各地、各国的求学者,亲自讲课,答疑解惑。袁隆平讲课运用了多媒体,全用英语讲授,看得出学员们听得十分开心。袁隆平曾表达过这样的心意:诚心诚意帮助其他国家发展杂交水稻,为人类多做贡献。目前,他先后为20多个国家培训了300名技术人才。杂交稻在我国取得的巨大经济和社会效益,引起世界上许多产稻国家的向往和效法。但由于多方面的原因,还不能应用于生产。联合国粮农组织做了一个重要决策,要借助中国的力量,在几个主要水稻生产国家优先发展杂交稻。

超级杂交稻走向世界

袁隆平既是一位世界级的大科学家,同时也是一个凡人,当然要做梦。2003年秋天,他曾经梦见水稻长得像高粱那么高,稻穗像扫帚那么大。这极具夸张的梦想正在变为现实。在他的著名论文《杂交水稻育种的战略设想》中,科学地将杂交水稻育种分为几个战略发展阶段。从1987年起,经过9年艰苦攻关,到1995年,他主持的这项两系杂交稻基本研究成功,被中国科学院、中国工程院评为1996年全国十大科技新闻之一。1997年,袁隆平又开始了对"中国超级杂交水稻"的研究,目前已获得基本成功。可以预计,如果按年推广2亿亩超级杂交稻计算,年增粮食可养活7000多万人。经权威机构评估,"袁隆平品牌"无形资产价值高达1000亿元人民币。在各国水稻科研工作者心目中,位于长沙马坡岭的国家杂交水稻工程技术中心已成为圣地,近十几年来,杂交水稻不断走向世界,已在20多个国家和地区引种推广,这项技术是我国转让给美国的第一项农业科技专利。

新目标是争取亩产900公斤

一年半前,袁隆平曾给我讲了一个"禾下之梦"的故事。这次,他给我讲的却是一个新的梦想,一个人造粮食的梦想,一个与遗传、生物工程相关的梦想。

要解决半个世纪后可能发生的全球性的粮食危机,从根本上解决人类吃饭问题,袁隆平说,必须实现工厂化生产方式制造人造食物,这需要植物生理学家、生化学家、从事工业的工程师一起努力才能解决。

袁隆平院士认为这是一个大工程。他相信,从新技术发展来看一定会实现的。开始不要投入大量的人力物力,但着手越快越好,目前还没有这样一支队伍,他认为现在可以开始探索,一部分人进行前期探索,采用生化办法,初级产品是葡萄糖,它可以变成淀粉……有了葡萄糖一切都解决了。这个大胆设想经过半个世纪的努力是有可能变为现实的。“那时候,获诺贝尔奖[①]就不在话下了。”他主张超越常规,“大胆设想,小心求证”,没有想象力只能跟在别人后面跑,有想象力才有创新。连想都不敢想谈何创新!他相信,实现人造食物的壮举其意义不亚于爱因斯坦发表相对论,不亚于掌握原子弹,不亚于发明电子计算机。

袁隆平告诉我,未来几年,他的新目标是争取实现亩产900公斤。

(选自《人民日报》海外版2006年1月6日,
作者:沈英甲,有改动)

注释

① 诺贝尔奖

以瑞典化学家诺贝尔(1833—1896)的遗产设立的奖金,1901年开始,每年在诺贝尔逝世的12月10日颁发。简称“诺奖”。

生词

1. 杂交水稻	zájiāo shuǐdào		hybrid rice
2. 谙	ān	(动)	know well
3. 世故	shìgù	(名)	the way of the world
4. 革履	gélǚ	(名)	leather shoes
5. 曲意逢迎	qū yì féng yíng		to go out of one's way to curry favor, ingratiate
6. 试验田	shìyàntián	(名)	experimental plot

7. 主管	zhǔguǎn	(动)	charge
8. 崇尚	chóngshàng	(动)	advocate, uphold
9. 思路	sīlù	(名)	a train of thought
10. 大器晚成	dàqì wǎn chéng		great minds mature slowly
11. 承载力	chéngzàilì	(名)	supporting capacity, sustainability
12. 突破	tūpò	(动)	break through
13. 观摩	guānmó	(动)	observe and emulate, watch and emulate
14. 向往	xiàngwǎng	(动)	long, yearn
15. 效法	xiàofǎ	(动)	emulate, follow the example of
16. 决策	juécè	(动)	make decision
17. 攻关	gōngguān	(动)	tackle key problem
18. 权威	quánwēi	(形)	authority
19. 遗传	yíchuán	(动)	inheritance, genetics; inherit
20 探索	tànsuǒ	(动)	explore, probe
21. 创新	chuàngxīn	(动)	innovate, break new ground

练　习

一、选择对画线词语恰当的解释

1. 我陪着他先去浏阳河新修的大堤上走了一遭。(　　)

   A. 遇上　　B. 遭遇　　C. 趟　　D. 圈儿

2. 在一次会议上,袁隆平与当年主管这项资金的水利部副部长邻座。(　　)

   A. 在同一年　　B. 从前的某个时候
   C. 年轻有为时期　　D. 身强力壮的时候

3. 在试验田边,我和他遇到了朱运昌研究员。(　　)

   A. 开展农业科学实验的土地　　B. 测试物体性能效果的场所
   C. 比喻进行试点或试点工作　　D. 检验考察物体特征的设备

4. 人类在食品生产上必须有一个根本性的突破。(　　)

   A. 集中兵力打开敌人阵地缺口　　B. 运动员摆脱对方防守展开进攻
   C. 超出原有指标做出新的贡献　　D. 取得具有重大历史意义的成就

5. 他主持的这项两系杂交稻基本研究成功，被中国科学院、中国工程院<u>评</u>为1996年全国十大科技新闻之一。(　　)

A. 展开批评　B. 发表的评论　C. 提出的意见　D. 评价与推选

6. 这次，他给我讲的却是一个新的<u>梦想</u>。(　　)

A. 渴望　B. 空想　C. 感想　D. 想法

二、根据课文选择正确答案

1. 袁隆平给人留下的是：(　　)

A. 在田里劳动的农民形象　B. 在研究所做实验的科学家形象
C. 在教室讲课的教授形象　D. 在科学报告厅演说的专家形象

2. 袁隆平忘了曾经帮助过他的副部长是因为：(　　)

A. 年高记忆力已经减弱　B. 不愿与领导干部合作
C. 只关心工作不拉关系　D. 讨厌流行的不正之风

3. 袁隆平估计彻底解决人类食品问题的时间是：(　　)

A. 20世纪90年代　B. 21世纪的中叶
C. 21世纪30年代　D. 本世纪60年代

4. 袁隆平对待外国专家的态度是：(　　)

A. 因人而异地教学　B. 亲切愉快地相处
C. 热情平等地磋商　D. 真心实意地帮助

5. 被评为1996年中国十大科技新闻之一成果的是：(　　)

A. 论文《杂交水稻育种的战略设想》
B. 新培育成功的两系杂交水稻
C. 亩产900公斤的"超级杂交水稻"
D. 巨额无形资产"袁隆平品牌"

6. 杂交水稻走向世界的主要标志是：(　　)

A. 数十个国家和地区开始引进推广
B. 主要产稻国家做出优先发展的决策
C. 美国带头引进中国的农技专利
D. 各国水稻科研专家到中国来学习

7. 袁隆平的新“梦想”是:(　　)

A. 水稻长得跟高粱一样高　　B. 稻穗长的像扫帚那么大

C. 中国能够养活 100 亿人　　D. 人造食物理想变为现实

8. 文章没谈到参加生产人造食物的是:(　　)

A. 植物生理学家　　B. 工业工程师

C. 理论物理学家　　D. 生物化学家

三、根据课文回答问题

1. 袁隆平院士的标准形象是什么样子?
2. 袁隆平为什么开始时没认出那位副部长来?
3. 袁隆平是怎样对待国内外同行的?
4. 袁隆平院士对人类做出了哪些贡献?
5. 袁隆平梦想的未来是什么样的?

四、扩展练习:根据下列文章片段选择正确答案

1—3

超级水稻被誉为水稻的“第三次革命”。我国自 1996 年启动“中国超级稻研究计划”以来,始终居国际领先水平。“十五”期间,累计示范推广 2 亿多亩,增产稻谷 250 亿斤左右,成为我国“十五”计划实施中在农业科技方面取得的具有自主知识产权的重大科技成果。中国超级稻研究和示范引领着水稻研究的“第三次革命”。

由“杂交水稻之父”袁隆平主持的中国超级杂交稻研究已提前一年实现了亩产 800 公斤的二期目标。

袁隆平院士指出,从试验示范片“专家种田”到普通农户的大田生产,第二期超级杂交稻研究成果的大面积推广还有一个过程。他预计,第二期超级杂交水稻可在 2006 年大面积推广,亩产可达 650 公斤。按照年种植 1 亿亩,每亩增产 150 公斤粮食计算,每年可增产 150 亿公斤粮食,能多养活 3000 多万人。袁隆平目前正和科研人员努力向第三期大面积亩产 900 公斤的目标攻关,而且已经培育出了相关的品种。他希望能尽早落实和启动这一项目,争取在 2010 年实现研究目标。

1. “十五”期间中国取得了哪项重大农业科技成果?(　　)

A. 中国产业开始了“第三次革命”

B. 粮食生产大概增加了250万斤

C. 获得超级水稻的自主知识产权

D. 中国获得“杂交水稻之父”称号

2. 普通农户第二期种植超级水稻亩产能达到多少？（　　）

A. 800公斤　　B. 150千克　　C. 250亿斤　　D. 650公斤

3. 袁隆平目前的研究状况怎么样？（　　）

A. 已经培育出一些新品种　　B. 实现了增产150亿斤粮食目标

C. 三期研究计划即将完成　　D. 完成专家种田向农户种田转换

4—6

袁隆平的小院里，常常会飘扬出美妙的音乐——袁隆平拉小提琴，老伴邓哲弹电子琴，俩人一起弹唱。在一次国际会议的间歇时间，科学家们各自展现了科研以外的种种才艺，大家轮番表现后，把目光投在了穿着老土、坐在角落不吭声的袁隆平身上，非要中国的科学家来一个。袁隆平站起来，用纯正的英文和浑厚的男低音演唱了一首黑人老歌《老人河》，把全场都震住了。

他和年轻人打麻将，不赌钱，输了钻桌子，“有一次他们想把我钻桌子的镜头拍下来，可我身手麻利，一下子就钻过去了”。和年轻人打排球，他是主攻手，动作到位毫不含糊。

“可惜现在玩的时间太少了，人怕出名猪怕壮啊！”2003年，袁隆平相继辞去了“隆平高科”董事和湖南农学会会长等职，可依然整天忙得团团转。“大学毕业时填表，同学开玩笑说我应该在‘爱好’一栏里填‘自由’，在‘特长’一栏里填‘散漫’。我就是喜欢自由散漫，但现在不自由了，没时间搞研究，没时间指导博士生。我今年76岁了，时间多宝贵呀！”

“现在很多人说我是什么‘新神农’，我是不敢当的。我就是一个地地道道的中国农民，顶多在农民前面加两个字的定语：知识。我还有两个愿望没实现：一是到2010年，第三期超级稻的目标要实现实验田亩产900公斤。到那时，我正好80岁，腿脚还能动，应该没问题；第二个愿望是把杂交水稻推向全世界，大概需要5到10年时间，我想我能够看到这一天。”

4. 袁隆平是怎样的一位科学家？（　　）

A. 既能歌又善舞的科学家　　B. 生活丰富多彩的科学家

C. 一贯自由散漫的科学家　　D. 整天只搞研究的科学家

5. 袁隆平喜欢人们对自己的哪种评价？（　　）

A. 当代“新神农”　　B. 杂交水稻之父

C. 知识农民　　D. “隆平高科”董事

6. 袁隆平 80 岁时的理想是什么？（　　）

A. 实验田超级稻亩产 900 公斤　　B. 把杂交水稻推向世界

C. 继续指导博士生学习与研究　　D. 成为当代的“新神农”

7—8

在中国大地上绵延 2600 年的农业税将成为历史。今天在京闭幕的十届全国人大常委会第十九次会议以 162 票赞成、0 票反对、1 票弃权的表决结果通过决定：一届全国人大常委会第九十六次会议于 1958 年 6 月 3 日通过的农业税条例自 2006 年 1 月 1 日起废止。这意味着中国 9 亿农民从 2006 年第一天开始，将依法不再缴纳农业税。

农业税条例废止后，中国政府已经对“后农业税时代”作出相应安排。按照现行体制和政策，农业税为地方税，取消农业税后减少的地方财政收入，沿海发达地区原则上由自己负担，粮食主产区和中西部地区由中央财政通过转移支付补助。

7. 2006 年什么事情最让中国农民感到高兴？（　　）

A. 在京举行全国十届人大常委会

B. 告别实行了两千多年的农业税

C. 正式废止原先的各种税收条例

D. 实行减收或免收农业税的政策

8. 这两段话没有介绍什么情况？（　　）

A. 中国现有农民的数量　　B. 被废止的“条例”名称

C. 中国首次征皇粮时间　　D. 那位代表弃权的原因

第五课 王选：知识分子的楷模 自主创新的典范

"超越王选，走向世界。"这是我国现代印刷技术自主创新的先驱——王选的临终箴言。这位被誉为"当代毕升①"的大师的话，就像一面镜子，折射出一位将一生献给祖国的当代知识分子的人格；又像一声宏亮的号角，鼓舞着千千万万的后来者在自主创新的道路上前赴后继。

"当代毕升"显奇功

20世纪70年代，信息化浪潮席卷全球，古老的汉字面临着严酷挑战。在发达国家出版业融入信息化大潮的同时，1000多年前发明的活字印刷术还在中华大地上继续沿用着。科学的春天到来了，成百上千的科技著作却压在出版社等待排版、印刷，出版业成了阻碍中国科技进步的瓶颈！

中国的出版业必须信息化、现代化，这是中华文明的需要，这是科学的春天的殷切呼唤。采用拼音文字的外国人，占了只有26个字母的便宜，早早地甩掉了铅字，谁来解决信息时代汉字印刷的难题？

祖国的开放大门刚刚打开。中国庞大的市场吸引了一批洋厂商，日本人、欧洲人和美国人纷纷带来了新一代照排机。然而，因为解决不了汉字排版问题，先进的洋设备碰到汉字后就开始水土不服。

北京大学的青年教师王选看在眼里，急在心头。他带病投入工作，提出采用数字存储方式直接开发研制激光照排系统。为了研究汉字激光照排技术，他查阅了上百篇国外科技文献。那时候，北京大学图书馆的资料不全，他就挤公共汽车到中国科技情报所查外文资料。王选回忆说，那时我每周去三四次，一次半天。由于没有经费来源，车费不能报销，我只好尽量节约。从北大到情报所车费是二角五分，但少坐一站就可以省五分钱，我就提前一站下车，步行走到情报所。复印资料也很谨慎，字数不多的就手抄，好节省复印费。

汉字字形采用轮廓加参数的描述方法，是王选的一大发明，也是激光汉字照排技术的核心。为了克服缺少大容量、高性能计算机的困难，他利用有关的数学知识，在压缩汉字字形信息上下功夫，使中国的激光照排技术比发达国家大约提前了10年。

王选发明的高分辨率字形的信息压缩、高速还原和输出方法等世界领先技术，成为汉字激光照排系统的技术核心，并在全国迅速推广。到1994年，所有的省级以上报纸都成立了激光照排中心，卖掉了铅字，"告别铅与火，迎来光与电"。这一成就，成为自主创新和用高新技术改造传统行业的杰出典范。正如北大方正集团董事长魏新所说："纵横千年，当代王选与古代毕升，将同样被世界公认与铭记。"

生命不息创新不止

一个赋予了汉字新的生命的科学家，在社会上有了很高的名望，完全可以从此享受生活。但王选不是这样，他每天的工作时间依然保持在14个小时以上，不但继续做科研探索，还指导他的团队攻克新的科技高峰。王选说："我一直有一种负债心理，觉得还未形成产业，国家投资尚未收回，这种负债心理促使我们不断进取。"他的一生都在创新。创新，是他坚定的人生追求。在他的率领下，中国报业在短时间内出现了三次技术革新高潮。

革新之一是将报纸传真机送进了历史博物馆。那时候，全国性报纸主要靠飞机送纸型，外地的读者很难看到当天的报纸。为了增强时效性，有的报社不惜花重金进口国外的报纸传真机传版，但存在失真，而且速度极慢。1990年，王选指导着北大方正的团队开发成功基于页面描述语言的远程传版技术，不但解决了失真问题，还大大提高了传版速度。特别是采用卫星传送数据后，平均2分钟就能传完一版。如此一来，大大增强了中央报纸在外地的时效性，有力地扩大了发行量。报纸传真机这种产品从此就消失了。

革新之二是淘汰电子分色机。传统的彩色印刷必须使用电子分色机，一台进口的电子分色机需要几十万甚至上百万美元，而且工序复杂，报纸出一页彩版需要两三个小时。王选新推出的彩色报纸出版系统，输出一页彩版缩短为20分钟，后来又缩短到2分钟。国内大多数报纸从此"素面"换"彩妆"。

革新之三是帮助广大记者、编辑们"告别纸与笔，迎接光与电"。王选始终感谢新闻媒体对激光汉字照排系统的报道和支持，发明的采编流程管理系统实现了写稿、编稿、审稿、签发全部网络化，记者和编辑们从此告别了纸与笔。

长期的超负荷工作，摧毁了王选的健康。2005年，王选病情沉重，他便拿起笔，强忍病痛，在病床上写下《自主技术产品出口的若干思考》、《试谈科研成功的因素》、《自主创新要有超过外国人的决心和信心》等2万余字的文章。

把自己多年来自主创新和科学研究的经验和方法留给世人，奉献给国家。2005年10月14日,王选在一篇题为《从计算机领域重大发明看创新人才成长》的文章中写道:“要让优秀人才做自己喜欢的事情,要解脱他们的杂事和各种干扰(例如频繁的评估),使他们心无旁骛地埋头创新,只有长期积累和专注才能出大成果。优秀的科研领导人和管理者在创新过程中至关重要。他们应有战略眼光,并且爱‘才’如命,把创造条件、充分发挥手下成员的才华作为自己的重要职责。”这是王选一生中的最后一篇文章。在生命的最后时刻，他最关心的仍是祖国的科技创新事业。

做有效益的创新

王选一生从事过很多项发明创造,无论是自己亲手做,还是指导学生或员工做,他都非常看重发明创造的实效,十分注重科研成果向生产力的转换。他提出了一个著名的产、学、研模式,科研成果要产品化,产品要产业化,产业要国际化。他是最早主张将产品和技术打入国际市场的人士之一。

2003年,方正日文出版系统以国外竞争对手八分之一的价格进入日本大报社《日刊体育》。王选说:“发达的日本市场带来很多国内碰不到的需求,将刺激北大方正一批优秀年轻人的创造才能,使他们产生去发达国家领导技术新潮流的使命感,这是高额奖金所买不到的。”

如今,王选开创的汉字激光照排技术,已经占领了国内报业99%和书刊(黑白)出版业90%的市场,以及80%的海外华文报业市场。在日本,方正的日文照排技术已占据报刊三分之一的市场,真正让中国的自主知识产权技术扬威海外。

今天,我国报业和出版业在技术上不但不用受制于人,还能向世界各国输出技术,这是自主创新的成果。这个结果表明,核心技术是买不来的,创新能力也是买不来的,必须提高自主创新能力。这是王选留给我们的启示。

中华民族是富有创造力的民族。但在近代,我们对这个世界的贡献相对少了。由此,王选的价值才显得格外珍贵。“超越王选,走向世界”。品味这句话,人们会感悟创新的真谛:祖国的强大,不仅需要个人的创新,需要集体的创新,更需要整个社会的创新。

王选创新不止的精神财富,长存中国人心中!

(选自《光明日报》2006年5月16日，
作者:杨谷、蔺玉红,有改动)

注 释

① 毕升(？—约1051)

宋朝人。活字版印刷的发明者。还研究过木活字排版。对印刷术作出过重要贡献。

生 词

1.	楷模	kǎimó	（名）	model, example
2.	典范	diǎnfàn	（名）	paragon
3.	超越	chāoyuè	（动）	exceed, surpass
4.	先驱	xiānqū	（名）	herald, pioneer, forerunner
5.	箴言	zhēnyán	（名）	maxim, admonition
6.	信息化	xìnxīhuà	（名）	informatization
7.	瓶颈	píngjǐng	（名）	bottleneck
8.	厂商	chǎngshāng	（名）	manufacturer
9.	激光照排	jīguāng zhàopái		laser phototypesetting, laser imaging
10.	文献	wénxiàn	（名）	literature, document
11.	字形	zìxíng	（名）	form of a character
12.	轮廓	lúnkuò	（名）	outline, contour
13.	分辨率	fēnbiànlǜ	（名）	resolution, resolving power
14.	铭记	míngjì	（动）	remember, engrave, bear in mind
15.	革新	géxīn	（动/名）	reform, innovate
16.	时效性	shíxiàoxìng	（名）	time effectiveness, timeliness, simultaneity
17.	淘汰	táotài	（动）	eliminate through selection or contest
18.	工序	gōngxù	（名）	working procedure
19.	超负荷	chāofùhè		overload, overwork
20.	启示	qǐshì	（名/动）	revelation; inspire, enlighten

练　习

一、选择对画线词语恰当的解释

1. 中国的出版业必须信息化，这是中华文明的需要，这是科学的<u>春天</u>的殷切呼唤。(　　)

   A. 一年的第一季度　　B. 温暖舒适的环境

   C. 蓬勃发展的景象　　D. 良好环境与机会

2. 外国人……早早地<u>甩</u>掉了铅字，谁来解决信息时代汉字印刷的难题？(　　)

   A. 离开　　B. 扔开　　C. 挥动　　D. 丢失

3. 王选就挤公共汽车到中国科技情报所<u>查</u>外文资料。(　　)

   A. 翻看　　B. 调查　　C. 检查　　D. 考查

4. 复印资料也很谨慎，字数不多的就手抄，<u>好</u>节省复印费。(　　)

   A. 特别地　　B. 满意地　　C. 为的是　　D. 很容易

5. 有的报社不惜花<u>重金</u>进口国外的报纸传真机传版。(　　)

   A. 大量黄金　　B. 多种金属　　C. 通用硬币　　D. 很多的钱

6. 他们应有战略眼光，并且爱“<u>才</u>”如命，把创造条件、充分发挥手下成员的才华作为自己的重要职责。(　　)

   A. 有能力的人　　B. 个人的才能　　C. 刚出生的人　　D. 人类的本领

7. 发达的日本市场带来很多国内碰不到的需求，将<u>刺激</u>北大方正一批优秀年轻人的创造才能。(　　)

   A. 受到打击压抑　　B. 引起积极变化

   C. 产生悲观情绪　　D. 感情起伏不定

二、根据课文选择正确答案

1. 文章开头一段主要想说明：(　　)

   A. 社会对王选一生的评价　　B. 王选“箴言”的作用与影响

   C. “当代毕升”的巨大成就　　D. 群众积极参与自主创新活动

2. 上个世纪 70 年代中国出版界面临的难题是：(　　)

A. 印刷技术落后　　B. 社会环境不稳

C. 缺少编辑人员　　D. 买不来新设备

3. 王选的主要功劳是：(　　)

A. 研制成汉字字形描述技术　　B. 创造了快速还原与输出方法

C. 改造传统的活字印刷技术　　D. 发明了激光汉字照排新系统

4. 最能体现王选自主创新精神的是：(　　)

A. 每天继续长时期的工作　　B. 缩短彩色报纸出版时间

C. 进行 3 次重大技术革新　　D. 推出采编流程管理系统

5. 王选抓紧写论文的目的是：(　　)

A. 呼吁加快培养创新人才　　B. 留下一生自主创新经验

C. 明确科研领导人的任务　　D. 推动技术产品出口贸易

6. 让中国自主知识产权技术扬威国外的典型事例是：(　　)

A. 日文照排技术出口日本　　B. 发达国家使用中国产品

C. 向生产力转换科研成果　　D. 王选的发明被广泛推广

三、根据课文回答问题

1. 王选的“箴言”能给人们哪些启示？
2. 王选是在怎样的情况下成为“当代毕升”的？
3. 王选成名后又取得了哪些“创新”成果？
4. 王选是怎样度过最后岁月的？
5. 可以用哪些简练的语言来概括王选的品质与价值？

四、扩展练习：根据下列文章片段选择正确答案

1—3

中国著名科学家王选院士，2000 年 10 月 6 日患病后写下这样的遗愿：“人总有一死。这次患病，我将尽我最大努力，像当年攻克科研难关那样，顽强地与疾病斗争，争取恢复到轻度工作的水平，我还能为国家做一些力所能及的事情。

“一旦病情不治，我坚决要求‘安乐死’，我的妻子陈堃銶也支持这样做，我们两人都很想得开，我们不愿浪费国家和医生们的财力物力和精力，并且

死了以后不要再麻烦人。

“我对方正和计算机研究所的未来充满信心,年轻一代务必‘超越王选,走向世界’,希望一代代领导能够以身作则,以德、以才服人,团结奋斗,更要爱才如命,提拔比自己更强的人到重要岗位上。

“我对国家的前途充满信心,21世纪中叶中国必将成为世界强国,我能够在有生之年为此做了一点贡献,已死而无憾了。”

1. 王选患病后的心态是:(　　)

A. 悲观失望　　B. 顽强乐观　　C. 愉快平静　　D. 苦闷不快

2. 王选希望青年人:(　　)

A. 超越自己,走向世界　　B. 以身作则,团结奋斗

C. 顽强工作,死而无憾　　D. 攻克难关,少麻烦人

3. 科研领导干部应具备:(　　)

A. 3个优点　　B. 4项条件　　C. 5种品德　　D. 6类本领

4—6

王老师不懈的努力获得了丰厚的回报。1987年,《经济日报》成为我国第一家使用国产激光照排系统的报纸,第二年,经济日报社印刷厂卖掉了全部铅字,成为世界上第一家彻底废除了中文铅字的印刷厂!此时,北京的另一家大报社,3年前,花了430万美元购买的设备,因为美国HTS公司解决不了汉字照排的关键技术,成为一堆洋垃圾。当他们请求王老师帮助解决时,王老师带领大家只用了半年时间,使这些设备起死回生,正式投入使用。面对事实,美国HTS公司的总裁感叹道:“我回国后就辞职,今后世界上再也不会有HTS公司了。”不久,美国HTS公司宣布破产,国产激光照排系统以强大的系统功能和低廉的价格,迅速占领国内市场。所有的外国照排系统公司,全部退出了中国市场!

就在国内的报社大量采用激光照排技术排印黑白报纸的时候,经过几年努力,王老师研制成方正彩色出版系统。1992年1月,《澳门日报》首先使用这一系统,每天排4—6个彩色版。北大方正的彩色出版系统不但使国内的报纸由黑白变得五彩缤纷,而且迅速在海外华文报业推广开来。

从“汉字激光照排”到彩色照排系统,再到报社的采编排一体化系统,王老师和方正集团的持续创新,将中国出版印刷行业从“铅与火”的时代带入了“光与电”的世纪。

1995年,永不满足的王老师从日本考察回国后,带领我们在很短的时间

内开发出了日文排版系统。1997年,方正日文排版系统成为我国首次大规模出口的、有自主知识产权的高科技产品,让300多家日本的报社和印刷厂,使用了我们中国人的技术!5年后,我们的核心技术,还挺进到欧美的英文市场。王老师进军国际市场的梦想,终于实现了。

4. 所有外国照排系统公司都退出中国市场是因为:(　　)

A. 公司破产　　B. 价格太高　　C. 老板辞职　　D. 技术落后

5. 首家使用彩色出版系统的厂家是:(　　)

A. 澳洲周报　　B. 经济日报　　C. 日文报社　　D. 澳门日报

6. 北大方正集团的成果传播顺序是:(　　)

A. 国内、澳门、日本、欧美国家　　B. 澳门、中国、英语国家、日本

C. 日本、国内、澳洲、欧美国家　　D. 欧美国家、日本、澳门、中国

7—8

时间凝固在2006年2月13日11时03分,被誉为"当代毕升"的著名科学家王选院士,驾鹤西行,永远地走了。听他的同事们说,他走得很平静、很安详,似乎没有什么遗憾。的确,在人们看来,王选的一生不该有什么遗憾,因为他对人类的贡献实在太大了,也许只能用"卓越"来形容。

谈起他的成就,他的同事和学生们如数家珍:他研制的汉字激光照排系统,引发了我国印刷业"告别铅与火,迈入光与电"的一场技术革命;他主持开发的华光和方正电子出版系统,占据国内99%的报业市场和90%的书刊(黑白)出版业市场,以及海外80%的华文报业市场,并打入日本、韩国,取得了巨大的经济和社会效益。

网友们这样评价这位科学家:"在中华文明的历史上,我们永远不能忘记这些人:仓颉创造了汉字,让文明可以沉淀下来;李斯统一了汉字,让文明可以流通起来;毕升发明了活字印刷,让文明传播到世界的每一个角落;王选把汉字带进了信息时代,让中华汉字文化源远流长。"

7. "驾鹤西行"的意思是:(　　)

A. 令人厌恶的人死掉了　　B. 受人尊敬的人逝世了

C. 年长的人外出旅行了　　D. 年轻力壮的人牺牲了

8. 没出现在这篇短文里的群体是:(　　)

A. 王选的同事　B. 媒体的网友　C. 产品的用户　D. 王选的学生

第六课

人民科学家钱学森

“我作为一名中国的科技工作者，活着的目的就是为人民服务。”钱学森用他的一生，实践着这个平凡而伟大的诺言。

“我是中国人，当然忠于中国人民”

钱学森出生在中华民族的危难年代。为了救国，中学毕业后，他选择工科作为人生奋斗的方向。1934年夏，他考取清华大学留美预备班，一年后，远赴美国麻省理工学院攻读航空专业硕士学位。

贫弱的祖国，常被人耻笑。当一位美国学生嘲笑中国人只会抽鸦片、裹小脚，愚昧无知时，钱学森噌地站起，对正在哈哈大笑的美国同学说：“中国作为一个国家，是比美国落后；但作为个人，你们谁敢和我比，到学期末看谁的成绩好？”

美国学生伸出舌头没有一个人敢应答。他们谁也不会忘记，当没有一个人能解答一道复杂的动力学题时，正是钱学森轻而易举就给出了答案；当全班都在抱怨试题太难，大部分人考不及格，准备找教授说理时，在教授的办公桌上却放着钱学森没有任何错误、圈改和涂抹痕迹的试卷。

带着为国争光的一股冲劲，钱学森只用一年时间就拿下了硕士学位，三年后获得加州理工学院航空、数学博士学位。随后在他的老师、世界力学大师冯·卡门的指导下，他开始了高速飞机的空气动力学和固体力学、火箭、导弹的研究，并和同事一道为美国设计、研制出第一代导弹。

不久，钱学森成为和冯·卡门齐名的著名科学家。美国军队邀请他讲授火箭和喷气技术，美国空军以他的书为内部教材。1947年，36岁的钱学森成为麻省理工学院年轻的正教授，拥有了许多人一辈子梦寐以求的地位、名誉和舒适的生活。

钱学森从未准备在美国长期生活，遥远的祖国才是他永远的家园。在美国的20年里，钱学森没有买一美元的保险。多年以后，他说：“我在美国前三四年是学习，后十几年是工作，所有这一切都是在做准备，为了回到祖国后能为人民做点事。因为我是中国人。”

然而，归途，竟是那么的坎坷。因为“他太有价值了，在任何情况下都抵得上三五个师的兵力”。坐牢、软禁、恐吓、跟踪，美国反动势力的迫害和打击，无法让钱学森屈服，激起的只是勇敢、无畏的斗争。面对检察官的无理指责，钱学森回答：“知识是我个人的财产，我有权给谁就给谁。”“我是中国人，当然忠于中国人民。”

在钱学森的长期抗议和祖国外交努力的巨大压力下，美国当局不得不同意钱学森回国。1955 年 9 月 7 日，钱学森登上了归国的航船。

“我心情激动极了，我现在是劳动人民的一分子了”

20 世纪 50 年代，冷战的阴云笼罩全球，西方反华势力的封锁和挑衅，严重威胁着中国的安全与发展，新中国迫切需要强大的国防。1956 年 2 月的一个下午，钱学森向周恩来总理汇报发展火箭、导弹的设想。总理热情地握着钱学森的手说：“学森同志，请你尽快把你的想法写成一个书面意见，以便提交中央讨论。”几天后，他就把一份详尽的意见书送到了周总理的手里了。同年 10 月 8 日，他正式担任我国火箭、导弹研究院的第一任院长。新中国的火箭、导弹和航天事业经历了一条艰辛的探索之路。物资、人才奇缺，在困难面前负责这项工作的聂荣臻①元帅提出：“一定要争口气，依靠我们自己的力量，把导弹搞出来！”

困难激发起的是强者的斗志。钱学森和他的同事们毅然承担起研制中国自己导弹的历史重任。为了把失误尽一切可能消灭在地面，多少个白天、黑夜，多少次测算、试验，凭着中国人的志气、勤奋和智慧，中国科学家们攻克一个个难题。他在基地一待就是一两个月，大事小事亲自过问。

1960 年 11 月 5 日，我国第一枚导弹发射试验成功。这一天，离钱学森回国仅仅 5 年；离我国正式启动导弹计划不过 4 年，而美国为了这一步，花费了近 10 年时间。

钱学森把自己全部的热血和智慧，奉献给了祖国的火箭、导弹和航天事业。导弹试验成功不久，他就着手研究原子弹和导弹“两弹”结合的飞行爆炸试验。1965 年 1 月，他又向中央正式建议：早日制订人造卫星研究计划。我国第一颗人造卫星工程因此被代称为“651 工程”……

进入 80 年代，他和其他科学家一道，推动了“863”计划②的实施。进入 90 年代，他建议组建科技公司促进科技成果转化，主张发展科技和情报信息业，关注祖国的煤炭地下气化技术，倡导建立精神文明学，强调西部大开发要以农业发展为基础……

1991年，中央组织部把钱学森和雷锋、焦裕禄、王进喜等并列为共产党员的优秀代表，号召全国人民向他们学习。钱学森得知后彻夜难眠："我心情激动极了，我现在是劳动人民的一分子了，而且与劳动人民中最先进的分子连在一起了。"

"马克思主义哲学是智慧的源泉"

伟大的创造来自科学的方法。钱学森多次跟学生讲，我在科学上取得一些成果，就是学习马克思主义哲学的收获。辩证唯物主义——这正是钱学森不断超越他的同行，始终走在科学最前沿的"秘密钥匙"。

作为一名技术工程出身的科学家，钱学森始终注意从实践出发，总结、提炼、检验理论设想。始终以科学的精神对待真理，在长期的科学实践中，锻造严谨朴实，实事求是，这是钱学森的科学品格，也是他的人格风范。他年轻时不迷信权威，曾经与老师争论得面红耳赤；成为权威后，面对年轻大学生提出的正确意见，他坦然接受，立即在讲义上作出修改。

在给一位朋友的信中，钱学森写道："我近30年来一直在学习马克思主义哲学，并总是试图用马克思主义哲学指导我的工作。马克思主义哲学是智慧的源泉！而且一个马克思主义者是绝不会不爱人民的，绝不会不爱国的。"

单位要为他建房他坚决不同意，因为"我不能脱离广大科技人员"；100万港元的巨额奖金支票，他看都未看，全部捐给了西部的治沙事业……晚年的钱学森虚怀若谷，把荣誉、地位、金钱看得很淡。

"我本人只是沧海之一粟，渺小得很。真正伟大的是中国人民，是中国共产党，是中华人民共和国！"这就是人民科学家钱学森的真诚心声。

（选自《人民日报》2001年9月25日，作者：田志红、孙承斌，有改动）

注 释

① 聂荣臻(1899—1992)

中国无产阶级革命家、军事家，中国人民解放军的创始人和领导人之一。中国国防科学技术事业卓越领导人。

② “863”计划

中国于1986年3月推出的高技术研究发展计划，它以对中国今后发展有重大影响的生物技术、航天技术、信息技术、自动化技术、能源技术、新材料技术等作为重点领域，共有15个主题项目。

生　词

1. 诺言	nuòyán	（名）	promise, faith
2. 忠于	zhōngyú	（动）	cleave to, be loyal to
3. 攻读	gōngdú	（动）	study, read for
4. 耻笑	chǐxiào	（动）	laugh at, sneer at
5. 愚昧无知	yúmèi wúzhī		ignorance, unwisdom
6. 导弹	dǎodàn	（名）	missile
7. 遥远	yáoyuǎn	（形）	distant, remote
8. 保险	bǎoxiǎn	（形/名）	insurance
9. 坎坷	kǎnkě	（形）	full of frustrations, rough
10. 屈服	qūfú	（动）	give in
11. 挑衅	tiǎoxìn	（动）	defy, provocate
12. 提交	tíjiāo	（动）	submit
13. 激发	jīfā	（动）	inspire
14. 攻克	gōngkè	（动）	attack and capture, solve
15. 发射	fāshè	（动）	launch
16. 奉献	fèngxiàn	（动）	dedicate, devote
17. 倡导	chàngdǎo	（动）	advocate, initiate
18. 辩证唯物主义	biànzhèng wéiwù zhǔyì		dialectical materialism
19. 提炼	tíliàn	（动）	abstract
20. 锻造	duànzào	（动）	forge
21. 严谨	yánjǐn	（形）	rigorous, strict
22. 品格	pǐngé	（名）	moral character
23. 源泉	yuánquán	（名）	fountain, headspring

练　习

一、选择对画线词语恰当的解释

1. 钱学森只用一年时间就拿下了硕士学位。(　　)

A. 得到　B. 掌握　C. 装出　D. 搬动

2. 不久，钱学森成为和冯·卡门齐名的著名科学家。(　　)

A. 名字并排　B. 同时成名　C. 名声相同　D. 共同署名

3. 他太有价值了，在任何情况下都抵得上三五个师的兵力。(　　)

A. 顶住　B. 抵抗　C. 抵达　D. 相当

4. 1956 年 2 月的一个下午，钱学森向周恩来总理汇报发展火箭、导弹的设想。(　　)

A. 实施措施　B. 技术原理　C. 具体计划　D. 实施意见

5. 他在基地一待就是一两个月，大事小事亲自过问。(　　)

A. 休息　B. 停留　C. 停止　D. 等待

6. 我现在是劳动人民的一分子，而且与劳动人民中最先进的分子连在一起了。(　　)

A. 连接　B. 连续　C. 联系　D. 接连

7. 晚年的钱学森，虚怀若谷，把荣誉、地位、金钱看得很淡。(　　)

A. 味不浓　B. 很模糊　C. 不重要　D. 很软弱

二、根据课文选择正确答案

1. 钱学森在美国为什么要学习航空专业？(　　)

A. 实现工业救国理想　B. 喜欢学习先进技术

C. 执行学校有关规定　D. 创建中国航空事业

2. 文章没谈到钱学森学生时代的哪种特点？(　　)

A. 学习成绩特别优秀　B. 始终都在名校读书

C. 敢于向嘲笑者挑战　D. 熟悉中国传统文化

3. 为什么钱学森从来不买美国保险？（　　）
A. 觉得社会非常的安全　　B. 拥有舒适的生活条件
C. 不愿终生在美国工作　　D. 不怕反动势力的迫害

4. 美国为什么要阻拦钱学森回中国？（　　）
A. 担心降低美国名校影响　　B. 害怕增强中国科技力量
C. 妄图封锁迫害他的情况　　D. 为了树立尊重知识形象

5. 钱学森回国后首先在哪方面立了大功？（　　）
A. 制订人造卫星研究计划　　B. 提出发展原子弹意见书
C. 研制成中国第一枚导弹　　D. 深入基地攻克技术难关

6. 哪件事最让钱学森感到兴奋？（　　）
A. 他的建议被命名为“651 工程”
B. 成为中国共产党员的优秀代表
C. 中国制成导弹时间比美国短
D. 提出促进科技成果转化方案

7. 钱学森能够不断超越同行的主要原因是什么？（　　）
A. 掌握了辩证唯物主义的科学方法
B. 具有总结归纳实践经验的概括力
C. 坚持同广大科技工作者一道工作
D. 养成了坚持真理修正错误的作风

8. 哪件事最能体现钱学森实事求是的品格？（　　）
A. 主动把奖金捐给治沙事业　　B. 一贯轻视地位荣誉和金钱
C. 从来都不夸大自己的作用　　D. 接受学生意见而修改讲义

三、根据课文回答问题

1. 钱学森是怎样对待嘲讽中国的同学的？
2. 钱学森怎样评价自己在美国的 20 年经历？
3. 为什么说钱学森回国路途非常坎坷？
4. 钱学森在哪些方面对中国科技事业做出了突出贡献？
5. 钱学森始终走在科学最前沿的“秘密钥匙”是什么？
6. 你认为钱学森的哪些科学品格值得人们学习？

四、扩展练习：根据下列文章片段选择正确答案

1—3

摆在我们面前的这本书——祁淑英、魏根发撰写，花山文艺出版社出版的传记文学《钱学森》，一下子拉近了广大读者与这位“科学圣人”之间的距离。这部46万字的传记，以详实的资料、流畅的文笔和生动的细节，展示了这位杰出科学家传奇的一生。它使我们走近了钱学森。

爱国主义是贯穿钱学森整个生命的主旋律。在他的人生四季中，无论是生命的春天，成熟的夏天，收获的秋天，还是春意盎然的冬天，他都洋溢着爱国主义的情怀。在美国法庭上，钱学森庄严宣告：“我是大唐的后代，我的一腔热血只图报国。我的根在中国。”回国以后，这位享有国际威望的大科学家，不畏艰险，迎难而上，以一个普通的科学工作者、一个普通人的姿态，投入祖国的社会主义建设，为振兴中华，为我国火箭导弹和航空事业的创建发展做出了卓越贡献。

钱学森是杰出的科学家，同时也是一位博学才子。他对哲学、医学、艺术，特别是音乐，都有相当高的造诣。他有多方面的爱好和丰富的感情世界，这部传记以多彩的笔墨和丰富的旋律奏出了钱学森生命中的“复调”。在钱学森的身上有丰厚的中华民族的传统美德。他的奉献精神，他的民族气节，他的坚强毅力，他的艰苦朴素，他对父母师长的缱绻情怀，他对爱情的忠贞不渝，有力地显示了他的品格、情操，令人景仰。作品以相当的笔墨描写了钱学森诸多方面的心路历程，特别是他与蒋英青梅竹马、忠贞不渝的爱情生活，写的真切、动人，有很强的感染力，不失为本书的重要特色。

1. 文中没介绍《钱学森》一书的什么情况？(　　)

A. 传记作者　　B. 出版单位　　C. 出书时间　　D. 书的字数

2.《钱学森》主要写了哪方面的内容？(　　)

A. 钱学森的爱国主义表现　　B. 科学家一生的传奇故事

C. 书中主人公的学术成就　　D. 中华民族传统美德内容

3. 书中哪部分写得最感动人？(　　)

A. 钱学森的爱情生活　　B. 主人公的奉献精神

C. 科学家的坚强毅力　　D. 钱学森的民族气节

4—5

前不久，温家宝总理来到解放军总医院康复楼，看望了94岁高龄的"人民科学家"钱学森。谈到正在组织制定新一轮科技发展规划，确定重点领域、关键技术，以及确定十几项重大专项时，钱学森建言："我要补充一个教育问题。培养具有创新能力的人才问题。一个有科学创新能力的人不但要有科学知识，还要有文化艺术修养。没有这些是不行的。小时候，我父亲让我学理科，同时又送我去学绘画和音乐。我觉得艺术上的修养对我后来的科学工作很重要，它开拓科学创新思维。现在，我要宣传这个观点。"对钱学森的建言，温家宝总理表示赞同。

4. 语料中"建言"一词是什么意思？（　　）

A. 创建学说　　B. 发表评论　　C. 进行批评　　D. 提的建议

5. 钱学森"建言"的中心意思是什么？（　　）

A. 批评学校忽视文化艺术教育　B. 强调人才创新能力的重要性

C. 建议开拓青年创新思维能力　D. 提出培养新型人才及其标准

6—7

我1955年回到祖国后，就在党的领导下，开创我国火箭导弹和航天事业。回想当年，党中央、毛主席下决心搞"两弹"，那真是了不起的决策。那时由周恩来总理和聂荣臻元帅具体组织实施。他们采取民主集中制的办法，也就是说，一要真正发扬民主，重大技术问题的决策，要听取各方面专家的意见，二要高度集中，一旦中央定下的事，各部门都得执行，都得照办，有困难你去想办法克服，不能讲条件，不能各搞一套，互相扯皮，互相重复。

由于我们既讲民主，又讲集中，而且是真正的民主，高度的集中，所以把方方面面的积极性都调动起来了，把工人、农民、知识分子和解放军指战员的积极性都调动起来了。当时我们没有任何先进设备，火箭发动机的车间就设在一个工棚里。那些复杂精密的部件是靠金工师傅用手工一点儿一点儿加工出来的。科技人员和专家都下到车间，和工人师傅一起解决设计加工中的问题。在试验基地搞发射试验，一干就是一个多月，夜里有时就在板凳上打个盹。那真是千军万马，把全国人民都动员起来了，但组织调度又十分严密，层层负责，各司其职，就这样，我们的第一枚导弹在1960年就首次发射成功了，第一颗原子弹在1964年就炸响了。这样的速度是空前的。没有党的领导，没有全国人民的大力支持和广大科技人员的协同攻关，这样的事情谁能办到？

6. 这篇短文的主要内容是什么？(　　)

A. 中国研制“两弹”的基本经验　B. 中国研制“两弹”的决策过程

C. 中国制造“两弹”的动人故事　D. 各行各业对“两弹”做出的贡献

7. 这篇短文表达了作者怎样的心情？(　　)

A. 忧虑担心　　B. 沉重压抑　　C. 兴奋自豪　　D. 悲观无奈

8—9

中国首位盲人医学博士李雁雁日前学成回国。他在双目失明20年间，10年在家自学，10年辗转日本、美国留学终获博士学位的传奇经历感动了中国。被推荐为2006年度央视“感动中国”候选人。

1月15日下午，李雁雁乘飞机从美国旧金山抵达北京。在机场，李雁雁接受采访时说：“今天我一踏上祖国的大地，心情真是难以言表，我非常想念祖国，想念家乡，想念我的母亲。”他说他的事业在美国已经有了很好的基础，自己之所以选择回国，就是想回报祖国，以实际行动感谢祖国和家乡人民对他的关心和支持。

他希望能将在日本学到的以中医理论为基础的针灸、按摩、指压疗法，与在美国学到的以西方医学为基础的脊椎神经矫正疗法相结合，创造出一种更新更有效的徒手疗法，造福于社会。他还想运用自己多国的盲文知识，改进、完善中文盲文系统，并为盲人大学生学习理工医科专业开辟新的途径。他还想用自己多年操作英文盲文电脑和日文盲文电脑所积累的独特知识和技能，为高学历的盲人开发高科技产品探索新的手段。

8. 李雁雁为什么要放弃好的条件回中国工作？(　　)

A. 早日跟母亲一起团聚　　B. 实现为国服务的愿望

C. 成为“感动中国的人”　　D. 答谢家人关心与支持

9. 文中第三段主要介绍了李雁雁的什么情况？(　　)

A. 创造新型徒手疗法的过程　B. 改进中文盲文系统的计划

C. 回到祖国以后的工作打算　D. 研制中文盲文电脑的经验

第四单元

历史瞬间

第一课

“银球”转动“大球”

1971年4月6日，北京中南海丰泽园书房的桌子上，压着一份请示报告。这是外交部和国家体委联合打来的关于不邀请美国乒乓球队访华的报告。报告是4月3日打的。毛泽东主席看了这份报告，已经两晚没睡好觉了。几经思考，他决定批准这份报告，但又没有叫人马上退给下面，而是把它压在桌子上，直到4月6日下午，才让秘书退给外交部。

4月6日下午，送来的“大参考”上，刊登了各国通讯社纷纷报道世界冠军庄则栋与美国乒乓球运动员互赠礼物的消息。那天，19岁的格伦·科恩，错搭了中国球队的汽车。满车的中国人都吃惊地望着这位留着长发的小伙子，科恩很尴尬。过了10多分钟，庄则栋走到他跟前说：“我们中国人民和美国人民一直是友好的，今天你来我们车上，我们大家都很高兴。我代表中国运动员欢迎你，送你一件礼物。”第二天，科恩向庄则栋回赠了一件短袖衫，还握着他的手说：“如果你们邀请我去中国，我愿意去。”听到这儿，毛泽东让秘书把庄则栋与科恩交换礼物的消息又原原本本地念了两遍。然后笑着称赞说：“这个庄则栋不但球打得好，还会办外交。此人有点政治头脑。”

当天晚上，毛泽东提前吃了安眠药要睡觉，突然他嘟嘟囔囔起来，听了一会儿，工作人员才听清是让她打电话告诉外交部，“邀请美国队访华。”听完这句话，工作人员一下子愣了。这话怎么跟白天退走的报告意思不一样啊？再说，还有十几分钟就到4月7日凌晨，世乒赛①已经结束了，说不定外交部早已把意见传给了美国，人家已经回国了。假如我按主席现在说的话去办，显然与已经批过的文件精神不相符，完全有可能办错。

主席平时曾交代过，他“吃过安眠药以后讲的话不算数”。现在他说的算不算数呢？工作人员当时很为难，打电话也不是，不打电话也不行。于是，他装作若无其事。过了一会儿，主席睁开眼催她说：“我让你办的事你怎么不去办？”工作人员让主席再说一遍，主席一字一句、断断续续、慢慢吞吞地把刚才讲的话又重复了一遍。工作人员反问他：“主席，白天退给外交部的文件不是说不邀请了吗？怎么现在又提出邀请呢？您都吃过安眠药了，您说话算数吗？”主席一挥手说：“算！赶快办，要不来不及了。”

第二天早上主席醒后刚一按电铃，工作人员就来到床前对他说：“主席，昨晚您叫我办的事您还记得吗？”

“记得清清楚楚。”“您说清清楚楚指的是什么事？”“当然是邀请美国队访华。”听到这句话，工作人员才长长地出了一口气。忙说：“唉，主席，您可真行。您的决定突然转了180度。您睡了一个好觉，吓得我一夜都没睡。”

主席咯咯地笑出了声。“你这个人呀，已经为中国办了一件大事，可是你自己还不知道呢。”4月7日上午，美国乒乓球队接到了访问中国的邀请。尼克松总统听到这个消息，喜出望外，马上批准美国乒乓球队接受邀请。

4月14日下午，周恩来总理在人民大会堂会见美国乒乓球代表团时说：“你们作为前来中华人民共和国访问的第一个美国代表团，打开了两国人民友好交往的大门。尽管中国和美国目前还没有外交关系，我相信中美两国人民的友好往来，将会得到两国大多数人民的赞成与支持。”美国代表团成员热烈鼓掌。周恩来问大家：“你们住得怎么样？习惯中国菜的口味吗？还有没有什么问题要提？”

科恩倏地站了起来，略微欠欠身子，大声地说：“总理先生，我想知道您对美国嬉皮士[②]的看法。”大厅里静静的，人们都关心地望着周恩来。

周恩来客气地微笑着打量了科恩一眼，瞄了瞄他的满头长发，说：“看样子你也是嬉皮士喽。”

周恩来接着把眼光转向大家：“世界的青年们对现状不满，正在寻求真理。在思想发生变化的过程中，在这种变化成型以前，会出现各种各样的事物。这些变化也会以不同的形式表现出来。这是可以容许的。我们年轻的时候，也曾经为寻求真理尝试过各种各样的途径。”科恩钦佩地听着。周恩来又把目光转向科恩：“要是经过自己做了以后，发现这样做不正确，那就应该改变。你说是吗？”科恩耸耸肩，友好而诚恳地笑着点了点头。周恩来略略停顿，又补充了一句：“这是我的意见。只是一个建议而已。”周恩来这番话，第二天几乎被所有的世界大报与通讯社报道。4月16日，科恩的母亲从美国托人通过香港，将一束红色的玫瑰花送给周恩来总理，感谢周恩来对她的儿子讲了一番语重心长的话。

事后，基辛格博士评论说：“这整个事情是周恩来的代表作。”“对这些美国青年的邀请最明显的意义是：它象征着中国已承担了和美国改善关系的义务；而更深一层的意义是：它保证将被邀请的使节将来踏上的是友好国家的国土。”

被称作“乒乓外交”的这件事，不仅充分展现了中国领导人外交艺术的智慧与才华，加快了中美关系正常化的步伐，而且产生了广泛的国际影响。不久以后，同中国建立外交关系的国家，很快从50来个增加到100多个。

（选自《毛泽东·尼克松在1972》，作者：陈敦德，有改动）

注 释

① 世乒赛

世界乒乓球锦标赛的简称，1971年在日本举行的是第31届。

② 嬉皮士

原意为追求时髦风尚的人。20世纪60年代泛指某些西方国家出现的对社会现实不满而颓废的青年。其表现为对社会采取玩世不恭的态度，喜欢穿奇装异服和蓄长发，常服用引起幻觉的麻醉剂或大麻等。也称嬉皮。

生 词

1. 请示	qǐngshì	（动）	ask for instructions
2. 思考	sīkǎo	（动）	consider, deliberate
3. 刊登	kāndēng	（动）	publish
4. 尴尬	gāngà	（形）	embarrassed, embarrassing
5. 回赠	huízèng	（动）	make a return gift
6. 安眠药	ānmiányào	（名）	sleeping pills, soporific
7. 凌晨	língchén	（名）	the small hours
8. 交代	jiāodài	（动）	enjoin, instruct
9. 为难	wéinán	（动）	baffle, feel awkward, be embarrassed
10. 若无其事	ruò wú qí shì		as if nothing happened
11. 喜出望外	xǐ chū wàng wài		be overjoyed
12. 寻求	xúnqiú	（动）	seek, search, look for

13. 钦佩	qīnpèi	（动）	admire
14. 玫瑰	méigui	（名）	rose
15. 语重心长	yǔ zhòng xīn cháng		in earnest words laden with sincere
16. 象征	xiàngzhēng	（动/名）	symbolize, indicate
17. 使节	shǐjié	（名）	diplomatic, envoy
18. 义务	yìwù	（名）	obligation
19. 国土	guótǔ	（名）	national territory, homeland
20. 展现	zhǎnxiàn	（动）	show, exhibit, display
21. 智慧	zhìhuì	（名）	intelligence

练　习

一、选择对画线词语恰当的解释

1. 这是外交部和国家体委联合打来的关于不邀请美国乒乓球队访华的报告。（　　）

   A. 交涉　　B. 审查　　C. 报请　　D. 发出

2. 再说，还有十几分钟就到4月7日凌晨……人家已经回国了。（　　）

   A. 另外　　B. 况且　　C. 尤其　　D. 重复

3. 世乒赛已经结束了，说不定外交部早已把意见传给了美国，人家已经回国了。（　　）

   A. 没准儿　　B. 难肯定　　C. 未决定　　D. 不允许

4. 主席平时曾交代过，他"吃过安眠药以后讲的话不算数。"（　　）

   A. 计算数目　　B. 做出判断　　C. 规定目标　　D. 承认有效

5. 听到这句话，工作人员才长长地出了一口气。（　　）

   A. 气氛突然紧张起来　　B. 紧张的心情才消除

   C. 深深地吸了一口气　　D. 由害怕变得很勇敢

6. 这整个事情是周恩来的<u>代表作</u>。(　　)

A. 代表性的作品　　B. 很优秀的品格

C. 特出名的文章　　D. 比喻显著成就

二、根据课文选择正确答案

1. 毛泽东对外交部“不邀请美国乒乓球队访华的报告”的态度是:(　　)

A. 开始同意　B. 一直同意　C. 最后反对　D. 始终反对

2. 毛泽东最关心事件中的细节是:(　　)

A. 庄则栋送了什么礼物　　B. 科恩为何回赠运动衫

C. 庄则栋办外交的能力　　D. 双方交换礼物的情况

3. 毛泽东邀请美国乒乓球队访华时的心情:(　　)

A. 一直犹豫不决　　B. 先犹豫后坚定

C. 轻率而不果断　　D. 始终坚定不移

4. 周恩来回答科恩提问时的态度是:(　　)

A. 诚恳引导　B. 严厉批评　C. 高声教训　D. 当面反驳

5. “乒乓外交”产生的主要影响是:(　　)

A. 提高了中国的国际地位　　B. 促成中美两国迅速建交

C. 显示出华人的聪明才智　　D. 推动乒乓运动广泛开展

三、根据课文回答问题

1. 毛泽东批准了那份请示报告后为什么又压下来不让去办?
2. 毛泽东为什么称赞庄则栋“会办外交”?
3. 秘书为什么给外交部打电话之前非常犹豫?
4. 周恩来怎样看待“嬉皮士”?
5. “乒乓外交”产生了哪些深远影响?

四、扩展练习:根据下列文章片段选择正确答案

1—3

1971年7月中旬,周总理在人民大会堂作报告时,谈到第31届世乒赛后邀请美国乒乓球队访华时,突然问:“庄则栋同志来了没有?”这种场面庄则栋当时不敢回答,体育界的同行们说:“来了!来了!”周总理听到声音来自后面

就说:“到前排来坐！乒乓球队的同志们都到前排来坐！来,让我们鼓掌,对他们表示热烈欢迎！”庄则栋和乒乓球队的同志们,在人们的掌声中从后排坐到了第一排。

周总理对庄则栋说:“这次美国乒乓球队第一次来中国访问,小庄,让你和乒乓球队的同志们去美国访问,你敢不敢去？”

“总理,我和同志们都敢去！”

总理笑着说:“好嘛！应当是礼尚往来嘛！”

从人民大会堂回来,庄则栋和同志们都沉浸在兴奋、幸福之中,因为不久的将来,他们要访问和我们为敌22年的美利坚合众国。那是什么感觉和滋味！

1972年2月美国总统尼克松首次访华，在欢迎尼克松总统的盛大宴会上,周总理指着庄则栋对他说:“他就是即将访问贵国的乒乓球代表团团长。”

尼克松高兴地握着庄则栋的手说:“到了华盛顿,我在白宫见你们。”

“谢谢！”小庄回答说。

有人对庄则栋说:“小庄,你真行,这次把乒乓球打到美国去了！”

他真挚地说:“我只会打乒乓球,不时地打下网,打出界。从地球这边,打到地球那边的是毛主席、周总理、尼克松总统。”

从这以后,人们把这行动称为“乒乓外交”。

1. 周总理讲话时透露的最重要新闻是:(　　)

A. 让乒乓球队员坐在前排　　B. 派中国乒乓球队出国比赛

C. 当众表扬中国乒乓球队　　D. 中国乒乓健儿将回访美国

2. 尼克松总统与庄则栋首次见面的地点是:(　　)

A. 美国的白宫　B. 中国的北京　C. 尼克松家里　D. 美国华盛顿

3. 同“乒乓外交”没关系的人员是:(　　)

A. 中美两国领导人　　B. 毛泽东与尼克松

C. 到会的外国大使　　D. 周总理与庄则栋

4—6

我是第一次见到格伦·科恩的母亲佛朗西斯。91岁的她体形瘦小,语言仍非常清晰。来到中国使她很兴奋。3月28日,她兴致勃勃地随同美国乒乓球选手参加在北京饭店举行的活动,还和年轻人一起合影。佛朗西斯不时惊诧地说,没有想到这么多中国人记得她的儿子。

1971年春天，在中美关系冰封雪隔之时，两国青年自然表达的相互交往热情引起媒体广泛报道，也引起了毛泽东主席的注意。他看准时机，于4月6日深夜果断决策，邀请美国乒乓球队访华。由此开辟了宽广的中美民间交往渠道。

科恩成了中美民间交往的排头兵，以一个“嬉皮士”的外观形象引起了人们的广泛关注，他任性活泼的样子至今留在许多中国人的脑海中。回国以后，科恩的生活之路并不顺畅。他没有成家，健康状况不好，常年辗转病榻。但首次中国之行永远是他心头最鲜活的记忆，他曾与我多次通信，回忆童年和难忘的“乒乓外交”之行。他表达过重访中国的愿望，可是他的健康再也没有恢复，终于在2004年辞世，年仅53岁。

科恩的母亲年事已高，很少出门了。但是，纪念“乒乓外交”的人们都不会忘记科恩。科恩母亲接到美国乒协主席雪莉的邀请电话，高声回答：“我非常高兴能够去中国。”

来到中国的佛朗西斯仿佛年轻了，漫步天安门广场、穿行故宫，她与年轻人同行，就连乒乓联欢赛也场场不落。她真的到处听到人们提起科恩的名字，她总是说：“我替儿子感谢中国人民的怀念！

4. 邀请科恩母亲参加访问中国代表团的是：(　　)

A. 美国乒协主席　　B. 中国乒乓球队

C. 北京乒乓协会　　D. 中美民间协会

5. 从这几段话可以了解科恩的：(　　)

A. 青壮年情况　　B. 多病的童年

C. 访华的见闻　　D. 打扮的特点

6. 最让弗朗西斯感到吃惊的是：(　　)

A. 天安门广场非常宽广　　B. 北京青年对她特热情

C. 科恩在华知名度很高　　D. 紫禁城无比雄伟壮观

7—9

昨天下午，在北京中关村第四小学，从大洋彼岸专程赶来参加纪念中美乒乓外交35周年活动的美国老球友们，和中国的几位老世界冠军又挥拍上阵了。在现场，记者发现一位拿着1971年老照片找美国老球友签名的先生，一问才知道他叫方凯声，他父亲就是当年全程陪同美国代表团的方炎。“我父亲是1938年参加抗战的老军人，1971年以中华体育总会负责人的身份全程陪同这些代表，当时一共有15名美国代表来到中国，这张照片是他们和周总理的合影。我父亲已经于1997年去世了，今天我来到这里，找这些还在世的老球友签名，是想对父亲经历的那段历史做个纪念。”方先生告诉记者。他从小就打乒乓球，而且还进过专业队，现在是庄则栋乒乓球俱乐部的会员。“当年跟我父亲一起爬过长城的美国运动员哈里森先生跟我说，你跟你父亲长得真像啊，难得35年了，他好多事情还都没忘记。”拿到了7名老球友的签名，方先生却没打算把这张珍贵的照片留在身边：“我想把它捐给中国体育博物馆，让更多的人了解这段历史。”

7. 这段话着重报道了：(　　)

A. 中美老乒乓球友比赛的情况　B. 美国客人当年登长城的情景

C. 老军人方炎当年抗战的经历　D. 寻找照片上老人签名的原因

8. 方凯声请老人在照片上签名的目的是：(　　)

A. 替父亲实现生前的愿望　B. 让“乒乓外交”故事长久流传

C. 帮体育博物馆征集文物　D. 答谢父亲生前的诸位美国朋友

第二课

最后一搏

毫无疑问，中国队和日本队都意识到了这场决赛的重要性。这最后的一搏，恰巧在日本队教练小岛孝治的家乡大阪。如果让他的队在自己的家乡蝉联世界冠军，他在父老乡亲面前将是何等风光。

这场球，对于中国女排更是意义重大，首次夺取世界冠军就在此一战。多少年来，中国的"三大球"①一直上不去，当年，分管体育工作的贺龙②元帅曾说过一句让所有运动员永生难忘的话："三大球不上去，死不瞑目啊！"经过几代人的前仆后继，奋勇拼搏，现在，眼看冠军的奖杯近在咫尺；只要打胜两局就成了，怎能不拼命决一死战？

第一局，日本队先发球，可第一个球就飞出界外，这表明他们有些紧张。而我们开局打得很漂亮，比分遥遥领先。由于开局顺利，中国队以 15:8 领先一步。

第二局，我们又以 15:7 取得胜利。

高水平的比赛，需要高水平的解说和评论。赛场有多激烈，解说就有多激烈。解说应当紧跟比赛，把赛场内外的精彩的画面介绍给听众和观众。那时我全身各个器官都处于紧张的工作状态。嘴巴几乎在不间断地解说着评论着，既要及时、快捷、准确、精炼，又要嘹亮、生动、形象、有感染力。在场记者的录音表明，比赛激烈的时候，一分钟，我的解说居然达到 400 个字的速度！

因为拿下了两局，中国队得胜的局数已经超过日本队，这意味着我们已经获得世界冠军。也许，巨大的胜利使中国姑娘太兴奋了，她们放松了斗志；也许是前两盘她们拼得太狠了，体力消耗过大，来不及恢复，因此接下来的比赛打得松懈，配合不利。而作风顽强的日本队明白得不了冠军，反而放开了打，连续扳回两局：

第三局 15:12

第四局 15:7

这时候，体育馆内数千名日本观众更加狂热起来，为士气高昂的日本队呐喊助威。看台上，“日本”“日本”、“广濑”“广濑”的呼喊一浪高过一浪，震耳欲聋，这气势，我在以前从未见过。

第五局，也就是决胜局开始了。

遍身是伤的曹慧英主动请战，她在场上像过去一样打出了威风。比分交替上升，两个队比分咬得紧紧的，互不相让。是啊，这一局决不能输，决不能拿一个失败了的冠军。

在这最关键的时刻，中国女排队员想到她们的教练刚才语重心长的嘱咐：“祖国人民要你们拼，要你们搏，要你们全胜！”想到这么多年来流下的成吨成吨的汗水，发誓要像袁伟民教练所说的那样，“胳膊断了腿断了也要上。”她们冷静下来，重新调整了心态，渐渐稳定了阵脚，挡住了有“东洋魔女”之称的日本女排的反攻。

赛场上如此激烈，袁伟民教练却相当镇静，他坐在球场边纹丝不动。对，当时我正是用了“纹丝不动”这个词儿，我向不在现场的听众和观众们及时地报道了这个颇有意义的镜头，目的是想说明，从运动员到教练员，我们对最后的胜利充满信心。

临近比赛结束的几分钟，情况非常危急：日本队以 15:14 领先。是的，场上的比分的确让人揪心，我也暗暗为中国姑娘们捏一把汗。正在节骨眼上，陈亚琼和孙晋芳共抢一个球，慌乱中陈亚琼球没传好，郎平只能在 3 米线处起跳扣了个开网球。球飞出界外，日本队又夺去了发球权。真是千钧一发呀。

日本队发球，中国队把球接起来，郎平扣球，日本队把球救起，并组织反攻。一记重扣打了过来。要是这个球应声落地，比赛便结束了。但是，陈亚琼从 6 号位扑过去，将球托起，化险为夷……我紧张而快捷地解说道：

“各位听众，各位观众，台湾同胞们，海外侨胞们，这是第 3 届世界杯女子排球赛的最后一场的最后一局……陈亚琼把球托起，孙晋芳把球传给郎平。郎平腾空跳跃，她打了个超手球……打手出界，中国队夺回发球权……14:15……这时到了多么关键的时刻……袁伟民还是那么沉着……中国队发球，日本队后排把球垫起，广濑扣球，中国队双人拦网，把球拦到对方界内……日本队把球救起来，再组织进攻，中国后排把球打到网前，孙晋芳将球传给郎平，郎平扣球，日本队把球救起，并组织反攻……中国队后排把球传给二传，孙晋芳再次组织反击，又一次把球传给郎平……好球！郎平在 4 号位斜线扣球，嗵！落地有声……真不容易呀……15:15 平！……中国队发球，日本队一传不到位，日本队把球打过网……中国队拦网得分：16:15！中国队拦网得分：16:15！1 号曹慧英和 6 号孙晋芳两人拍着肩在说着什么……中国队发球，由10号陈亚琼发球，日本队后排把球打到网前，8号广濑扣球……中国队拦网……得分：17:15。中国队胜利啦！……队员们都跑到一起，拥抱……中国队以3:2胜了日本队。中国队以七战七胜的优异成绩获得本届世界冠军！……中国女子排球队的队员们跑到场内向观众挥手致意……"

"我们赢啦！"

1981年11月16日晚上8时零5分，中国队终于以七战七捷的优秀成绩，获得第一。这是地地道道响响当当真真正正风风光光的世界冠军。

这个时候，我看到场上紧紧拥抱在一起的中国姑娘们，她们的脸上挂着晶莹的汗水，她们的眼里噙着喜悦的泪花：我看到场外中国记者们的笑脸，随团工作人员欢呼雀跃的样子，还有观众席上海外同胞扬起的五星红旗，我的眼泪也止不住哗哗往下流淌，我的喉咙哽住了。我的嗓子沙哑了，在这个令人难以忘怀的时刻，我怀着一种神圣而骄傲的自豪感，向远在千山万水之外的祖国和人民一遍又一遍地报道这一特大喜讯。当时我太激动了，情不自禁地说道：

"各位观众，各位听众，台湾同胞，海外侨胞，经过几代女排队员的努力，今天我们终于实现了贺老总的遗愿，拿下了'三大球'之一的女排冠军……诗人们，希望你们写首诗吧！作家们，希望你们写一篇文章吧！讴歌我们女排的姑娘们，赞美中国姑娘们的拼搏精神……"

（选自《宋世雄自述》，作者：宋世雄，有改动）

注 释

① 三大球

足球、篮球、排球的统称。是中国亿万群众喜欢的主要球类运动项目。

② 贺龙(1896—1969)

中国无产阶级革命家、军事家，中国人民解放军的创建人和领导人。新中国成立后，历任中共中央政治局委员、国务院副总理等职，并长期分管全国体育事业。

生 词

1. 搏	bó	（动）	fight, combat, make a last-ditch attempt
2. 蝉联	chánlián	（动）	continue to hold a title
3. 风光	fēngguāng	（形）	grand, respectable
4. 元帅	yuánshuài	（名）	marshal
5. 死不瞑目	sǐ bù míng mù		die with a grievance or everlasting regret
6. 拼搏	pīnbó	（动）	strive for success, fight
7. 解说	jiěshuō	（动/名）	commentate
8. 快捷	kuàijié	（形）	quick, fast, swift
9. 扳回	bānhuí	（动）	reverse the result, equalize
10. 士气	shìqì	（名）	morale
11. 气势	qìshì	（名）	imposing manner, momentum
12. 威风	wēifēng	（名）	power and prestige, impressive force, majestic demeanour
13. 交替	jiāotì	（动）	alternate, take turn
14. 阵脚	zhènjiǎo	（名）	condition, position
15. 镇静	zhènjìng	（形）	calm, composed
16. 纹丝不动	wén sī bú dòng		absolutely still
17. 镜头	jìngtóu	（名）	scene, shot
18. 危急	wēijí	（形）	critical, crucial
19. 节骨眼	jiēguyǎn		crucial point, juncture
20. 腾空	téngkòng	（动）	soar
21. 沉着	chénzhuó	（形）	calm
22. 神圣	shénshèng	（形）	sacred
23. 遗愿	yíyuàn	（名）	last wish
24. 讴歌	ōugē	（动）	eulogize, sing the praise of

练　习

一、选择对画线词语恰当的解释

1. 多少年来，中国的“三大球”一直<u>上不去</u>……（　　）

A. 达不到世界先进水平　　B. 参赛人数始终比较少

C. 无人参加世界性比赛　　D. 一直没得到世界冠军

2. 我们开局打得很<u>漂亮</u>，比分遥遥领先。（　　）

A. 好看　　B. 美丽　　C. 干净　　D. 出色

3. 比赛激烈的时候，一分钟，我的解说<u>居然</u>达到400个字的速度。（　　）

A. 明白清楚　　B. 感到意外　　C. 十分明显　　D. 突然发生

4. 作风顽强的日本队<u>明白</u>得不了冠军，反而放开了打，连续扳回两局。（　　）

A. 公开的　　B. 懂道理　　C. 知道了　　D. 很明确

5. （中国女排队员）……发誓要像袁伟民教练所说的那样，“胳膊断了腿断了也要<u>上</u>。”（　　）

A. 出场　　B. 达到　　C. 安装　　D. 拧紧

6. 正在<u>节骨眼上</u>，陈亚琼和孙晋芳共抢一个球，慌乱中陈亚琼球没传好。（　　）

A. 特别难得的场合　　B. 关节连接的地方

C. 非常关键的时候　　D. 最后结束的时间

二、根据课文选择正确答案

1. 中国姑娘为什么决心进行最后一搏？（　　）

A. 实现“三大球”突破的愿望　　B. 能继续蝉联世界冠军

C. 为老乡贡献一场好球　　D. 提高奋勇拼搏的品质

2. 中国女排队员为什么比赛中会出现松懈情绪？（　　）

A. 希望保存体力　　B. 能够稳拿金牌

C. 缺乏拼搏精神　　D. 轻视对方能力

3. 宋世雄着重解说了哪局比赛情况？（　　）

A. 先发局　　B. 助威局　　C. 决胜局　　D. 反攻局

4. 解说员特地向听众和观众报道了一个什么样的镜头？（　　）

A. 观众欢呼日本夺冠情况　　B. 日本队员顽强反攻场面

C. 解说员激动评论的表情　　D. 袁教练镇静地指挥比赛

5. 中国队是怎样赢了最后一分的？（　　）

A. 发球　　B. 扣球　　C. 拦网　　D. 垫球

6. 宋世雄是怀着什么样的心情解说这场比赛的？（　　）

A. 无比激动喜悦　　B. 十分沉着冷静

C. 非常担心怕输　　D. 特别揪心害怕

7. 什么人为女排姑娘夺得冠军欢呼起来？（　　）

A. 在场的中国记者　　B. 观看的上海同胞

C. 挥动国旗的侨胞　　D. 随团的工作人员

三、根据课文回答问题

1. 这场排球赛对中日两队各有什么意义？
2. 怎么知道解说员当时心情非常激烈紧张？
3. 赛场上的哪种情况让作者感到吃惊？
4. 作者是怎样解说和评论中日女排决胜局比赛的？
5. 哪些地方表现了作者当时无比喜悦的心情？

四、扩展练习：根据下列文章片段选择正确答案

1—3

20世纪80年代中国体育最辉煌的成绩莫过于中国女排的历史性突破，夺得了女排世界大赛冠军，获得了令世人惊讶的“五连冠”，而被人们称为“铁榔头”的郎平是“五连冠”的功臣之一。1986年打完世锦赛，郎平退役；如今，她执教美国女排。

衡量过自己的年龄，也衡量过这份工作的劳累程度，再考虑到中国女排已经羽翼渐丰，2005年2月，郎平正式接过美国女排的教鞭。

郎平说：“在应聘担任美国女排主帅前我犹豫了很久，因为我很在乎无数支持我的中国球迷的感情。”当看到网上有80%以上的网友都支持自己时，郎平最终下定了决心。

体育的内涵不单纯是竞争,更是一种交流。郎平说:“我也看到中国有很多项目请了高水平的外教,帮助我们在这些项目中提高了水平,而我们中国也有一些优势项目的教练执教于其他国家,正如奥运的实质一样,这体现了真正的国际交流。”

2008年北京奥运会上,中国女排和美国女排将在赛场上相遇,美国女排是否会对中国构成威胁?对此,郎平回答道:“要是真有这么一幕的话,我觉得非常光荣。作为北京人、作为老女排队员,如果能和中国女排在奥运会决赛上相遇是非常骄傲的事情!”

对比赛,郎平也有着自己的理解,“输赢算不了什么,打世界大赛,毕竟不是打世界大战,我们打的不是利益,我们打的是一种人类精神。”一个从北京走出来的世界女排名将,现在的名帅,2008年的时候,带领美国队在北京的奥运赛场上比赛,这会是北京奥运一道美丽的风景。

1. 上个世纪80年代中国体育的主要成就表现在:(　　)

A. 中国人当美国女排主教练　　B. 中国女排获5次世界冠军

C. 中国“三大球”取得辉煌成就　　D. 郎平成为女排“五连冠”明星

2. 影响郎平担任美国女排主教练的主要因素是:(　　)

A. 球队训练强度　　B. 体力能否适应

C. 中国女排状况　　D. 网友们的意见

3. 郎平的美好愿望是:(　　)

A. 带队同中国女排争冠军　　B. 终于成为美国女排主帅

C. 由女排名将转变成名帅　　D. 回国观看北京奥运比赛

4—7

中国乒乓球男队从2月7日起在北京接受为期3天的素质教育。“心态”是中国乒乓球队在比赛和训练中常常提及的一个词汇。比赛中遭遇困难和打到关键分时,运动员心态常常发生变化。当听到杨利伟介绍来回舔牙可以缓解紧张、分散注意力时,许多年轻队员立即边听边体会起来。在提问时,王励勤关心的是当遇到事先没有准备的情况时,如何把握心态。杨利伟说:“就是咬牙坚持。有些困难可能之前根本没有准备到,这种时候就要坚持,谁能坚持到最后,谁就能取得胜利。”

中国乒乓球男队从2月5日至7日在北京接受为期3天的素质教育。此次为乒乓国手授课的有航天英雄杨利伟和上海交通大学的王毅捷教授，讲授内容包括《孙子兵法》、沟通技巧、人生五大需求等。

“心态”是中国乒乓球队在比赛和训练中常常提及的一个词汇。比赛中遭遇困难和打到关键分时，运动员心态常常发生变化。当听到杨利伟介绍来回舔牙可以缓解紧张、分散注意力时，许多年轻队员立即边听边体会起来。在提问时，王励勤关心的是当遇到事先没有准备的情况时，杨利伟说：“就是咬牙坚持，谁能坚持到最后，谁就能取得胜利。”

谈到为什么给队员安排这些课程时，刘国梁教练说：“我们安排的课程除了考虑提高队员的文化素质外，很大一部分也是和训练比赛相关或者是有帮助性的。像《孙子兵法》，我以前也认为不过是一部古代兵书罢了，但是听老师讲了其内在的东西后发现，自己以前的认识实在太肤浅了，《孙子兵法》对于我们的工作学习和处理问题都很有帮助。

刘国梁说，公开选拔参加世界乒乓球锦标赛的队员，就是要坚决杜绝特权。“国家队用选拔的方式选人，就是想给所有人证明自己的机会，同时也希望能够由此在队内形成良性的竞赛环境，所以说不存在谁的机会大的问题，一切都靠自己的实力。我们进行这次思想素质教育课的主要目的就是要纠正运动员头脑中一些错误思想。”

4. 中国男子乒乓球队这次素质教育未开设：(　　)

A. 人生需求　　B. 人际交流　　C.《孙子兵法》　D. 竞争指南

5. 运动员在争夺金牌比赛时容易出现：(　　)

A. 舔牙习惯　　B. 拼命咬牙　　C. 心态变化　　D. 动作变形

6. 公开选拔参加世锦赛队员的目的是：(　　)

A. 提高奋起拼搏精神　　B. 消除特权思想残余

C. 健全公平比赛制度　　D. 检验素质教育效果

7.《孙子兵法》是一部：(　　)

A. 百科全书　　B. 军事著作　　C. 理论教材　　D. 科普作品

8—9

据印度报纸今日报道，古老而神秘的瑜伽正在成为各国政界领袖、影视歌明星、奥运大腕减压调神、美体瘦身的秘密武器。它的神奇效果、超凡脱俗的感觉和无限的魅力得到了时尚人士的高度认可。

瑜伽不是一种宗教，而是基于一些行为准则的生活礼仪，其目的是使身体和精神之间完美平衡，个体和外部之间完全和谐，它是一种超世俗的探求，是出于真诚期望对生活及与其联系在一起的所有现象的深入理解。

西方人认同瑜伽是一种哲学，它包含了许多哲理，让人们了解人生(生命)的真谛，学会如何做人。瑜伽是东方心灵之学，通过调试内心活动，可清除人潜意识的垃圾，消除烦恼，是一种减压和心灵美容的良方。瑜伽是传统的生命科学，东方的身体文化，包含了动(练筋、骨、皮)静(练精、气、神)结合的养生健身运动，适合各年龄段的人练习。瑜伽可优化人生存的内环境，以适应生存的外环境(生活环境、人际关系)。瑜伽的姿势像柔软的体操、优美的舞蹈，它更是一种心操，使人们学会关注自己的内在世界，认识自我，提升自我。

瑜伽有三大功能，一是能保持青春。瑜伽认为衰老的原因是自体中毒即身体长年积存大量毒素，无法排出体外所致。多练习瑜伽姿势，身体会变得强壮，体内不会积存过多胆固醇和脂肪，血压恢复正常，心脏变得更健康。当人变得健康、心灵变得更豁达、更坚强了，自然更能面对生活上种种无形的压力和挫折。二是提神醒脑，可以调节体内的能量。大部分人是用胸部而非腹部呼吸的，这种呼吸方法不能善用肺部的功能，使氧气不能充分填满肺部，因此并不健康。而瑜伽调息法是一种呼吸技巧，为脑部提供更多氧气，令整个精神状态变得平静和积极。它甚至可以在缩短每日所需的睡眠时间的同时，让头脑保持清晰稳定。三是洁净身心，一般说来，身心长期处于紧张状态，抵抗力便会减弱，疾病自然有机可乘。在每一趟瑜伽的最后部分，都会以“仰卧式”来结束。他有极大的放松及静心作用，予人一种既松弛又平和的感觉。

8. 第一自然段主要介绍瑜伽：(　　)

A. 成为武器的原因　　B. 发展历史及功能

C. 能够推广的理由　　D. 最受哪些人欢迎

9. 能让人的大脑清醒的措施是：(　　)

A. 利用腹部呼吸　　B. 多用胸部呼吸

C. 减少睡眠时间　　D. 练仰卧式动作

第三课

废墟上的奇迹

7月28日是唐山的祭日，更是唐山的生日：唐山在7月涅槃。

那让人难忘的一刻，永远定格在唐山的历史上。1976年7月28日4时2分53秒，人们还在睡梦中，7.8级强烈地震突然袭来，24万城乡居民遇难，16万多人伤残。

地震给唐山一个毁灭性的灾难，唐山则在一片瓦砾上创造了奇迹。在经历10年复建、10年振兴、10年快速发展之后，一个功能完备、环境优美、充满生机和活力的现代化唐山重新崛起在华北大地。2005年，唐山国内生产总值2027亿元，财政收入226亿元，分别比地震前年度指标增长了25.5倍和55倍。

废墟上崛起新唐山

"这是一个惊天动地的工程"，这个"惊天动地"的工程，就是唐山市正大力兴建的一个全新工业体系。2005年3月，国家发改委批准了曹妃甸矿石码头建设方案。按照规划，曹妃甸以矿石和石油码头为依托，实施以钢铁工业和石化工业为主体，相关工业成组布局的大码头、大钢铁、大石化、大电能战略。新通航的曹妃甸是目前全国单位工程最大的港口和最大的多种泊位并存的港口；35万吨级的原油码头位列全国老大；曹妃甸电厂是全国单机容量最大的电厂；一座世界最大的5500立方米的炼钢高炉将在这里立起。唐山不久将成为一个新型沿海重化工业城市。

唐山通过用高新技术改造传统产业，大力推进科技创新，核心竞争力进一步增强。与此同时，以电子信息、生物工程为代表的高新技术产业群体逐渐形成，涌现了一批高新技术企业。

把爱心回馈给全国

这是一座曾汇合全国人民无私的爱的城市。

大地震的幸存者中，每3个人里就有一个是被别人从废墟中救出来的，仅唐山市区就有30多万人在互救中重获新生。当年10万多名解放军官兵日夜兼程，舍生忘死，挽救出唐山一万多人的生命；10万多名唐山地震伤员被转往全国16个省市，得到妥善救治；全国各地派出的1300人的专业防疫队伍，创造了大灾之后无大疫的奇迹；全国各地群众捐款捐物，使唐山人民度过了震后的饥荒……这一切过去了30年，但唐山人无法忘记，相反，全国人民的爱在新唐山生根发芽茁壮成长。

远在陕西的女孩冯曹琴今年考上了大学，唐山市路南区国税局干部龚亚辉高兴不已。过去14年，龚亚辉一直资助着冯曹琴，盼的就是她早日成才。对于帮助别人的初衷，他的想法很简单："唐山抗震中，不是有那么多素不相识的人帮助了我们吗？"

不知还有多少人有着和龚亚辉相似的想法，于是，张北地震时，29辆卡车满载着唐山人民无私援助的救灾物资第一批到达灾区；九江洪灾[①]，唐山是全国第一个捐款超过百万元的城市；印度洋海啸，唐山地震孤儿代金荣一个人就捐款3万元。

近年来，唐山市大力发展教育、科技、文化、卫生等事业。2005年，全市投入1.8亿元，完成农村危旧校舍改造25.8万平方米，彻底消灭了农村中小学危房；投资1.54亿元，改造了全市135所达不到标准的乡镇卫生院；投资3.4亿元改造建设85所区域性敬老院的工作正在陆续展开。城镇和农村贫困人口低保制度[②]、医疗救助、住房救助、教育救助等社会综合保障体系也开始发挥作用，"十五"期间，国有企业下岗职工基本生活保障率达100%。

建设一座生态城市

屹立在唐山市中心广场上的抗震纪念碑，记述了地震灾害和唐山人民在全国支援下抗震救灾、重建家园的英雄业绩。

英雄的唐山人在地震面前不低头，克服重重困难，在震后7天组装出第一批自行车；震后10天生产出第一车煤；震后14天发电厂开始发电；震后20天造出第一台机车；震后28天炼出第一炉钢……尽管缺吃、缺穿、缺水、缺房，但唐山人民自我牺牲，无私奉献，让新唐山在一片废墟中崛起，形成了"公而忘私、患难与共、百折不挠、勇往直前"的唐山抗震精神。

唐山南湖公园原本是开滦采煤下沉区废弃地的一部分，一度成为一个垃圾场。从1996年起，唐山市民积极认养绿地，参与政府的改造工程，把这里建成一处水面38公顷、总面积300公顷的公园。2004年，南湖公园获得联合国迪拜国际改善居住环境最佳范例奖。2005年，唐山第三次荣获创建全国文明生态城市工作先进市称号，第五次被评为全国双拥模范城[3]。唐山的荣誉，是属于唐山市的每一个人的。

（选自《人民日报》海外版2006年7月27日，
作者：王文杰 等，有改动）

注 释

① 九江洪灾

1998年8月7日，江西省九江市长江段发生洪水决堤，当地军民在中央统一指挥和支持下，经过5天5夜奋战，胜利“合龙”，创造了长江历史上首次堵住长江洪水的奇迹。

② 低保制度

中国政府向城市居民提供最低生活保障费的制度。

③ 双拥模范城

指地方政府、居民与当地驻军，认真贯彻落实“拥军优属，拥政爱民”政策，团结合作，在促进地方经济发展、军队现代化建设、共建和谐社会方面做出显著成绩的城市。

生 词

1. 祭日	jìrì	（名）	memorial day
2. 涅槃	nièpán	（动）	nirvana
3. 定格	dìnggé	（动）	pause, freeze
4. 地震	dìzhèn	（名、动）	earthquake
5. 遇难	yùnàn	（动）	die, victimize
6. 伤残	shāngcán	（动）	disable
7. 灾难	zāinàn	（名）	disaster

8. 崛起	juéqǐ	(动)	grow up
9. 废墟	fèixū	(名)	ruin
10. 依托	yītuō	(动/名)	rely on, supported by, based on
11. 战略	zhànlüè	(名)	strategy
12. 容量	róngliàng	(名)	capacity
13. 涌现	yǒngxiàn	(动)	emerge, come force
14. 回馈	huíkuì	(动)	give back, feed back
15. 挽救	wǎnjiù	(动)	save
16. 妥善	tuǒshàn	(形)	proper
17. 捐	juān	(动)	donate, contribute
18. 茁壮	zhuózhuàng	(形)	healthy, robust
19. 资助	zīzhù	(动)	subsidize, fund, support
20. 初衷	chūzhōng	(名)	original intention
21. 海啸	hǎixiào	(名)	tsunami, tidal wave
22. 危房	wēifáng	(名)	dangerous house
23. 业绩	yèjì	(名)	remarkable achievements

练　习

一、选择对画线词语恰当的解释

1. 7.8 级强烈地震突然袭来，24 万城乡居民遇难，16 万多人伤残。(　　)

   A. 出现了麻烦　B. 碰到了困难　C. 因灾难死亡　D. 发生了危险

2. 一个功能完备、环境优美、充满生机和活力的现代化唐山重新崛起在华北大地。(　　)

   A. 突出　B. 突起　C. 兴起　D. 高出

3. 35 万吨级的原油码头位列全国老大。(　　)

   A. 第一位　B. 规模大　C. 最佳的　D. 数量多

4. 仅唐山市区就有 30 多万人在互救中重获新生。(　　)

   A. 刚入校的学生　B. 新出现的事物

   C. 才出生的孩子　D. 再次获得生命

5. 全市投入1.8亿元,完成农村危旧校舍改造25.8万平方米。(　　)

A. 学生的宿舍　B. 学校的房屋　C. 上课的教室　D. 老师工作室

二、根据课文选择正确答案

1. 唐山市“振兴”阶段指的是:(　　)

A. 1966—1976年　　B. 1976—1986年

C. 1986—1996年　　D. 1996—2006年

2. 唐山市居于世界首位的是:(　　)

A. 炼钢高炉　B. 原油码头　C. 新发电厂　D. 多用港

3. 文章中的“10万多名”表示的是:(　　)

A. 地震中的遇难人数　　B. 参加救灾的部队人数

C. 震灾造成的伤残人数　　D. 地震时唐山人互救人数

4. 唐山人的国际主义精神主要体现在:(　　)

A. 支援贫困孩子读书　　B. 向九江市灾民捐款

C. 向张北人民捐物资　　D. 帮助海啸受灾群众

5. 文章通过具体数字说明了唐山市:(　　)

A. 社会事业投资建设情况　　B. 海上运输原材料的情况

C. 高新技术产业崛起情况　　D. 重化工业茁壮成长情况

6. “唐山抗震精神”不包括下列中的:(　　)

A. 公而忘私的品质　　B. 勇往直前的精神

C. 百折不挠的毅力　　D. 捐款助学的风格

7. 唐山市成为生态城市的标志是:(　　)

A. 抗震纪念碑矗立在市内广场　B. 荣获改善居住环境范例奖

C. 获得全国文明生态城称号　D. 当选为国家级的双拥模范城

三、根据课文回答问题

1. 30多年来唐山市经历了几个发展阶段?

2. 为什么说新唐山崛起是一个“惊天动地”的工程?

3. 哪些事实体现了“一方有难,八方支援”的风尚?

4. 怎么知道新唐山创造了新“奇迹”?

5. “唐山抗震精神”包括哪些主要内容?

6. 这篇短文介绍了哪些情况?

四、扩展练习:根据下列文章片段选择正确答案

1—2

1976年,张金来14岁,家在唐山市路南达谢庄,是地震灾害最重的地区。“7.28”一夜之间,父母和大弟弟就跟他生死永隔了。地震前10天,他的小弟弟张金钟,被送到东矿区的奶奶家,才幸免于难。张金来后来回忆当时的情景时说:“邻居把我扒出来之后就赶紧救我父母。扒出来半截,一看人没救了,就又救别人去了。我一看我弟弟也都不中了,就把家里的被子抻出一床来,把我父母、弟弟给蒙上了。当时说实话大脑一片空白,也不会哭了。就自己在那儿坐着,也不害怕,想不起害怕来。知道父母死了,但好像做梦似的,可以说都傻了。

“我跟亲戚说:‘把弟弟给我接过来。’他们说:‘你弄得了吗,他刚7岁?’我说:‘谁也甭管!我就这一个兄弟了,不管怎么我都得跟他待一块儿。死也一块儿死,活也一块儿活。’那时候余震还经常发生。外头还有传言说‘地裂’,说将来不中了还要把人都给漏下去。特别乱。后来他们拧不过我,就把弟弟送过来了。”

张金钟回到哥哥身边是地震10来天以后的事了,年幼的他没能见到被解放军拉走集体掩埋的家人遗体,但也有幸可以不必看到遍地尸体的唐山。多年以后他想,也许是这保护了他的天真。

1. 张金来失去亲人时:(　　)

A. 心里十分害怕　　B. 立刻去救别人

C. 头脑一片空白　　D. 马上神经失常

2. 张金钟仍然具有“天真”性格的原因是:(　　)

A. 未经历过唐山地震过程　　B. 有患难与共的哥哥照顾

C. 没亲眼看到死伤的情况　　D. 奶奶和家中人都还健在

3—5

唐山大地震吞噬了24万生命,也给更多生者留下了生理上、心理上的伤痛。

根据官方公布的数字:1976 年唐山大地震共造成 242469 人死亡,164851 人重伤,7200 多个家庭绝户。逃过唐山大地震的人中,有一部分被称作“不幸的幸运者”:即虽未死亡却造成截瘫。当时在唐山,这样的截瘫患者就有 3817 人。

地震后不久,这些伤员陆续被抬上直升机或火车,送往北京、沈阳、上海、石家庄等地医院接受救治。与此同时,为便于这些截瘫患者的生活和就医,唐山市开始着手在市区和各县建设截瘫疗养院。

仅仅用了几个月时间,市区和大部分县都建起了截瘫疗养院,数目达到 18 所之多。而 1979 年开始动工建设的唐山市截瘫疗养院,则是其中规模最大的一所。

1979 年,原来被送往外地的地震截瘫人员陆续返回唐山。当时,政府按照“依靠政府,国家补助,分散管理”的原则,对这些伤员实施就地安置。对家中没有照顾能力的有系统可归的城镇居民、农村社员和所辖境内无医院的行政、企事业单位的截瘫伤员,入住市、县办截瘫疗养院、农村敬老院;家中有照顾能力的截瘫伤员,则在家中疗养。那时候,全市的截瘫疗养所一下子集中安置了 531 人,仅唐山市截瘫疗养院就收治了 180 多人。

这一安置模式一直延续至今。后来随着病人的减少,18 所截瘫疗养院中,有的改成了养老院。目前,唐山的 6 个截瘫疗养院、6 个乡镇敬老院仍集中供养着 347 位地震截瘫伤员。

3. 没有承担救治唐山伤员任务的城市,没提到的是:(　　)

A. 上海　　B. 沈阳　　C. 北京　　D. 广州

4. 这篇短文主要介绍了:(　　)

A. 供养截瘫伤员的主要方式　　B. 截瘫伤员集体供养的好处

C. 家庭供养截瘫人员的经验　　D. 各地救治截瘫伤员的情景

5. 被称作“不幸的幸运者”是指:(　　)

A. 生理与心理未受过伤的人　　B. 震后被救的身体截瘫人员

C. 住进 18 所截瘫疗养院的人　　D. 由亲友们收养的截瘫伤员

6—8

2004 年 12 月 26 日,印度洋地震海啸无情地袭击了人类。这一天,20 多万生命被无情的海浪吞没。在这场世纪大灾难之后,一场世纪大救援开始了。

“1 箱、2 箱、3 箱……”28 日深夜,南方航空公司北京货运部,顶着五六级刺骨的北风，冒着零下10多摄氏度的严寒，30多名装卸人员，小心翼翼地将救灾物资装箱，运上飞机码齐。

此前，在接到有关部门紧急运输救灾物资的通知后，南方航空公司主动请缨，停飞一班飞往比利时的货运航班，推迟一班飞往美国芝加哥的航班，火速调集了3架世界上最先进、最大型的全货机，执行救灾物资运输任务。中国驻印度尼西亚使馆迅即开通热线值班电话；中国驻泰国使馆当天启动应急机制。驻其他受灾国使馆都相继启动应急机制，并将有关情况迅速报回国内。

灾情，牵动每个中国人的心。外交部将各使领馆反映的信息，迅速向党中央、国务院报告。1月5日晚，前往印度尼西亚出席东盟地震和海啸灾后问题领导人特别会议的国务院总理温家宝，用自己乘坐的专机给受灾地区带来了16吨紧急救灾物资。就在出发前，温家宝总理明确指示，要充分利用专机的空间，尽可能减少行李，为受灾邻国多捎一点急需的东西。"中国总理是唯一一位用自己乘坐的专机给我们运来救灾物资的外国领导人，"印度尼西亚外交部官员拉赫玛·普拉莫诺6日在雅加达会议中心接受新华社记者采访时说，"中国总理的举动令我们深为感动。"

6. 参加这次紧急救灾的人员，没提到的是：（　　）

A. 北京车站的装卸工　　B. 南方航空公司职工

C. 住在国外的外交官　　D. 中国政府的领导人

7. 最让印尼人感动的事是：（　　）

A. 温家宝总理亲自参加领导人特别会议

B. 中国政府决定派专机把物资送到印尼

C. 中国总理用自己的专机捎带救灾物品

D. 有关驻外使领馆迅速把灾情报回国内

8. 这篇短文主要报道了：（　　）

A. 民航职工向印尼运送救灾物资的情况

B. 中国外交官收集和整理海啸灾情的经过

C. 温总理决定派专机运送救灾物资的指示

D. 中国人民迅速参加海啸救灾的动人事迹

第四课

中国政府恢复对香港行使主权

新华社北京1997年7月1日电（记者戴威国） 1997年7月1日零时，在香港会议展览中心举行的中英香港政权交接仪式上，英国米字旗①刚刚落下，中国的五星红旗徐徐升起。中国政府向全世界宣布恢复对香港行使主权。

仪式上易旗的过程不到两分钟，它标志着英国在香港实行了一个半世纪的殖民统治的终结。

中国国家主席江泽民、国务院总理李鹏，英国王储查尔斯王子、首相布莱尔，同中英两国政府代表团其他成员一起参加了这一历史盛典。

江泽民主席在交接仪式上讲话时说：香港回归祖国标志着“香港的发展从此进入一个崭新的时代”，“香港回归后，中国政府将坚定不移地推行‘一国两制、港人治港、高度自治’的基本方针，保持香港原有的社会、经济制度和生活方式不变，法律基本不变”。

40多个国家和地区、30多个国际组织和地区性组织的代表，各国驻港总领事，海外华侨及华人代表，以及香港社会各界人士应邀出席了通过电视向全球直播的仪式。

在仪式举行的同时，中国人民解放军驻港部队先头部队同英军驻港部队在军营里举行防务交接仪式；中华人民共和国外交部驻香港特别行政区特派员公署大厦升起了五星红旗；海关职员和警察等纪律部队成员的领章、肩章图案上的英国皇家标志，立即被香港特别行政区的象征——紫荆花所取代。

香港自古就是中国的领土。英国强迫中国清朝政府分别于1842年、1860年和1898年签订了3个不平等条约②，侵占了整个香港地区。1984年，中英两国政府签署了关于香港问题的联合声明，宣布中国政府将于1997年7月1日恢复对香港行使主权。

整个中国为百年国耻得以洗雪而沸腾，各地张灯结彩举行的各种庆祝活动成了中国人民自信心和自豪感的大展示。男女老幼都以各自喜欢的方式庆祝中华民族这一世纪盛事。许多人彻夜不眠收看电视直播节目。

在首都北京,10万群众的联欢活动把天安门广场变成了一片欢腾的海洋。当距7月1日零时还有10秒钟时,人们面对倒计时牌,有节奏地齐声高喊:“10,9,8,……”当倒计时牌上的显示锁定在“0”时,鼓乐喧天,欢声雷动,10里以外都能听到。

在“割让香港”的不平等条约《南京条约》的议约地南京静海寺,7月1日零时,人民撞响了“警世钟”155响的最后一响,象征着155年国耻的终结,告诫人们永远不要忘记落后挨打的历史教训。

在东莞市虎门镇,人们用五彩缤纷的焰火告慰民族英雄林则徐③和在鸦片战争④中牺牲的先烈们。林则徐在中国是一位家喻户晓的民族英雄,他因主持了1839年虎门销烟,奋起抗英而受到敬仰。

林则徐的五世孙凌青在接受记者采访时说:“香港回归这一历史性事件无疑将大大激发我们这一代人的爱国主义热情,而当今爱国主义的最好体现就是在共产党的领导下推进中国的改革开放和现代化建设。”

这一盛事受到国际社会的普遍赞扬。联合国秘书长安南早些时候曾说:“所有的人都会从(这一事件)中获益,不论是香港人,还是中国内地人,或是世界其他国家和地区的人。”

多次民意测验表明,香港600多万同胞对未来充满信心。香港特别行政区首任行政长官董建华说:“7月1日,与其说是香港一个历史的终结,不如说是一个新纪元的开始。香港将以骄人的成绩跨入21世纪。”

(选自《对外新闻选(1949—1999)》,主编:郭超人)

注 释

① 米字旗

英国国旗的别名。因其旗帜上的图案类似汉字的“米”字而得名。依据各国国旗图案形状,常用别称指代某国国旗。如用“五星红旗”、“星条旗”、“太极旗”、“太阳旗”分别代指中国、美国、韩国、日本国旗等。

② 三个不平等条约

指英国政府强迫当时中国的清朝政府先后签订的《南京条约》(1842年)、

《北京条约》(1860年)和《展拓香港界址专条》(1898年)。

③ 林则徐(1785—1850)

中国清朝末年政治家,1838年任湖广总督期间,禁止鸦片,成效卓著,次年严令英美烟贩交出鸦片,在虎门当众销毁。他能诗文,著有《林文忠公政书》、《信及录》等。

④ 鸦片战争

1840年至1842年资本殖民主义的英国发动的侵略战争。清政府战败后,被迫与英政府签订了丧权辱国的《南京条约》,从此,中国逐渐沦为半殖民地国家。

生词

1.	行使	xíngshǐ	(动)	exercise
2.	政权	zhèngquán	(名)	regime
3.	主权	zhǔquán	(名)	sovereignty
4.	盛典	shèngdiǎn	(名)	grand ceremony
5.	自治	zìzhì	(动)	self control, autonomous
6.	直播	zhíbō	(动)	broadcast live, live transmission
7.	防务	fángwù	(名)	defence
8.	行政区	xíngzhèngqū	(名)	administrative area
9.	取代	qǔdài	(动)	replace, substitute
10.	侵占	qīnzhàn	(动)	invade and occupy
11.	签署	qiānshǔ	(动)	subscribe
12.	声明	shēngmíng	(动/名)	announce, declare, state; statement
13.	肩章	jiānzhāng	(名)	epaulet, shoulder knot, shoulder mark
14.	国耻	guóchǐ	(名)	national humiliation
15.	节奏	jiézòu	(名)	rhythm
16.	告诫	gàojiè	(动)	caution against, warn, admonish
17.	先烈	xiānliè	(名)	martyr
18.	敬仰	jìngyǎng	(动)	respect, revere

19. 激发	jīfā	(动)	inspire
20. 民意	mínyì	(名)	public opinion
21. 长官	zhǎngguān	(名)	senior official
22. 纪元	jìyuán	(名)	era

练　习

一、选择对画线词语恰当的解释

1. 在中英香港政权交接仪式上，英国米字旗刚刚落下，中国的五星红旗徐徐升起。(　　)

   A. 稍稍地　　B. 静静地　　C. 悄悄地　　D. 慢慢地

2. 江泽民主席在交接仪式上讲话时说：香港回归祖国标志着“香港的发展从此进入一个崭新的时代”。(　　)

   A. 江泽民讲话　　B. 香港回归祖国

   C. 一个崭新时代　　D. 香港社会发展

3. 中国政府将坚定不移地推行“一国两制、港人治港、高度自治”的基本方针。(　　)

   A. 制度　　B. 制订　　C. 规定　　D. 编制

4. 海外华侨及华人代表，以及香港社会各界人士应邀出席了通过电视向全球直播的仪式。(　　)

   A. 接受邀请　　B. 应该邀请　　C. 必须约请　　D. 适应要求

5. 他因主持了1839年虎门销烟奋起抗英而受到敬仰。(　　)

   A. 负责管理　　B. 提出主张　　C. 领导处理　　D. 答应办理

6. 所有的人都会从(这一事件)中获益，不论是香港人，还是中国内地人，或是世界其他国家和地区的人。(　　)

   A. 增加　　B. 日益　　C. 好处　　D. 更加

二、根据课文选择正确答案

1. 交接仪式上更换中英两国国旗表明：(　　)

A. 结束了英国在全球各地的殖民统治

B. 宣告香港正式回归中华人民共和国

C. 完成了中英两国香港政权交接仪式

D. 清除了殖民统治在当地的一切影响

2. 江泽民主席在讲话中宣告了：(　　)

A. 中央政府管理香港的方针政策

B. 香港地区继续保持原有的状况

C. 中央对香港实行“四不变”的政策

D. 中英关系进入一个崭新的时代

3. 香港特别行政区的象征性标志是：(　　)

A. 新领章　　B. 皇家图案　　C. 紫荆花　　D. 五星红旗

4. 给中国人民带来“国耻”的是：(　　)

A. 1997年　　B. 1984年　　C. 1860年　　D. 1839年

5. 签订“割让香港”不平等条约的地点是：(　　)

A. 香港　　B. 北京　　C. 南京　　D. 东莞

6. 在天安门广场狂欢的10万群众显示出中国人民：(　　)

A. 洗雪国耻的豪情壮志　　B. 敬仰先烈的缅怀之情

C. 奋起抗争的坚强决心　　D. 实现中国统一的意志

7. 文中没有出现的人物是：(　　)

A. 布莱尔　　B. 林则徐　　C. 邓小平　　D. 董建华

8. 本文主要报道了：(　　)

A. 中英香港政权交接仪式的程序

B. 政权交接仪式和各地欢庆形式

C. 香港回归后将实行的方针政策

D. 国内外各界人士祝愿香港美好

三、根据课文回答问题

1. 什么是中国政府恢复对香港行使主权的标志?
2. 中国政府治理香港的基本方针是什么?
3. 100多年间香港经历了怎样的变化?
4. 全国各地如何热烈欢庆香港回归祖国?
3 中国政府恢复对香港行使主权这件事有哪些意义和影响?

四、扩展练习:根据下列文章片段选择正确答案

1—4

在香港飘扬了150多年的英国米字旗最后一次在这里降落后,接载查尔斯王子和离任港督彭定康回国的英国皇家游轮“不列颠尼亚”号驶离维多利亚港湾——这是英国撤离香港的最后时刻。

英国的告别仪式是30日下午在港督府拉开序幕的。在蒙蒙细雨中,末任港督告别了这个曾居住过25任港督的庭院。

4点30分,面色凝重的彭定康注视着港督旗帜在“日落余音”的号角声中降下旗杆。代表英国女王统治了香港5年的彭定康登上带有皇家标记的黑色“劳斯莱斯”,最后一次离开了港督府。

晚6时15分,象征英国管制结束的告别仪式在添马舰东面举行。此时,雨越下越大。查尔斯王子在雨中宣读英国女王赠言说:“英国国旗就要降下,中国国旗将飘扬于香港上空。150多年的英国管制即将告终。”

7点45分,广场上灯光渐暗,开始了当天港岛上的第二次降旗仪式。一名英国海军士兵在“威尔士亲王”军营旁的这个地方降下了米字旗。在1997年6月30日的最后一分钟,米字旗在香港最后一次降下,英国对香港长达一个半世纪的殖民统治宣告终结。

在新的一天来临的第一分钟,五星红旗伴着《义勇军进行曲》冉冉升起,中国从此恢复对香港行使主权。与此同时,五星红旗在英军添马舰营区升起,解放军开始接管香港防务。

零点40分,刚刚参加了交接仪式的查尔斯王子和第28任港督彭定康登上“不列颠尼亚”号的甲板,很快消失在南海的夜幕中。

从1841年1月26日英国远征军第一次将米字旗插上港岛,至1997年7月1日五星红旗在香港升起,一共过去了156年5个月零4天。大英帝国从海上来,又从海上去。

1. 英国告别香港的仪式最先举行的地点是：(　　)

A. 英国的添马舰　　B. 英国的港督府

C. 香港的广场上　　D. 香港的会展馆

2. 中国恢复对香港行使主权的时刻是 1997 年：(　　)

A. 7 月 1 日第一分钟　　B. 6 月 30 日 16 点 30 分

C. 6 月 30 日 7 点 45 分　　D. 7 月 1 日零点 40 分

3.《义勇军进行曲》是：(　　)

A. 中国人民解放军军歌　　B. 中国香港特别行政区区歌

C. 中华民族重大节日会歌　　D. 中华人民共和国国歌

4. 最后一句话表达了大英帝国：(　　)

A. 远征军侵占中国的时间　　B. 英国人撤离港岛的场地

C. 侵占与撤离香港的途径　　D. 占领和离开中国的情景

5—6

江泽民主席在港期间，无论是会见外宾还是发表讲话，都反复强调："一国两制"的伟大构想决非权宜之计，是着眼于中国国家统一的长远考虑，符合中华民族的根本利益。今天上午，他在特区成立庆典上向香港市民代表重申，这一基本方针 50 年不变。

6 月 30 日午夜，江泽民率中国政府代表团参加香港政权交接仪式尤为引人注目。据估计，全球约有 20 亿人收看了这个仪式的电视直播。7 月 1 日这一天，将作为值得人们永远纪念的日子载入史册。经历了百年沧桑的香港回归祖国，标志着香港同胞从此成为祖国这块土地上的真正主人，香港的发展从此进入一个崭新的时代。

1 时 32 分，在香港特别行政区成立暨特区政府宣誓就职仪式上，江泽民宣布：中华人民共和国香港特别行政区政府现在成立。"一国两制"的构想成为现实。

5. 在港期间江泽民一再重申的主题是：(　　)

A. 尽快成立香港特区政府　　B. 实施"一国两制"政策的决心

C. 特区政府须由港人组成　　D. 保证港人收看直播的权利

6. 电视台向全世界直播了：(　　)

A. 中英香港政权交接仪式　　B. 江泽民主席讲话的内容

C. 香港人当家作主的画面　　D. 江主席宣誓就职的情景

7—9

1982年9月24日，邓小平同英国首相撒切尔夫人进行高峰会谈。那张两位领导人面带微笑的新闻照片，并不能说明这次会谈是轻松的，一则事体重大，一则两位领导人都以意志坚强而著称，"铁娘子"遇上"钢铁公司"，硬碰硬。谈判中，撒切尔夫人强硬地坚持"三个条约有效论"，强调香港只有在英国的管治下才能繁荣，改变英国的管理，香港信心就会动摇，将导致资金外流、金融中心崩溃的灾难性后果。如果就香港未来的行政管理作出满意的安排，她可以考虑主权问题。

邓小平严正地驳斥了撒切尔夫人的这些说法。他完整地阐述了中国对香港问题的基本立场。他说："这里主要有三个问题，一是主权问题；再一个问题，是1997年后中国采取什么方式来管理香港，继续保持香港繁荣；第三个问题，是中国和英国两国政府要妥善商谈如何使香港从现在到1997年的15年中不出现大的波动。"

谈到主权问题，邓小平以坚决的语调说，主权问题是不能谈判的，1997年中国将收回香港，包括新界、香港岛、九龙，不管用什么方式。他告诉撒切尔夫人，如果中国在1997年还不把香港收回，任何一个中国政府和领导人都不能向中国人民交代，甚至也不能向世界人民交代，那就意味着中国政府是清政府，中国领导人是李鸿章！任何中国政府都应该下野，自动退出政治舞台，没有别的选择。

邓小平驳斥了"香港只有在英国管治下才能繁荣"的说法。他指出："香港继续保持繁荣，根本上取决于中国收回香港后，在中国的管辖之下，实行适合于香港的政策。"香港现行的政治、经济制度、大部分法律都可以保留，香港仍将实行资本主义。这些方针政策应是香港人民和香港的投资者能够接受的。

两个小时的高峰会谈，针锋相对。撒切尔夫人乘兴而来，无功而返，很是失望。离开会场时，她的脸色凝重，神情恍惚，在人民大会堂的石阶上摔了一跤。英国和香港传媒界虽然还不知道双方交锋的内容却从她摔跤的镜头觉察到：中国收回香港恐怕是不可避免了。报刊评论，语带双关："撒切尔夫人同邓小平会谈时摔了跤。"后来，撒切尔夫人回忆这次高峰会谈时说："中方把主权问题看得很重，必须归还中国，因此我很失望。"

7. 中英两国领导人高峰会谈的气氛是:(　　)

A. 轻松愉快　　B. 针锋相对　　C. 互不妥协　　D. 坚定坦率

8. 最能体现邓小平坚定立场的是:(　　)

A. 敢当面批评英国的殖民主义政策

B. 面带微笑地阐明中方的基本方针

C. 表明收回香港主权不容谈判的立场

D. 迫使英国首相摔跤并且失望而归

9. 邓小平宣布了继续维护香港未来繁荣的政策是:(　　)

A. 中国将独自制订繁荣香港政策

B. 双方共同确定的避免风波政策

C. 按“三个条约有效论”制定政策

D. 基本维持原先的资本主义政策

第五课

九亿农民告别“皇粮国税”

12月29日下午3时许，十届全国人大常委会第十九次会议高票通过了关于废止农业税条例的决定。这表明，九亿中国农民从2006年的第一天开始，将依法彻底告别“皇粮国税”。

农业税是中国最古老的税种。中国最早有文字记载的农业税，是公元前594年春秋时期①鲁国实行的“初税亩”。从那时至今，中国农民缴纳农业税已经延续了2600年。

新中国成立后，中国政府依照有关规定，在广大农村地区征收农业税。从1983年开始，除农业税外，国务院决定开征农林特产农业税，1994年改为农业特产农业税；牧区省份则根据授权开征牧业税。

据有关负责人介绍，从1949年至2000年的52年间，全国共从农民手上征收了7000多亿公斤粮食；农民人均负担农业税总体上呈下降趋势：从1949年每人负担28公斤，减到2000年的每人13公斤，实际负担率即征收额与实际产量的比例也从13.5%降至2.4%。2004年，中国政府开始实行减征或免征农业税的惠农政策。据统计，免征农业税、取消农业特产税可减轻农民负担500亿元左右，到2005年已有近8亿农民直接受益。

全国人大财经委副主任委员刘积斌表示，农业税条例实施50来年，我国经济社会状况已经发生了重大变化：在建立起比较完整的工业体系的同时，农业与工业、农村与城市差距逐步扩大，三农②问题依然制约着我国经济和社会发展。

“为推进以工补农、以城带乡，适时调整国民收入分配格局，取消农业税是必要的。”刘积斌从3个方面分析了取消农业税对农民、农业和农村的重大意义：一是全面取消农业税，有利于减轻农民负担，增加农民收入，使广大农民更多地分享改革开放和现代化建设的成果，从改革中得到实实在在的利益；二是取消农业税，有利于进一步加强农业基础地位，增强农业竞争力，提高农业综合生产能力和农产品的国际竞争力，促进农村经济健康发展；三是取消农业税，有利于加快公共财政覆盖农村的步伐，有利于推进工业反哺农业、城市支持农村，有利于统筹城乡发展，加快解决三农问题。

据悉，50多年来，我国财政收入结构发生重大变化，农业税所占比例已大幅下降。1950年，农业税占当时财政收入的39%，可以说是财政的重要支柱。1979年，这一比例降至5.5%。2004年，农业税占各项税收的比例进一步降至1%。

到2005年，全国剩下的农业税及附加只有约15亿元，只占全国财政总收入3万亿元的0.05%。因此，取消农业税，对全国财政减收的影响微乎其微。

农业税为地方税，中国政府已经对"后农业税时代"的财政做出相应安排。取消农业税后减少的地方财政收入，沿海发达地区③原则上由自己负担，粮食主产区和中西部地区④由中央财政通过转移支付补助。2004年，为了弥补减免农业税导致的地方财政减收因素，中央财政安排转移支付达216.6亿元，2005年则在上年基础上新增加转移支付140亿元。专家表示，我国目前的财政收入状况已完全能够为全面取消农业税提供财力保证。

（选自《光明日报》2005年12月30日，有改动）

注释

① 春秋时期

中国历史上的一个时代。一般指公元前770年到公元前476年。因鲁国编年史《春秋》包括这一时期而得名。

② 三农

农民、农业和农村的简称。

③ 沿海发达地区

包括辽宁、河北、北京、天津、山东、江苏、上海、浙江、福建、广东、海南和广西12个省、自治区、直辖市（暂不包括台湾、香港、澳门）。面积129万平方公里，人口近8亿，是中国经济最发达的地带。

④ 中西部地区

包括黑龙江、内蒙古、河南、湖南、四川、重庆、云南、西藏、陕西、宁夏、新疆等19个省、自治区、直辖市，总面积820多万平方公里，人口近8亿，是中国经济正在成长和加快开发地带。

生　词

1. 皇粮	huángliáng	（名）	imperial grain
2. 国税	guóshuì	（名）	national tax, state tax
3. 废止	fèizhǐ	（动）	abolish, repeal
4. 延续	yánxù	（动）	continue, last
5. 征收	zhēngshōu	（动）	impose, collect
6. 牧区	mùqū	（名）	pasturing area, pastureland
7. 授权	shòuquán	（动）	accredit, authorize
8. 牧业	mùyè	（名）	animal husbandry
9. 人均	rénjūn	（形）	per capita, per person
10. 呈	chéng	（动）	reveal
11. 趋势	qūshì	（名）	trend
12. 惠	huì	（动/名）	benefit
13. 受益	shòuyì	（动）	benefit
14. 差距	chājù	（名）	gap, difference
15. 制约	zhìyuē	（动）	restrict, hinder
16. 格局	géjú	（名）	structure, pattern
17. 有利于	yǒulìyú		be good to, be conducive to
18. 分享	fēnxiǎng	（动）	share
19. 反哺	fǎnbǔ	（动）	return benefit to farming
20. 统筹	tǒngchóu	（动）	plan as a whole, plan overall
21. 附加	fùjiā	（动）	additional
22. 微乎其微	wēi hū qí wēi		very little, negligible, minimal
23. 财政	cáizhèng	（名）	finance

练　习

一、选择对画线词语恰当的解释

1. 九亿农民告别"皇粮国税"。(　　)

A. 挥手再见　　B. 彻底摆脱

C. 最后分手　　D. 完全离开

2. 中国政府依照有关规定,在广大农村地区征收农业税。(　　)

A. 依靠　　B. 遵守　　C. 按照　　D. 依赖

3. 农民人均负担农业税总体上呈下降趋势。(　　)

A. 每人平均　　B. 全体承担

C. 各家平均　　D. 人人全都

4. 为推进以工补农,以城带乡,适时调整国民收入分配格局,取消农业税是必要的。(　　)

A. 把城区当作农村　　B. 靠近城市的地带

C. 先搞城市后农村　　D. 用城市带动农村

5. "三农"问题依然制约着我国经济和社会发展。(　　)

A. 农田、农药、农具的简称　　B. 农机、农技、农艺的简称

C. 农民、农业、农村的简称　　D. 农家、农会、农运的简称

6. 农业税为地方税。(　　)

A. 担负　　B. 成为　　C. 是　　D. 给

7. 粮食主产区和中西部地区由中央财政通过转移支付补助。(　　)

A. 主要生产地区　　B. 最大销售地区

C. 商品最多地区　　D. 唯一生产机构

二、根据课文选择正确答案

1. 中国最早的农业税叫:(　　)

A. 皇粮国税　　B. 初税亩　　C. 农业特产税　　D. 牧业税

2. 中国农民从 2006 年开始：(　　)

A. 告别一切国税　　B. 解决三农问题

C. 享受惠农政策　　D. 不再缴农业税

3. 新中国成立后农民缴纳农业税的变化趋势是：(　　)

A. 逐渐减少　　B. 时高时低　　C. 负担增加　　D. 难以判断

4. “农业特产农业税”开始的名称叫：(　　)

A. 牧区特殊牧业税　　B. 农业地区农业税

C. 农林特产农业税　　D. 全国皇粮国说

5. 当前中国经济社会的特点是：(　　)

A. 工业形成完整体系　　B. 国民收入分配合理

C . 城市农村协调发展　　D. 工农业的结构合适

6. 农业税在中国财政收入中的地位：(　　)

A. 始终起支柱作用　　B. 从来都微不足道

C. 所占比例在上升　　D. 重要性日益下降

7. 解决粮食主产区财政收入减少的办法是：(　　)

A. 由本地区自力更生解决　　B. 依靠沿海城市大力支援

C. 通过中央财政给予补助　　D. 实行工业反哺农业政策

8. 这篇短文主要讲述了中国：(　　)

A. 几千年农业税的变化历史　　B. 取消农业税的原因与意义

C. 推进“三农”发展的新规划　　D. 专家对取消农业税的评论

三、根据课文回答问题

1. 中国农民什么时候彻底告别了“皇粮国税”？
2. 新中国曾经从农村征收过哪些税种？
3. 新世纪以来中国采取了哪些惠农政策？
4. 当前哪些因素制约着中国经济社会的发展？
5. 中国为什么这时候取消长期实行的农业税制度？
6. 怎样解决各地“后农业税时代”的财政问题？
7. 这篇短文用数字主要说明了什么问题？

四、扩展练习:根据下列文章片段选择正确答案

1—2

作为一个13亿人口的大国，中国坚持粮食自给战略，高度重视粮食生产,严格保护耕地,大力发展农业科技。特别是2003年以来,中国先后出台了一系列惠农促粮的政策措施,取消延续了2600多年的农业税,从根本上减轻农民负担,为种粮农民彻底松了绑;增加了直接补贴、良种补贴、农机补贴和农资综合补贴等;同时,为保障农民的收益,中国从2004年开始探索重点粮食品种最低收购价政策。

国家从2004年开始对种粮农民发放直接补贴。2006年,为了减少农民因为农资价格上涨引起的成本上升,政府开始实施农资综合直补。去年,政府用于粮食直补和农资综合直补资金增至427亿元,平均下来,主产省每亩地平均补贴30元,非主产省每亩补贴20元。

1. 探索重点粮食品种最低收购价政策的目的是:(　　)

A. 增加良种产量　　B. 让农民得好处

C. 减轻农民负担　　D. 保护农村耕地

2. 每亩耕地平均给30元补贴的地方是:(　　)

A. 粮食主产省区　　B. 良种主要产地

C. 非粮食主产省　　D. 农机涨价地区

3—6

2006年,中央财政用于“三农”支出3397亿元,比上年增加422亿元,在全国范围内取消了农业税和农业特产税，提前两年终结了延续2600多年农民种田交税的历史,继续增加对种粮农民直接补贴、良种补贴和农机具购置补贴,实施农业生产资料综合补贴政策,继续对重点地区的重点粮食品种实行最低收购价政策,增加对财政困难县乡和产粮大县的转移支付。

在中央一系列支农惠农政策支持下,加上相对有利的气候条件,农业和农村经济呈现持续发展的良好态势。2004年以来,粮食连续3年增产,全国粮食播种面积由2003年的14.9亿亩增加到2006年的15.8亿亩左右,粮食总产量由2003年的8614亿斤增加到2006年的9949亿斤;农林牧渔业全面发展,主要经济作物、畜产品和水产品产量均创历史最高纪录;农民收入保持较快增长,农民人均纯收入实际增长率连续3年超过6%,2006年达到7.4%,每年增量均在300元左右。

3. 中国原先计划取消农业税的时间是：(　　)

A. 2005 年　　B. 2006 年　　C. 2007 年　　D. 2008 年

4. 中国 2006 年的惠农政策内容主要是：(　　)

A. 加大资金支农的数量　　B. 实施多种新补贴措施

C. 增加补助与取消农业税　　D. 实行粮食收购新政策

5. 第二段主要介绍了：(　　)

A. 中国农村和农业经济健康发展的表现

B. 中国推进农业与农村经济发展的措施

C. 中国农村发展与农民收入增加的原因

D. 中国粮食产量和农村全面发展的状况

6. 这篇短文没谈到的变化数据是：(　　)

A. 粮食产量与播种面积　　B. 农民纯收入的变化

C. 主要经济作物的产量　　D. 全国粮食种植的土地

7—9

农业、农村、农民问题，始终是中国现代化建设进程中最重要的问题，也是关系中国最大的群体 9 亿农民切身利益的大事。

党和政府高度重视"三农"问题，坚持"多予少取放活"的方针，特别在"多予"上下工夫。从 2004 年起，国务院又决定逐年降低农业税税率，5 年全部取消农业税。在实际执行中，5 年任务 3 年完成，今年全国全部取消了农业税。在我国实行了 2600 多年的这一古老税种从此退出历史舞台。农村税费改革，使农民减少 1000 多亿元的负担，包括 300 多亿元的农业税，还包括其他向农民收取的费用 700 多亿元。中央和省级政府为此每年向县转移支付 1000 多亿元，以保证基层政权的正常运转和农村中小学教师工资的支付。这项改革在中国农村现代化建设进程中具有里程碑的意义。与此同时，为了确保国家粮食安全，调动农民种粮积极性，中央财政还对种粮农民实行直接补贴，对部分粮食主产区的重点粮食品种实行最低收购价政策，多渠道增加农民收入。

7. 制约中国现代化建设的关键因素是：(　　)

A. 农民利益　　B. 农业税收　　C. 农村政策　　D. "三农"问题

8. 处理“三农”问题首先须抓好：(　　)

A. 大力放活“三农”政策　　B. 加大对“三农”的支持

C. 取消“三农”各项税费　　D. 贯彻“利农六字”方针

9. “具有里程碑的意义”这句话是评价：(　　)

A. 取消农业税的深远影响　　B. 推行“六字”方针的好处

C. 落实惠农政策的作用　　D. 安排财政补贴的效果

第六课

“神六”，祖国为你骄傲

神舟六号完成预定空间飞行实验

16日21时57分，在太空飞行近109个小时的航天员费俊龙、聂海胜向北京航天飞行控制中心报告，神舟六号①开始进行返回准备。

至此，12日9时10分从酒泉卫星发射中心②发射升空的神舟六号，已按计划完成了预定的空间飞行实验，并为开展下一步载人航天计划③进行了初步技术验证，积累了宝贵经验和数据。

从12日9时10分始，翱翔在太空中的神舟六号已进行了航天员活动对飞船影响、航天员工作能力、太空环境对人体影响等多项实验，飞船各项系统尤其是轨道舱全部投入使用，食品加热、大小便收集、大气环境、温湿度控制等功能均已得到充分验证。专家说，这些实验都取得了令人满意的效果。

茫茫太空中，小小飞船像一叶扁舟，航天员活动对飞船姿态会造成什么影响？两名航天员13日先后进行开关舱门、穿脱压力服、穿舱、抽取冷凝水4大项“在轨干扰力”实验，结果表明航天员较大幅度动作对飞船姿态影响微小，飞船姿态保持良好。飞行在太空中的航天员费俊龙获知结果后，第二天就在飞船上连续做了4个事先未安排的前滚翻。

进入太空前3天的急性适应期，航天员能否进行各种操作，也是科技人员关心的一个问题。此次空间飞行结果表明，从刚升空到准备返回，费俊龙和聂海胜任何时间都能正确发出指令，准确控制各种设备，舱门开关等动作较大的操作也一次成功。有了这次实验的基础，神舟七号时将安排航天员像驾驶飞机一样驾驶飞船。

航天员医监医保医生李勇枝博士说，在多天的太空飞行中，航天员的各项生理指标正常，精神状态良好，睡眠质量较高，饮食、排泄、个人卫生等太空生活难题得到解决，获得了人在太空中生活的大量宝贵数据。

费俊龙聂海胜从太空问候同胞

北京时间16日20时，太空中传来中国航天员费俊龙、聂海胜问候全国人民，问候台湾同胞、港澳同胞、海外侨胞④的声音。

两年前，太空中第一次响起了中国人的声音，独上九霄的杨利伟在神舟五号上向地球发出问候。短短两年后，中国实现了一人一天到两人多天的载人航天飞行大跨越。

19时59分，远望四号“捕获”飞船。北京航天飞行控制中心调度员通报：“神舟六号，下面由中国航天员科研训练中心主任陈善广与你们通话。”

从飞控大厅大屏幕上，记者看到，费俊龙和聂海胜一起转过头来。

陈善广手持话筒，面向大屏幕：“费俊龙、聂海胜，你们好！现在感觉怎样？”

费俊龙大声回答：“我们感觉很好，工作很顺利，生活很愉快。”

几天来，两名航天员的一举一动牵动着亿万中国人的心。陈善广说：“这几天，我们收到全国各界群众和世界各地同胞的来电，向你们表达亲切的问候和祝愿，期望你们平安归来。”

“感谢全国人民，感谢台湾同胞、港澳同胞、海外侨胞对我们的关心和厚爱。”聂海胜雄浑的声音，从距离地面343公里的太空传来。

两名航天员已按计划顺利完成了多项空间飞行实验，为下一次载人航天飞行积累了宝贵经验。

面对全世界同胞的关注和期盼，费俊龙说：“我们一定不辱使命，不负重托，圆满完成任务。”

此刻，神舟六号的舷窗外一片蔚蓝，正在进行第71圈绕地飞行的神舟六号正掠过南印度洋上空。在此之前，神舟六号飞船曾多次飞越台湾、香港、澳门的正上空。16日21时54分至59分，“神六” 飞入远望一号测量船测控弧段，正在飞行第73圈，航天员做好返回准备。

四大“利器”确保航天员安全着陆

根据此次任务的变化和特点，着陆场系统新装备了四大“利器”，确保飞船返回舱和航天员平安归来。

第一大利器是大型光学实况记录系统。它对可见光的探测距离为70公里左右，对红外光的探测距离可达150公里。因此，神舟六号飞船返回舱在刚刚再入大气层时，就会被牢牢锁定。

第二大利器是医监医保直升机。为了确保能及时对航天员实施医监医保，这次任务中首次将医监医保设备装到了直升机上，确保空中搜索救援分队不用等地面车辆就可以独立完成医监医保工作。

第三大利器是直升机红外夜视系统。所有参与搜救的直升机都加装了红外助降系统，确保直升机能够在夜间准确降落，同时大大提高了空中发现目标的能力。

第四大利器是应急救生辅助决策系统。只要在电脑中输入发生应急情况的时间，系统就能自动生成救生方案。这就大大提高了救援指挥员的判断和指挥能力。专家说："这一系统的使用，是着陆场系统具有开创性意义的一个变化。"

（选自《人民日报》海外版 2005 年 10 月 17 日，
作者：仲吾，有改动）

注　释

① 神舟六号

中国自己研制成的二人多天载人航天飞船。2005 年 10 月 12 日至 17 日在太空总共飞行 115 个小时又 32 分钟。神舟六号载人航天飞行圆满成功，标志着中国载人航天技术进入一个新的发展阶段。

② 酒泉卫星发射中心

酒泉市位于甘肃省河西走廊西端，是"丝绸之路"上的重镇，1958 年开始建造卫星发射中心，此后相继成功发射了中国国产导弹、卫星及载人航天飞船。酒泉如今被誉为中国第一航天城。

③ 载人航天计划

中国的载人航天计划分为三步，第一步，发射无人和载人飞船，建成初步配套的试验性载人飞船工程，开展空间应用实验；第二步，建成一个空间实验室，解决有一定规模的，短期有人照料的空间应用问题；第三步建造空间站，解决较大规模的，长期有人照料的空间应用问题。

④ 海外侨胞

侨居在境外世界各地的中国人。

生　词

1. 预定	yùdìng	（动）	prearrange, schedule
2. 太空	tàikōng	（名）	outer space
3. 航天员	hángtiānyuán	（名）	astronaut, spaceman, cosmonaut
4. 航天	hángtiān	（名）	aerospace
5. 返回	fǎnhuí	（动）	return
6. 验证	yànzhèng	（动）	validate
7. 数据	shùjù	（名）	data
8. 翱翔	áoxiáng	（动）	hover, navigate, travel
9. 飞船	fēichuán	（名）	spacecraft, airship
10. 轨道舱	guǐdàocāng	（名）	orbital capsule
11. 姿态	zītài	（名）	posture
12. 前滚翻	qiángǔnfān	（名）	forward roll, somersault
13. 指令	zhǐlìng	（名）	instruction
14. 医保	yībǎo	（动）	medical service provider
15. 排泄	páixiè	（动）	excrete, egest
16. 九霄	jiǔxiāo	（名）	highest heaven
17. 捕获	bǔhuò	（动）	capture
18. 调度员	diàodùyuán	（名）	dispatcher, controller
19. 牵动	qiāndòng	（动）	affect, attract, pull the hearts of
20. 期盼	qīpàn	（名）	hope, anticipation
21. 确保	quèbǎo	（动）	ensure, guarantee
22. 锁定	suǒdìng	（动）	locate
23. 决策	juécè	（动）	decide, decision
24. 开创	kāichuàng	（动）	pioneering, pathfinding

练　习

一、选择对画线词语恰当的解释

1. "神六",祖国为你骄傲。(　　)

A. 无视一切　　B. 感到自豪　　C. 特别自大　　D. 自以为是

2. 食品加热、大小便收集、大气环境、温湿度控制等功能均已得到充分验证。(　　)

A. 集中后整理　　B. 摆放在一处　　C. 逐渐地收缩　　D. 聚集在一起

3. 费俊龙和聂海生……准确控制各种设备,舱门开关等动作较大的操作也一次成功。(　　)

A. 指点　　B. 操纵　　C. 制止　　D. 占领

4. 我们一定不辱使命,不负重托。(　　)

A. 辜负　　B. 承担　　C. 遭受　　D. 依靠

5. 它对红外光的探测距离可达 150 公里。(　　)

A. 抵达　　B. 表达　　C. 告诉　　D. 达到

6. 第二大利器是医监医保直升飞机。(　　)

A. 医疗监督与保护　　B. 医药检查和安全

C. 医生检验与保险　　D. 医药与器械保险

7. 第四大利器是应急救生辅助决策系统。(　　)

A. 答应临时要求　　B. 对付紧急需要

C. 接受特殊邀请　　D. 应该快速行动

二、根据课文选择正确答案

1. 航天员是在什么情况下要求返回地面的?(　　)

A. 超额完成规定飞行时间后　　B. 原定飞行实验任务完成时

C. 感到高空环境有威胁之时　　D. 获得了返回实验的数据后

2. 航天员什么时候开始验证技术数据实验？（　　）

A. 16 日 21 时 57 分　　B. 12 日 9 时

C. 12 日 9 时 10 分　　D. 16 日 20 时

3. 航天员临时增加了什么实验项目？（　　）

A. 飞船舱内翻跟头　　B. 紧急收集大小便

C. 迅速控制温湿度　　D. 关舱抽取冷凝水

4. 哪种说法符合短文的原意？（　　）

A. 人无法在太空中生活　　B. 航天员毫无创新能力

C. 舱内设施运转不理想　　D. 人在舱内能正常工作

5. 全国各界群众和同胞用什么方式问候两位航天员？（　　）

A. 让杨利伟转达　　B. 由调度员通报

C. 直接通话联系　　D. 由陈善广转告

6. 谁没参加今天的“天地”通话？（　　）

A. 杨利伟　　B. 陈善广　　C. 费俊龙　　D. 聂海胜

7. “神六”为什么要安装“四大利器”？（　　）

A. 让两位航天员能够平安归来

B. 保证让飞船返回舱安全着陆

C. 确保航天员与“神六”平安返回

D. 获取各种设施太空运转数据

三、根据课文回答问题

1. “神六”主要进行了哪些实验？
2. 这篇短文记录了“神六”哪些时间段的活动情况？
3. 费俊龙为什么敢于在太空做前滚翻？
4. 两位航天员向全国人民汇报了哪些内容？
5. “神六”和“神五”的最大区别在哪里？
6. “神六”哪些地方让中国人民感到骄傲？
7. 这篇短文没介绍哪些设施的工作情况？

四、扩展练习：根据下列文章片段选择正确答案

1—4

记者(以下简称"记")：陈总，你好！你是43岁的总指挥、总设计师，你谈到了航天员的吃喝拉撒睡，能不能给我们具体介绍一下？

陈善广(以下简称"陈")：这次食品花样多一些，有40多种食品。进餐的方式、口味上也有变化。"神五"时杨利伟吃的是速食类的食品，这次费俊龙他们要吃米饭，菜也要过水后才能进食。

关于排泄问题，我们特意制作了一个专门的大小便收集装置，适用于航天员在失重状态下使用。除了使用装置外，操作过程也非常严密，要把它封好，收集好，以免造成不必要的麻烦。

关于睡眠的问题，首先飞船上没有床，我们专门给航天员提供了一个睡袋，人就睡在睡袋里面。一天至少要睡六七个小时。

记：我们知道航天服重10公斤，他们在空间要一直穿着吗？如果脱掉，那呼吸怎么办？

陈：不，在空间航天员要脱掉航天服，穿一般的工作服，这样能方便地生活和工作，舱内有氧气供应，他们可以自由地呼吸。不过飞船内的温度稍低，工作服从材质保暖性上有特殊的要求。

记：飞行期间航天员的生命安全是如何保障的？

陈：我们在地面上要严格根据各种预案进行训练，比如说空间运动病，很多航天员都受这种病的困扰。它是由于生存环境引起的，使人产生头晕的反应，严重时甚至会影响任务的完成。因此，我们对这种病进行了专门的预防，准备了一些药品。其他的几个紧急情况都有详细的预案。特别需要指出的是，一旦出现危及人身安全的问题，我们把人摆在了任务的前面，人是我们首先要考虑的问题。

1. "神六"航天员所吃的食品是：(　　)

A. 用水洗过的绿色蔬菜　　B. 快餐类的多种速食品

C. 花样极其丰富的食品　　D. 口味特别单一的米饭

2. 航天员在太空船舱内：(　　)

A. 没有异常感觉　　B. 排泄极为方便

C. 身体完全失重　　D. 常会出现失眠

3. 航天员工作时：(　　)

A. 必须身穿航天服　　B. 能够正常地呼吸

C. 常出现缺氧感觉　　D. 易受大小便污染

4. 文中未谈到确保航天员安全的一项措施是：(　　)

A. 提供预防药品　　B. 制订应急方案

C. 地面严格训练　　D. 如何实施预案

5—7

航天育种准确来讲叫航天诱变育种，就是将种子置于空间环境中，由宇宙粒子、失重、弱地磁、高真空等等这些因素综合作用，产生变异。世界上目前已有2300多个诱变品种，其中我们国家育成的就有640多个。

作为目前世界上仅有的三个(美、俄、中)掌握返回式卫星技术的国家之一，自1987年以来，我国科学家先后进行了21次农作物种子等生物材料的空间搭载试验，共涉及70多种植物的1000多个品种。经过多年的地面种植筛选，已育成60多个农作物优异新品系并进入省级以上品种区域试验，其中已通过国家或省级审定的新品种或新组合30个，包括水稻、小麦、棉花、番茄、青椒和芝麻等作物，并从中获得了一些有可能对农作物产量和品质产生重要影响的罕见突变材料。其中"华航一号"水稻新品种在国家南方稻区高产组区试和生产试验中，产量比对照品种"汕优63"分别增产4.50%和4.39%，成为我国第一个通过国审的航天水稻新品种，累计推广种植面积300多万亩。

据统计，近4年来，由航天育种培育出的农作物新品种已经累计推广850万亩，增产粮食3.4亿公斤，创经济效益5亿元。航天育种实际上是一个研究活动，搭载5000粒种子，可能只有50粒变异了，真正有效、有可能从中选育出优良变异品种的是这50粒种子。

5. 中国通过航天育种育成的新品种有：(　　)

A. 2300多个　　B. 640多个　　C. 1000多个　　D. 30个

6. 航天育种的成功率为：(　　)

A. 100%　　B. 6%　　C. 3%　　D. 1%

7. 为中国创造5亿元经济效益的是：(　　)

A. 新育成的60个粮食作物品种

B. 已推广的"华航一号"水稻新品种

C. 航天育种培育的所有作物品种

D. 由50粒变异种子增加的产量

8—9

2003年10月14日晚，大漠深处的酒泉卫星发射中心，无人入眠——中华民族就要迎来飞天梦圆的时刻。次日5时20分，天还未亮，国家主席胡锦涛同志为即将出征的航天员杨利伟送行。他对杨利伟说："神舟五号马上就要发射了，这是你们盼望已久的庄严时刻，也是全国各族人民盼望已久的庄严时刻。杨利伟同志就要作为我国第一个探索太空的勇士出征，就要肩负着祖国和人民的重托去实现中华民族的千年梦想。相信你一定会沉着冷静，坚毅果敢，圆满完成这一光荣而神圣的使命。我们等待着你胜利归来。"

10月16日凌晨，中国首位航天员杨利伟乘坐中国人自己研制的飞船在太空中绕地球飞行14圈后，安全着陆于内蒙古草原。

随着中国首次载人航天飞行的圆满成功，中国成为世界上第三个有能力依靠自己的力量将航天员送入太空的国家。

8. 这篇短文主要介绍了：(　　)

A. 领导嘱咐航天员的谈话内容　B. "神五"发射升空与返回的经过

C. 中国人实现千年梦想的历程　D. 杨利伟胜利完成任务的经验

9. 中华民族的千年梦想是：(　　)

A. 成为世界航天大国　B. 实现人在太空飞行

C. 研制载人航天飞船　D. 安全回收太空飞船

第五单元

巨龙腾飞

第一课

列车驶入拉萨[1]

对于普通中国家庭来说,从北京到拉萨,如果乘坐飞机,2500 元人民币的入藏机票是一笔不小的开支,而 2006 年 7 月 1 日投入运营的青藏铁路[2]线则把这笔费用降到最低 389 元人民币。

青藏线投资超过 330 亿元人民币,跨越了中国西部最基本的几大地理区域,其中 960 公里的线路海拔在 4000 米以上,最高部分海拔超过 5000 米。

进藏列车属于"特制品",拥有目前国内最先进的车厢。高原地区由于气压降低,氧气稀薄,无论人还是机车,都会受到影响。为抵御青藏高原的风沙和缺氧,进藏列车实行全封闭设置,不会漏风。所有的污物都由真空收集装置处理,卫生间设置了紧急呼救按钮,12 号车厢还专门为残疾人准备了无障碍厕所。高原上 18 个小时的行车,会积攒下大量的垃圾,车上一滴废水一点废物也掉不下去。整个列车的垃圾污物统一在格尔木站回收。

列车的每节车厢都安装了半吨重的制氧机,即使机器发生故障,备用的紧急制氧设备也能保证车内的氧气一直提供到拉萨。有了行进中的列车"氧吧",旅客抱着氧气袋进藏的场景将成为历史。车厢的电子显示屏不断滚动显示海拔高度,从海拔 3000 米起,列车开始启动两套系统集中供氧:一套通过混合空调中的空气供氧,使每节车厢含氧量都保持在 23%~25%,另一套是独立的接口吸氧,每个床头都设有吸氧口,列车员把一次性吸氧管发给乘客,可随时使用。

青藏线上的乘务员均经过精心选拔和培训,掌握藏、汉、英三种语言,身着藏绣制服。列车上的所有说明文字都由藏、汉、英三种文字标识,车厢间过道门的玻璃上绘制着藏族吉祥图案。

从格尔木起,车窗前按动相机快门的频率不断增加,只要窗外出现动物的影子,即使肉眼刚刚能辨识出,大家总是异口同声地一起喊:"藏羚羊!"英国作家德波顿曾经把风景分为"耕牛风景"和"野牛风景",在青藏线上走过一趟才觉得这样的分类一目了然。沿途经常能见到藏野驴和藏羚羊,但我们被告知，铁路沿线看到的牦牛多为藏民自己饲养的家畜，并非野生。

新鲜、好奇，是每一个乘坐青藏列车的人的共同感受。来自青海 31 岁的那加多吉同母亲一起乘坐青藏线第一次去拉萨朝圣，虽然兴奋得只睡了一两个小时，但那加多吉充满好奇的脸上不见一点倦意。窗外下着小雨，他告诉记者，去拉萨的途中遇雨，意味着这一路会吉祥。

青藏线上，每天有 2400 多人从铁路入藏，车上主要是朝圣的藏民、学生、旅游者和公干在身的职员。高原上行车，成本高于平原，但青藏铁路的硬座票没有增加任何费用。这趟黄金进藏线刚一开通，即刻成为抢手线路，途中经常"一票难求"。

23 岁的西藏昌都人顿珠卓玛大学毕业后分到青藏铁路公司工作，刚刚去西宁报到。以后，她将在青藏铁路拉萨段的一个配电站工作，她指着车窗外白墙蓝屋顶的小房子告诉记者："就是这样的配电站。"

卓玛带了一大包食物，供她和妈妈两天食用，母亲拉姆雍西在昌都的藏医院工作，她告诉记者："火车通了，到内地去卖藏药十分方便，藏药在内地很有市场。"在途中，拉姆听到那首歌颂青藏铁路的《天路》，感动落泪，"女儿学的是铁路专业，在她们居住的地区，卓玛是当地唯一一个铁路专业毕业的女生。人们都说女孩儿学铁路不对口，当时报志愿时就是去撞一下大运，没想到竟然撞上了。"拉姆说着，脸上带着幸福的微笑。她去过 10 多次拉萨，"汽车从格尔木到拉萨需要两天半，70 年代时要一周才到，非常不便。"拉姆 82 岁的母亲生活在昌都，有了方便的火车，拉姆最大的愿望是"带老妈妈坐火车去西宁转转塔尔寺③"。

当年，援藏的内地人把成都的机场当成了回程转运站，每人都是几个大背包，青藏铁路开通后，这样的特色景象将变得越来越少。除了安全、快速和方便外，青藏线给很多乘客省下了一笔钱。

(选自《今日中国》2006 年第 10 期，作者：张洪，有改动)

注 释

① 拉萨

拉萨，西藏自治区首府，西藏政治、经济、文化、宗教、交通中心。古城海拔 3500 米，市区人口 11 万，全年无雾，光照充足，有"日光城"之称，名胜古迹驰名中外，布达拉宫为世界文化遗产。

② 青藏铁路

青藏铁路起自青海省会西宁市，经格尔木市，向南越过昆仑山、唐古拉山进入藏北高原，最终到达西藏自治区首府拉萨市，全长约1956公里，2006年7月1日全线运营。

③ 塔尔寺

塔尔寺在青海省湟中县，是藏传佛教格鲁派著名寺院之一，全国文物保护单位，1560年建于该教派创始人宗喀巴的诞生地。寺院建筑辉煌，寺藏文物琳琅满目，典籍浩如烟海，壁画、堆绣、酥油花堪称塔尔寺艺术三绝。

生　词

1.	开支	kāizhī	(名/动)	expenditure, outlay
2.	运营	yùnyíng	(动)	operation; operate
3.	投资	tóuzī	(名/动)	investment; invest
4.	氧气	yǎngqì	(名)	oxygen
5.	稀薄	xībó	(形)	thin
6.	抵御	dǐyù	(动)	withstand, resist, protect against
7.	残疾	cánjí	(名)	disability
8.	故障	gùzhàng	(名)	failure
9.	显示屏	xiǎnshìpíng	(名)	display monitor
10.	滚动	gǔndòng	(动)	roll
11.	吉祥	jíxiáng	(形)	propitious, auspicious
12.	图案	tú'àn	(名)	pattern, design, image
13.	频率	pínlǜ	(名)	frequency
14.	藏羚羊	zànglíngyáng	(名)	Tibetan antelope
15.	沿途	yántú	(名)	along the way
16.	牦牛	máoniú	(名)	yak
17.	朝圣	cháoshèng	(动)	go on a pilgrimage
18.	抢手	qiǎngshǒu	(形)	hot, much sought after
19.	配电站	pèidiànzhàn	(名)	(power) distribution station, distribution center

练　习

一、选择对画线词语恰当的解释

1. 青藏线上的乘务员均经过<u>精心</u>选拔和培训。(　　)

A. 精确　　B. 细心　　C. 精明　　D. 小心

2. <u>沿途</u>经常能见到藏野驴和藏羚羊。(　　)

A. 路边附近　　B. 顺着铁路　　C. 道路中间　　D. 铁路旁边

3. 这趟<u>黄金</u>进藏线刚一开通,即刻成为抢手线路。(　　)

A. 高贵的　　B. 宝贵的　　C. 贵重的　　D. 富贵的

4. 人们都说女孩儿学铁路<u>不对口</u>。(　　)

A. 不适合　　B. 不正确　　C. 不合口味　　D. 不合心意

5. 当时报志愿时就是去撞一下大运,没想到竟然<u>撞上了</u>。(　　)

A. 遇见了　　B. 受伤了　　C. 成功了　　D. 找到了

6. 青藏铁路开通后,每人都是几个大背包的<u>景象</u>将变得越来越少。(　　)

A. 景色　　B. 事情　　C. 形势　　D. 状况

二、根据课文选择正确答案

1. 进藏列车采用全封闭设置的主要目的是:(　　)

A. 防御风沙和保持供氧　　B. 防御青藏高原的寒冷

C. 防止乘客向外扔垃圾　　D. 保持车厢生的清洁卫

2. 列车除了每节车厢集中供氧外,乘客还可以:(　　)

A. 在车上买氧气袋吸氧　　B. 进入车上的氧吧吸氧

C. 利用床头吸氧口吸氧　　D. 付费使用吸氧管吸氧

3. 沿途经常能见到多种动物,但有一种是藏民饲养的家畜。(　　)

A. 野牛　　B. 牦牛　　C. 藏羚羊　　D. 藏野驴

4. 列车里因公出差的乘客是:(　　)

A. 藏民　　B. 学生　　C. 游客　　D. 职员

5. 当时报志愿时就是去撞一下大运,这里“撞”的意思是:(　　)

A. 碰见　　B. 试探　　C. 冲击　　D. 胡来

三、根据课文回答问题

1. 请简单介绍青藏铁路。
2. 为什么说进藏列车是“特制品”?
3. 进藏列车怎样供氧?
4. 怎么理解“耕牛风景”和“野牛风景”?
5. 请说说23岁的顿珠卓玛的情况。
6. 拉姆雍西在哪儿工作?她有个什么愿望?
7. 青藏铁路给普通乘客带来什么好处?

四、扩展练习:根据下列文章片段选择正确答案

1—4

在中国,“出国容易进藏难”是一句俗话。1300年前,唐朝的文成公主走了3年才到达西藏,因为路途太远,一些随员在途中死去,所带物资也不得不沿途抛弃在路上。途经青海玉树,她不得不在那里停下来休整了一个月,就此教会了当地人酿酒和磨面。上世纪50年代,一次入藏要在路上颠簸12天才能到达圣城拉萨。今天从北京到拉萨,坐火车只需48小时就可完成当年的“天路历程”。

铁路对一个城市有什么作用?19世纪,青岛被划归德国统治后,德国人立刻要做的一件事就是架轨铺铁路,胶济线的开通使青岛成为中国最早开放的沿海城市之一。青藏线上另外两个城市——西宁和格尔木也因为铁路的开通而缩小了当年与内地城市之间的巨大差距。50年前,西宁和格尔木意味着“边区”,很多内地产品在当地都是奢侈品。今天,西宁的商店里,内地热销品同样成了抢手货,路上的越野跑车正在驶向不同的目的地;而格尔木则从一片荒漠变成了新兴的移民城市。通车后的青藏线将西宁、格尔木和拉萨串联成一体,形成了西部地区的旅游圈。

1. 文成公主进藏的故事说明当时:(　　)

A. 汉藏友好　　B. 行路艰难　　C. 唐朝强盛　　D. 路途遥远

2. “抢手货”说的是商品：(　　)

A. 价格便宜　　B. 质量很好　　C. 受到欢迎　　D. 供应不足

3. 文中提到的最年轻的城市是：(　　)

A. 拉萨　　B. 青岛　　C. 西宁　　D. 格尔木

4. 铁路的作用涉及许多方面，但文中没有提到：(　　)

A. 教育　　B. 交通　　C. 商业　　D. 旅游

5—7

京沪高速铁路建设方案已基本确定，将于2006年开始修建。京沪高速铁路将纵贯北京、天津、上海三大直辖市和河北、山东、安徽、江苏四省，正线全长1318公里，与既有京沪铁路的走向大体平行，全线为双线，设计时速350公里，初期运营时速300公里，将设置21个客运车站。该项工程预计建设工期为5年，届时，从北京至上海高速列车全程运行时间只需要5个小时，比目前京沪间特快列车缩短9小时左右。

京沪高速铁路是迄今我国铁路建设中投资规模最大、技术含量最高的一项工程，也是我国修建的第一条高速铁路。它的建设将坚持以我为主、自主创新的原则，形成具有中国自主知识产权的高速铁路技术体系，70%要国产化，它将开启中国铁路的高速新时代。

5. “纵贯”表示京沪高速铁路的方向是：(　　)

A. 从北到南　　B. 从东到西　　C. 东北到西南　D. 西北到东南

6. 不符合京沪高速铁路实际情况的说法是：(　　)

A. 中国修建的第一条高速铁路

B. 迄今火车运行速度最快的铁路

C. 迄今中国建设中投资规模最大的铁路

D. 迄今中国铁路建设中技术含量最高的铁路

7. 这两段话介绍了：(　　)

A. 京沪高速铁路开工了　　B. 中国高速铁路的发展

C. 京沪高速铁路的概况　　D. 中国高速铁路的技术

8—10

拉萨是一座具有1300多年历史的古城，位于雅鲁藏布江支流拉萨河北岸，海拔3649米。拉萨在藏文中为"圣地"或"佛地"之意，长期以来就是西藏政治、经济、文化、宗教的中心。雄伟壮丽的布达拉宫是古城的象征，已被联合国教科文组织列入了世界文化遗产名录。1982年，拉萨成为国务院首批公布的24座历史文化名城之一。

1960年，拉萨正式设市，全市总面积2.9万平方千米(市区面积441平方千米)，人口13万，有藏、汉、回等31个民族，藏族及其他少数民族人口占90%。拉萨地处海拔3649米的河谷冲积平原，是世界上海拔最高的城市之一。同时，拉萨天空湛蓝，河水清澈，空气新鲜，环境令人赏心悦目，是中国空气污染最少的城市。

2006年7月3日，T27次北京西至拉萨的旅客列车，经过48个小时的行程后抵达拉萨火车站。从1974年到2006年，中国人为青藏铁路整整奋战了32年，这条铁龙终于开进青藏高原，跨越昆仑山，第一次直通拉萨圣城。在火车的汽笛声中，拉萨已经听到了现代城市生活方式靠近的脚步声，一个宏大的拉萨城市发展规划已经酝酿成熟。"十一五"期间，拉萨市将以深化改革扩大开放、发展特色产业、提高城乡居民收入、建设区域性中心城市、加强生态环境保护建设、构建和谐社会为重点，加快转变经济增长方式，加快城镇化、市场化进程，不断增强自我发展能力和实力，实现经济社会跨越式的发展。

8. 拉萨与其他城市的最大差别是：(　　)

A. 政治中心　　B. 经济中心　　C. 文化中心　　D. 宗教中心

9. 对于拉萨，不正确的表述是：(　　)

A. 列入了世界文化遗产名录　　B. 中国的历史文化名城

C. 世界海拔最高的城市之一　　D. 中国空气污染最少的城市

10. "十一五"期间，拉萨市经济社会发展的工作重点有：(　　)

A. 5个方面　　B. 6个方面

C. 7个方面　　D. 8个方面

第二课

“华西文化”促进新农村和谐发展

2006年12月22日，华西迎来建村45周年的“生日”。华西人的幸福写在脸上。加强生态环境建设、打造人才开发系统工程，使华西的经济社会事业持续发展。今年全村销售收入突破400亿元。靠勤劳致富换来的幸福生活，一年更比一年好。“人心齐，万事兴”。特有的“华西文化”，凝聚着35平方公里、3.5万人口的大华西村①，自豪地走在社会主义新农村的大路上。

历史文化——推陈出新

“中华民族的文化传统源远流长，劳动人民受它的影响最大。”在被誉为“天下第一村”的华西村，到处可见闪烁着优秀民族文化光芒的雕塑、图像。在动员和组织农民建社会主义新农村时，华西特地在村里塑了“八仙过海”②的群塑，告诉全村人，我们现在也要过“海”，这个“海”，就是从贫困过渡到温饱的“海”。要过海，就必须像“八仙”那样，各显其能，人尽其才，发挥每一个人的积极性，共同建设新华西。而竖立在村里的孔子像则鼓励村民发扬尊师重教的精神。

如今，华西的孩子从小学到中学实行全免费教育，考上大学、出国留学还有重奖。华西注重引进人才，并让人才在“沃土”上成长。“教授村民”程先敏18年前放弃铁饭碗来到华西，充分发挥其专业特长，先后主持研制出08AL、H08等优质品种钢，达到国际先进水平。目前，全村中层干部60%达到了大专以上学历，华西集团有各类中高级工程技术人员2000人，一些人掌握英、德、俄等不同语言。强有力的人才使华西走上了科技创新的道路，增强了企业的竞争力。

乡村文化——道德为先

建村45年来，华西村领导十分重视村民思想道德教育，既没有“淡季”，也没有“旺季”，而是几十年“一贯制”。担任了多年村书记的吴仁宝，提出既富

"口袋",又富"脑袋",把公民道德建设作为乡村文化、企业文化的主题。

早在上世纪80年代初,华西就创建了精神文明"开发公司",专门负责精神文明建设的工作:在村办企业聘请了20多名信息员,收集思想道德方面的信息,对症开方;选购有针对性的学习材料;整理宣传村民的优秀事迹等。2000年起,华西成立了文化艺术团,充分利用身边的人和事,自编、自导、自演了《华西人》、《要看稀奇到华西》等节目,《华西村村歌》、《十富赞歌》成为老少喜爱的"流行歌曲"。在华西村的中心广场上,一抬头就能看见硕大的标语牌:"个人富了不算富,集体富了才算富;一村富了不算富,全国富了才算富。"从2001年6月至今,华西村先后将周边16个村划入"大华西",共同发展致富。如今在大华西,青年人得到就业,老年人按月领保养金,尝到了"基本生活包,老残有依靠,就业促勤劳,小康步步高"的甜头。不仅如此,华西村人还西赴宁夏,投入300多万元资金建立了"华西村",帮助西海固地区1万多农民走出荒山;在黑龙江肇东建立的"华西村",把一个原来人均年收入不足千元的村子建成了人均收入超过3500元的新村。2005年,华西被列为"全国文化村示范点",并成为省、市爱国主义教育基地,每年前来参观学习的中小学生就有50多万人。

旅游文化——环保先行

发展旅游业,环保先行。近年来,华西村先后投入环保资金近亿元,全面加强生态环境建设。2004年5月,华西村专门成立了环保公司,确立了专人、专线、专管的环保机制;引进雪松、香樟、云杉等1000多个花木品种,全村100%林网化,绿化覆盖面达50%以上。与此同时,华西关掉了利润达1000多万元的3个化工厂,并投资1000多万元建立了万吨级污水处理厂。原来的"排污大户"华西钢铁厂通过废物循环再利用,既能生产水泥,又能发电,降低了成本,增加了效益。2001年,华西成为全国唯一通过国际环保质量认证的村级单位。青山绿水和独特的"华西文化",红火了华西的旅游产业。近年来,每年到华西的中外游客超过100万人次。站在华西生态农业园里,吴仁宝笑容满面地向客人介绍华西村"南面工厂、北面粮仓、中间天堂"的规划:"我们要向绿色农业和旅游观光转型。我相信,等你们下次再来华西村,我们这里一定又是大变样了。"

(选自《光明日报》2006年12月17日,作者:苏雁,有改动)

注 释

① 华西村

华西村位于江苏省江阴市华士镇，原面积不到1平方公里,1500余人。1961年建村时,人均分配仅有50多元。华西村坚持以公有制为主体,走共同富裕的道路,20世纪80年代就成为江苏的首富村,被誉为“天下第一村”。

② “八仙过海”

“八仙过海”是中国古代的一个传说:八位仙人应邀出海赴宴赏花,回来时却遭到东海龙王阻挠,八仙分别拿出自己的法宝,各显神通,经过了激烈的斗法较量,最后越过大海。故事始于唐,明代有《八仙东游记传》。

生 词

1. 和谐	héxié	(形)	harmonious
2. 生态	shēngtài	(名)	ecology
3. 销售	xiāoshòu	(动)	sell
4. 凝聚	níngjù	(动)	congregate
5. 推陈出新	tuī chén chū xīn		get rid of the stale and bring forth the fresh
6. 雕塑	diāosù	(名)	sculpture
7. 铁饭碗	tiěfànwǎn	(名)	Iron Rice Bowl
8. 创新	chuàngxīn	(动)	innovate
9. 淡季	dànjì	(名)	slack season, off-season
10. 旺季	wàngjì	(名)	busy season
11. 一贯制	yíguànzhì	(名)	consistant system
12. 聘请	pìnqǐng	(动)	invite
13. 示范	shìfàn	(动)	demonstrate, model
14. 环保	huánbǎo	(名)	environment protection
15. 覆盖	fùgài	(动)	cover

16. 利润	lìrùn	（名）	profit
17. 废物	fèiwù	（名）	waste
18. 唯一	wéiyī	（形）	only, sole
19. 认证	rènzhèng	（动）	certify, accredit
20. 粮仓	liángcāng	（名）	granary, barn
21. 转型	zhuǎnxíng	（动）	transform

练　习

一、选择对画线词语恰当的解释

1. 加强生态环境建设、打造人才开发系统工程，使华西的经济社会事业持续发展。（　　）

A. 锻炼　　B. 制造　　C. 建设　　D. 生产

2. 靠勤劳致富换来的幸福生活，一年更比一年好。（　　）

A. 给予财富　　B. 实现富裕　　C. 产生富豪　　D. 集中财力

3. 人心齐，万事兴。（　　）

A. 高兴　　B. 兴奋　　C. 兴趣　　D. 兴旺

4. 在村办企业聘请了 20 多名信息员，收集思想道德方面的信息，对症开方。（　　）

A. 依据病情，给予有效治疗　　B. 针对问题，提出解决办法

C. 区别病人，选择不同药物　　D. 通过分析，写出总结报告

5. 个人富了不算富，集体富了才算富。（　　）

A. 认作　　B. 计算　　C. 推测　　D. 计划

6. 华西村民尝到了“基本生活包，老残有依靠，就业促勤劳，小康步步高”的甜头。（　　）

A. 美味　　B. 好处　　C. 幸福　　D. 甜食

7. 发展旅游业，环保先行。（　　）

A. 水平先进　　B. 首先实行　　C. 走在前面　　D. 提前试行

二、根据课文选择正确答案

1. 可以和成语“八仙过海”连接的词语是:(　　)

A. 源远流长　　B. 各行其是　　C. 尊师重教　　D. 各显其能

2. 从文中可以知道孔子是一位:(　　)

A. 文学家　　B. 军事家　　C. 教育家　　D. 艺术家

3. 华西村领导十分重视村民思想道德教育,用“一贯制”表示:(　　)

A. 一向如此,从未改变　　B. 领导一致,做法相同

C. 从上到下,都是一样　　D. 没有区别,一律如此

4. 华西村在外地建立“华西村”的目的是:(　　)

A. 创建教育基地　　B. 发展乡村文化

C. 扩大华西影响　　D. 帮助农民致富

5. 解决华西钢铁厂排污的一项重要措施是:(　　)

A. 种植花木绿化　　B. 废物循环再利用

C. 建立水泥厂和发电厂　　D. 进行国际环保质量认证

6. 这篇文章主要介绍的是:(　　)

A. 华西村企业建设的成就　　B. 文化建设的内容和措施

C. 通过文化建设发展新农村　　D. 创建华西村美好未来的规划

三、根据课文回答问题

1. 今日华西村的情况怎么样?
2. “八仙过海”的故事告诉我们什么?
3. 华西村有哪些重视教育、尊重人才的表现?
4. 怎样理解“既富口袋,又富脑袋”?
5. “基本生活包,就业促勤劳”是什么意思?
6. 华西村采取了哪些环保措施?
7. 近年来华西的旅游产业情况怎样?
8. 华西村的规划有什么特点?

四、扩展练习：根据下列文章片段选择正确答案

1—3

过去，城里人下乡有三怕：一怕上厕所，二怕蚊子多，三怕洗澡难。然而，在云南省红河县宝华乡龙甲村，随着农民生活条件的改善，这个偏远的山村使用上了沼气，这“三怕”已成为老黄历。龙甲村是一个哈尼族村寨，有107户500余人。村前是“红河粮仓”，拥有万亩梯田，村后有山，古木成林；村边有水，小溪潺潺。但就是这个“清泉石上流”的村寨却是：房屋乱建，人无厕所，猪无圈。有人形容龙甲村是“白云生处有人家，进村却是脏乱差”。

为了改变龙甲村脏乱差的面貌，宝华乡政府决定从引导村民改变落后的生产、生活方式入手，借鉴外地经验，首先推广使用沼气。乡政府决定，建一口沼气池，乡里资助1吨水泥、5公斤钢筋、一套沼气灶具，修建中还组织技术人员指导。不到半年时间，全村103户全部都建起了沼气池。村民李生自己拿出了500元钱，在乡政府资助下，建成了一口沼气池，沼气池连通着猪圈和冲水厕所，除了可以舒适地上厕所外，小院里再也没了臭味，蚊子也明显减少。让李生更高兴的事是，他全家一年还可以节约1200多元。

龙甲村有养猪的习惯。过去，猪在村里到处跑；现在猪、羊、牛、鸭、鸡、鹅全进了圈。十几条村道都铺上了水泥路，还建起灯光球场、老年活动室。离活动室还有五六十米远，悠扬的三弦声、唢呐声、锣鼓声便一阵阵传来。原来，这个村里32人的农民乐队正在灯光球场上表演，全村的几百号老老少少放下饭碗都来看。

1. 龙甲村的自然环境怎样？(　　)

A. 脏　　B. 好　　C. 乱　　D. 差

2. 这篇短文中的“老黄历”比喻什么？(　　)

A. 破旧的历书　B. 老人的经历　C. 过去的历史　D. 退色的古籍

3. 使用沼气后，龙甲村最大的变化是什么？(　　)

A. 村里干净了　B. 村民富裕了　C. 村子热闹了　D. 生产提高了

4—6

平均月收入966元，半数寄回家乡。

平均每周工作6.29天，每天工作8.93小时。

七至八成没购买保险，大多居住在简陋的宿舍里。

三分之二不上正规医院看病。

子女进城读书一年平均支出2450元。

虽然生活条件普遍较差，劳动强度大，社会保障差，文化娱乐少，但多数农民工仍然认可目前在城市的生存现状，对未来生活充满希望。农民工外出务工经商主要为了增加收入、增长见识、学习技术。从农村到城市，外出务工农民开始更新观念，转变生活方式，既富口袋，又富脑袋。特别是年轻人思想活跃，接受新事物的能力较强，许多人不喜欢从事农业，不愿留守土地一辈子务农。国家统计局在今天发布的2006年8月的调查报告中这样说。这项调查在全国范围内以面访方式共调查各类农民工29425人。有关人士表示，尽管国家对农民减少了各项收费，减轻了农民的负担，但是在农村，人多地少，农民的收入仍然很低。外出打工虽然辛苦，但大多仍选择外出务工经商。

4. 从调查报告可以看出农民工：(　　)

A. 收入低不够花　　B. 节假日休息少

C. 常上医院看病　　D. 重视子女教育

5. 调查显示多数农民工：(　　)

A. 希望回乡务农　　B. 对现状很满意

C. 愿意留在城市　　D. 对未来没信心

6. 这个调查集中反映了：(　　)

A. 广大农村的状况　　B. 农民工的美好理想

C. 中国的城乡差别　　D. 农民工的生存现状

7—9

杭州市萧山区航民村占地两平方公里，全村339户1000多人。沈志方是航民村的一位普通村民，今年40岁，在村里的印染公司上班，月收入7000元左右；妻子在村幼儿园上班，月收入1000元左右。孩子从幼儿园到大学的费用全部由村里负担，两人的父母，每月可领300元养老金。村党委书记朱重庆介绍道："航民集团公司和航民股份公司成立后，全村的股权中，村集体控股56%，44%的股权量化给村民、职工。今年预计实现销售产值36亿元，利税2.6亿元。"按照村里的股权办法，村民年底可以分红。

今天的成就来之不易，以前的航民村经济单一，农业生产技术落后，村民贫困。经过20年的发展，航民村已形成了以纺织、印染、建材等行业为主体的多门类工业体系，印染业更在全国榜上有名。航民一天印染的布，足足可以从工厂铺到北京去。航民村是工业主导，在密集的工厂中间，我们看到了规模不小的航民污水处理有限公司，“航民集团大约70%的污水在这里处理。公司一年成本运转费就是3500万元，一天大概要10万元。”朱重庆加重了语气说，“但是这是值得的。”迈上工业路的航民村，是浙江农村旧貌换新颜的一个缩影。

7. 航民股份公司的股权归谁所有？(　　)

A. 村集体　　B. 企业职工　　C. 全体村民　　D. 集体和个人

8. “分红”是什么意思？(　　)

A. 发给红包　　B. 分配利润　　C. 赠送礼品　　D. 发放工资

9. “这是值得的。”是针对什么来说的？(　　)

A. 保护环境　　B. 提高产值　　C. 改进技术　　D. 降低成本

第三课

我国外贸突破万亿美元

——访商务部国际贸易经济合作研究院院长柴海涛

2004年11月20日，中国进出口贸易总额历史性地突破一万亿美元，使得原先制定的进出口总额至2010年达一万亿美元的中长期规划提前6年实现。其中原因何在，走向又将如何，记者就这些问题采访了商务部国际贸易经济合作研究院院长柴海涛。

记者：中国进出口贸易高速增长的主要原因何在？

柴海涛：首先，中国经济持续高速增长，给进出口贸易提供了良好的宏观经济环境与物质基础。出口方面，中国制造业目前有强烈的出口需求，600种政府监测的消费品，80%供过于求。近年来形成的巨大生产能力，在国内消费市场难以容纳和满足的情况下，转而到国际市场上寻求出路，才能维持就业与增长。目前，中国的纺织服装出口量约占全球市场的25%以上；空调、彩电、电冰箱、洗衣机、微波炉等产品出口依存度在40%—50%之间。进口方面，由于目前国内经济增长在相当程度上靠投资推动，社会固定资产投资的增长速度一直保持在高位运行，拉动了能源、矿产、原材料等初级产品，以及制造设备进口的大量增加。

其次，承接全球制造业转移，外国直接投资成为进出口高速增长的关键变量。中国引进外资已经连续十多年居发展中国家①第一。在现有外资企业中，制造业占了7成，今年新批外资企业中，72%的企业和75%的金额继续投向制造业，主要集中在通信设备、计算机、电子、通用和专用设备领域。

最后，长期以来，中国政府采取了积极鼓励出口的发展战略，从中央到地方都实施了一系列对外贸易促进措施与政策，推动了外向型经济的成长。中国加入世贸组织②后打开发展空间。中国执行了与其他主要贸易国家相同的贸易规则，同时享有了加入世贸组织所带来的预期收益。

记者：今年中国进出口贸易有哪些新的变化？

柴海涛：1. 产品构成的变化：中国外贸经历了从轻工纺织品到机电产品，再到高新技术产品为主要支撑和新增长点的三个阶段，成功地把握着出口产品结构逐步升级的过程。今年高新技术产品的出口迅猛增长52%,高于总出口增速17个百分点,占全部出口的比重已达27.4%。

2. 贸易形式的变化:长期以来,我国外贸出口的主要成分是一般贸易,但这种格局近年被打破。加工贸易异军突起,超过了一般贸易的增长,目前已经占到出口总额的55%,进口总额的39%。加工贸易不仅推动了产业结构的升级和产品结构的优化,吸纳了2000万以上的劳动力就业,而且每年由此获得了较大的贸易顺差,为增加进口提供了安全保障。

3. 贸易的主体变化:外资企业和集体私营企业的出现和迅速发展,是当前和未来一段时间发展的新趋势。两者相加,已占中国出口额的74%,进口额的69%,占据了优势地位。近年来,跨国公司资本和技术密集型产业大规模转移,外资大量进入带来了三样我国缺乏的要素:国际营销网络、高新技术和现代管理。这三要素与我国的良好的基础设施、完整的工业部类、质优价廉的劳动力三个比较优势相结合,使得中国工业技术能力成长迅速,形成了强大的产业国际竞争力。

记者:在中国外贸可持续发展中,还有哪些应该注意的因素?

柴海涛:1. 单纯依靠数量规模和价格优势的增长方式弊端日见,转变外贸增长方式成为未来需要解决的首要问题。特别是传统出口产品利用土地、资金和环保低成本的现状,靠对外低价销售的扩张模式应该调整。要帮助国内企业提高自主研发和技术创新能力,积极培育自有品牌,掌握自主知识产权[3]的核心技术,逐步走向依靠质量效益实现可持续增长。

2. 贸易摩擦高发将与中国出口规模的增长相伴相随,轻视或者过于敏感都无助于问题的正常解决。只要这种以加工贸易为特征的不平衡贸易格局存在,中国与西方发达国家的贸易摩擦就会居高不下。应对贸易摩擦的正确思路是适应WTO的规则,学会为我所用,为我所利。

(选自《光明日报》2004年12月20日,作者:张玉玲,有改动)

注　释

① 发展中国家

developing countries,与发达国家相对的经济比较落后的国家,又称不发达国家。即处于工业化过程中,教育、卫生和文化事业较落后,基础设施不完备,经济不很发达,正在谋求发展的国家。

② 世贸组织

世界贸易组织(WTO)的简称,1995 年 1 月 1 日正式成立,总部设在日内瓦。该组织的宗旨是通过实施市场开放、非歧视和公平贸易原则,推动实现世界贸易自由化。世贸组织在调解成员争端方面具有权威性和有效性。它的前身是关税与贸易总协定(GATT)。

③ 知识产权

知识产权是一种无形产权,指智力创造性劳动取得的成果,并且是由智力劳动者对其成果依法享有的精神经济权利。传统的知识产权有专利权、商标权和版权。

生 词

1. 总额	zǒng'é	(名)	total amount
2. 持续	chíxù	(动)	continue
3. 宏观	hóngguān	(形)	macro, macroscopical
4. 监测	jiāncè	(动)	monitor
5. 矿产	kuàngchǎn	(名)	mineral resources
6. 预期	yùqī	(动)	anticipate, expect
7. 收益	shōuyì	(名)	income
8. 支撑	zhīchēng	(动)	support, prop
9. 百分点	bǎifēndiǎn	(名)	percentage point
10. 格局	géjú	(名)	pattern
11. 顺差	shùnchā	(名)	favourable balance, surplus
12. 私营	sīyíng	(形)	private
13. 趋势	qūshì	(名)	trend
14. 密集	mìjí	(形)	intensive
15. 要素	yàosù	(名)	factor
16. 营销	yíngxiāo	(名)	marketing
17. 弊端	bìduān	(名)	shortcoming, disadvantage, defect
18. 扩张	kuòzhāng	(动)	expand
19. 模式	móshì	(名)	mode
20. 摩擦	mócā	(名)	conflict, friction

练　习

一、选择对画线词语恰当的解释

1. 中国进出口贸易总额历史性地突破一万亿美元。(　　)

A. 打破　B. 超过　C. 达到　D. 突出

2. 中国的消费品在国内市场难以容纳的情况下,转而到国际市场上寻求出路,才能维持就业与增长。(　　)

A. 外边的路　B. 生活前途

C. 对外贸易的方式　D. 销售货物的去处

3. 长期以来,中国政府实施了一系列对外贸易促进措施与政策,推动了外向型经济的成长。(　　)

A. 执行　B. 使用　C. 实行　D. 采用

4. 中国外贸成功地把握着出口产品结构逐步升级的过程。(　　)

A. 升起　B. 增加　C. 扩大　D. 提高

5. 应对贸易摩擦的正确思路是适应 WTO 的规则,学会为我所用,为我所利。(　　)

A. 冲突　B. 抵触　C. 冲击　D. 对抗

二、根据课文选择正确答案

1. 中国外贸高速增长最主要的原因是什么?(　　)

A. 中国经济的持续高速增长　B. 国际市场需求量日益增加

C. 国内消费市场已供大于求　D. 中国企业有强烈出口愿望

2. 什么是中国进口增长的主要原因?(　　)

A. 全球制造业的转移　B. 国内原材料的不足

C. 外国直接投资增加　D. 国内经济投资推动

3. 哪种说法不符合中国入世后的实际?(　　)

A. 打开了经济发展的空间　B. 限制了外国资本的引进

C. 执行了相同的贸易规则　D. 享有了入世的预期收益

4. 中国初期外贸出口的主要产品是什么？（　　）

A. 农产品　　B. 机电产品　　C. 轻工纺织品　D. 高新技术产品

5. 当前中国进出口贸易额的情况怎么样？（　　）

A. 进口额大于出口额　　B. 出口额大于进口额

C. 进口额等于出口额　　D. 出口额接近进口额

6. 中国企业最明显的优势是什么？（　　）

A. 国际营销网络宽阔　　B. 高新技术广泛应用

C. 劳动力的质优价廉　　D. 管理方式的现代化

三、根据课文回答问题

1. 中国进出口贸易高速增长最主要的原因是什么？
2. 什么情况促使中国消费品大量进入国际市场？
3. 近年来中国进出口贸易有哪些新变化？
4. 中国出口商品构成的变化经历了哪三个阶段？
5. 中外企业各自具有什么优势？
6. 高发的贸易摩擦反映了中国外贸的哪些问题？
7. 怎样正确看待和应对贸易摩擦？

四、扩展练习：根据下列文章片段选择正确答案

1—3

自从加入WTO以来，中国一直是世界上贸易额增长最快的国家。如今，中国的贸易增速超过了其他发展中国家，成为继欧盟和美国之后的第三大贸易实体。现在，中国已成为发展中国家里贸易壁垒最低的一个，中国的进口关税平均值已低于10%，而2001年的这一数字还高于15%。

入世5年来，我国经济一年上一个台阶：2002年国内生产总值突破10万亿元人民币，2003年人均GDP突破1000美元，2004年进出口贸易总额突破1万亿美元，2005年财政税收突破3万亿元人民币，2006年外汇储备突破1万亿美元。

如果给这五年的中国经济打分的话，90分应当不为过。世贸组织总干事拉米表示，“你们的这些努力给我留下了深刻的印象”，“总的说来，中国的成绩是A+”。

1. 哪个数字直接反映对外贸易的状况？（　　）

A. 财政收入　　B. 外汇储备　　C. 进出口总额　D. 国内生产总值

2. “90分应当不为过”中的“不为过”是什么意思？（　　）

A. 差不多　　B. 不对　　C. 不少　　D. 不过分

3. 对于入世5年来的中国，哪种表述是不正确的？（　　）

A. 是国际上第三大贸易实体

B. 是世界上贸易额最多的国家

C. 是世界上贸易额增长最快的国家

D. 是发展中国家里贸易壁垒最低的国家

4—6

入世5年的中国现实，让我们以全新的角度清楚地看到：因WTO而改变的普通人的生活。5年来，从超市里的油盐酱醋茶到银行、保险，从音乐、电影、戏剧到教育，WTO的影子无处不在。而WTO这3个英文字母组成的名词，也已成为中国老百姓家喻户晓的语言。中国人正在逐步分享WTO所带来的成果。

居住在北京的黄老太太一家便属于这样的人群。60岁的黄老太太退休之后从内蒙古来到北京和女儿女婿一起居住。黄老太太每天早上都会去小区门口的便利超市店买些当天吃的新鲜蔬果和肉类。周末她便会要求女婿开着车带她去远点的大超市或大卖场。尽管黄老太太并不清楚百盛来自马来西亚、太平洋百货来自台湾、屈臣氏来自香港、华堂商场来自日本，但这些地方已经成为她生活中必不可少的一部分。在这些地方，她可以选择她喜欢的所有东西，而很多东西在入世前或许根本就不能看到。

去沃尔玛大卖场购物，去宜家家居买家具，去星巴克喝咖啡，去永和豆浆吃早餐，去麦当劳吃汉堡包，与家人朋友一起过圣诞节……和许多西方人一样，这样的生活也已经成为今日中国人的生活。零售业的发展也带来了很多新的生活、消费方式和品牌观念。好莱坞大片如今也能在中国同步观看，还有时装展、名车展以及各种国际著名艺术团体的演出。不用出国，就能感受世界的脉搏。

4. 黄老太太平日买东西总爱去哪儿？（　　）

A. 华堂商场　　B. 便利超市店　C. 太平洋百货　D. 沃尔玛大卖场

5. 黄老太太感受到最大变化的是哪一方面？(　　)

A. 零售服务业　B. 银行保险业　C. 交通运输业　D. 文化娱乐业

6. “不用出国，就能感受世界的脉搏”的含义是什么？(　　)

A. 中国人都知道世贸组织　　B. 在中国能买到外国商品

C. 中国人生活和各国一样　　D. 中国已经融入国际社会

7—9

回顾入世5年中国汽车业的发展历程，就是关税一降再降并且惠及百姓的5年：由2001年的80%至100%，到2006年7月1日的谷底25%。汽车进口关税的不断下调以及高档汽车的国产化，使中国车市的价格也一降再降。入世前，所有车型在中国都是“珍品”，那些国外已卖不动的车，在中国价格却高得可怕。入世之初，许多人为尚处于幼稚期的中国汽车工业捏了一把汗。但在5年之后，在这场看上去似乎一边倒的较量中，国产车不仅没有败下阵来，反而成长壮大，与此同时，自主品牌也异军突起，成为洋品牌强有力的挑战者。

入世5年来，中国轿车需求量每年平均增长近4成。据有关部门统计，2006年中国实现汽车产销700万辆，中国超过德国成为仅次于美国和日本的世界第三大汽车生产国。中国轿车需求量达到400万辆，比加入世贸组织的2001年的80万辆净增320万辆，年均增长37.5 %，其增幅列世界各国之首。在国民经济保持较快增长的态势下，中国的汽车工业仍将继续发展，汽车产量稳步上升。

7. 入世5年来，中国汽车的价格如何变化？(　　)

A. 贵得可怕　B. 不断下降　C. 有升有降　D. 降到谷底

8. 这篇短文中的“捏了一把汗”表示什么？(　　)

A. 担心　B. 加油　C. 着急　D. 冷淡

9. 哪种说法不符合目前中国汽车业的情况？(　　)

A. 中国轿车需求量年均增长近四成

B. 2006年中国汽车产销700万辆

C. 中国轿车需求量列世界各国之首

D. 中国已是世界第三大汽车生产国

第四课

新疆这五十年

在很多人的印象中，新疆像一首民歌里唱的那样“在那遥远的地方”，笼罩在漫天黄沙之中，民众骑着骆驼赶着马，一片荒凉。但只要你到过新疆就会发现，经过50年的发展，新疆既不偏远也不落后，这里的各族民众热情真诚，这里的地域辽阔神秘，文化多彩丰富，景观离奇迷人；这里有丰富的资源，有强大的发展潜力。

50年前的乌鲁木齐只有一条街道，一到春天雪融，街道上泥泞不堪，整座城市就像一只“落汤鸡”。而今的乌鲁木齐已经是中国向西开放的桥头堡、中国与中亚国家进行贸易的物流港、国内外游客向往的旅游胜地、中国西部地区的经济中心之一；白天的乌鲁木齐车水马龙，夜间灯火通明，繁华的街道上人来人往，旁边的小巷内、葡萄架下歌舞欢腾，各族民众在这里安居乐业，一片繁荣。

50年前，从新疆首府乌鲁木齐到北京需要一个月左右。毛驴和马是当时民众的主要交通工具。新疆和田地区农民库尔班·吐鲁木大叔曾梦想骑着小毛驴上北京看毛泽东主席。那时全新疆几乎没有像样的路。如今，铁路、空运不说，新疆的各类公路就有8万多公里，足以环绕地球两周。有人回忆说，50年前的新疆就如一张发黄的黑白照片，如今的新疆就如一张彩色的艺术照。

新疆矿产资源十分丰富。新疆的石油储量约占中国石油资源总量的30%；煤炭储量约占全国煤炭资源的40%；天然气储量约占全国陆上天然气资源量的34%；目前发现的矿产储量居中国前10位的达43种。新疆已建成克拉玛依油田、塔里木油田、吐哈油田三大油田基地。2004年，新疆生产原油2253万吨，天然气57亿立方米，分别位居中国第三位和第二位。

新疆是中国最大的棉花生产基地和甜菜、油料、果品、畜产品的重要产地，尤其以棉花最令人瞩目。新疆的棉花产量占到世界总产量的8%。2004年，新疆产棉花175万吨(同期中国的总产量为600万吨)。新疆棉花的单产和品质等方面也都名列中国第一，中国迅速成为世界最大的产棉国，而中国出口的棉花基本上都是新疆出产的。

新疆维吾尔自治区幅员辽阔，千姿百态的自然景观、历史悠久的文物胜迹、浓郁独特的民族风情让新疆成为万千游客向往之地。目前新疆共有景区景点500处，其中国家A级景区45处。旅游业成为新疆重要的支柱产业。据新疆旅游局公布的资料，旅游收入已占到GDP的5.7%，入境游客由1978年的88人次增加到2004年的31.69万人次，创汇近1亿美元，接待国内游客1200多万人次，旅游收入110亿元人民币。新疆借助"亚洲地理中心"的独特区位优势，与中亚国家联手开发向西的丝绸之路①旅游资源，边境游已成为新疆旅游的一个新亮点。

当今的新疆已成为中国开拓中亚、南亚、西亚和东欧市场的前沿阵地。2004年，新疆进出口总额达56.36亿美元，比1978年增长239倍。目前，新疆已有17个国家一类口岸、10个二类口岸和3个国家级开发区，与世界上100多个国家和地区建立了经贸关系。大开放带来大发展。据介绍，新疆对外贸易已进入中国中游行列。2004年进出口额居西部第二位和西北5省区首位。新疆的对外开放正呈现近年来少有的好势头。

新疆实施优势资源转换战略，使资源优势向经济优势转化。作为中国面积最大，毗邻国家最多的省区，新疆正在借此快速地实现工业化，逐步缩小与内地发达地区的差距，不断提高各族民众生活水平，使之过上幸福的小康生活。昔日处于国家西部远端的新疆，今天随着西部大开发战略②的实施，终于步入中国对外开放的前沿，不断扩大对外开放的新疆正在重现丝绸之路的辉煌。

（选自《新疆新闻网》2005年9月18日，作者：闫文陆、程勇，有改动）

注　释

① 丝绸之路

古代（自公元前139年始）横贯亚洲的交通道路。从汉长安出发，经今新疆地域分南北两道西行至大月氏、安息等国，远到地中海的大秦（罗马帝国）。这条交通线促成东西方经济文化交流，由于当时主要的商品是丝绸，故被称为"丝绸之路"或"丝路"。

② 西部大开发战略

1999年9月中共中央提出“国家要实施西部大开发战略”。主要工作是：1. 加快基础设施建设；2. 加强生态环保和建设；3. 积极调整产业结构；4. 大力发展科技和教育。目标是：从根本上改变西部地区的落后面貌，到21世纪中叶基本实现现代化。

生 词

1. 笼罩	lǒngzhào	（动）	cover, envelop, shroud
2. 潜力	qiánlì	（名）	potential
3. 泥泞	nínìng	（形）	muddy
4. 不堪	bùkān	（形）	in the extreme, to the greatest degree
5. 桥头堡	qiáotóubǎo	（名）	bridgehead, beachhead
6. 物流	wùliú	（名）	logistics
7. 环绕	huánrào	（动）	encircle, surround
8. 储量	chǔliàng	（名）	reserves
9. 煤炭	méitàn	（名）	coal
10. 畜产品	xùchǎnpǐn	（名）	livestock product
11. 瞩目	zhǔmù	（动）	focus attention upon, fix eyes on; eye-catching
12. 单产	dānchǎn	（名）	per unit area yield
13. 维吾尔	Wéiwú'ěr		Uigur
14. 幅员	fúyuán	（名）	dimensionality, area
15. 支柱产业	zhīzhù chǎnyè		pillar industry, mainstay of industry
16. 开拓	kāituò	（动）	develop, open up
17. 前沿	qiányán	（名）	forefront
18. 口岸	kǒu'àn	（名）	port
19. 战略	zhànlüè	（名）	strategy
20. 差距	chājù	（名）	gap, difference

练　习

一、选择对画线词语恰当的解释

1. 只要你到过新疆就会发现，这里的各族民众热情真诚。（　　）

A. 老实　　B. 认真　　C. 直率　　D. 诚恳

2. 各族民众在这里安居乐业，一片繁荣。（　　）

A. 成家立业，生活幸福　　B. 买了房子，挣了大钱

C. 生活安定，工作愉快　　D. 居住舒适，事业成功

3. 新疆的各类公路就有8万多公里，足以环绕地球两周。（　　）

A. 圆　　B. 圈　　C. 遍　　D. 星期

4. 新疆棉花的单产和品质方面也都名列中国第一。（　　）

A. 本质　　B. 品位　　C. 质量　　D. 素质

5. 据新疆旅游局公布的资料，旅游收入已占到GDP的5.7%。（　　）

A. 发布　　B. 通知　　C. 公开　　D. 宣告

6. 新疆与中亚国家联手开发向西的丝绸之路旅游资源，边境游已成为新疆旅游的一个新亮点。（　　）

A. 齐心　　B. 合作　　C. 联系　　D. 团结

二、根据课文选择正确答案

1. "落汤鸡"是形容乌鲁木齐：（　　）

A. 景色漂亮，令人向往　　B. 街道整洁，干干净净

C. 空气湿润，十分舒服　　D. 满街泥水，出行困难

2. 2004年新疆生产的天然气位居中国的：（　　）

A. 第一位　　B. 第二位　　C. 第三位　　D. 第四位

3. 新疆对外贸易额在中国已经排在：（　　）

A. 首位　　B. 前列　　C. 中间　　D. 后边

4. 对于新疆表述不正确的是：(　　)

A. 实现工业化最快的省区　　B. 中国最大的棉花生产基地

C. 中国面积最大的省区　　D. 毗邻外国最多的省区

5. 这篇文章没有介绍：(　　)

A. 半个世纪来的变化　　B. 矿产资源与农产品

C. 森林保护与水资源　　D. 外贸与旅游的发展

6. 这篇文章主要介绍了：(　　)

A. 新疆 50 年的历史　　B. 乌鲁木齐市的概况

C. 新疆大开发的进展　　D. 新疆的变化与发展

三、根据课文回答问题

1. 乌鲁木齐是怎样一座城市？
2. 新疆的交通状况有了怎样的变化？
3. 为什么说新疆资源十分丰富？
4. 请简介新疆棉花的生产情况。
5. 新疆的旅游业有哪些特点？
6. 新疆对外贸易取得了哪些成绩？

四、扩展练习：根据下列文章片段选择正确答案

1—3

新疆的民歌欢快好听，若论最有名、流传久远的当属《达坂城的姑娘》。出乌鲁木齐市区向东一路上虽经过大小盐湖等许多湖泊，沿途地表却缺少植被，沙石遍布，一派戈壁景象。上了 312 国道，再向前行 15 公里，就是著名的达坂城。这是古西域的一座历史名城，城南是穿越天山的必经之路，自古以来，就是丝绸之路的咽喉要道。首先映入我们眼帘的是那一排排近似雕塑的老榆树，由于长期处于大风口，所有的树干都呈弯弓状，树冠全向一侧倾倒，形成悲壮的马刀树景观。

半个世纪以来，西部歌王王洛宾先生一曲《达坂城的姑娘》，更使她名扬天下。“达坂城的石头大又圆，西瓜大又甜，那里的姑娘辫子长呦，两个眼睛真漂亮”的歌词，不知迷倒了多少男儿。人们到了达坂城，为什么看不到留着长辫子的美丽姑娘？原来，《达坂城的姑娘》来自民间流传的《马车夫之歌》。试想：一个人夜里赶着木轮马车走在无边无际、人烟稀少的戈壁荒漠上，遥望着

一轮明月和满天星斗,幻想着前方有位美丽的姑娘在路边等候着他,自然就会从心灵深处涌出了这首动人的情歌。

1. 达坂城在乌鲁木齐的:(　　)

A. 东边　　B. 南边　　C. 西边　　D. 北边

2. 老榆树的树干都呈弯弓状,树冠向一侧倾倒,形成马刀树景观。这是因为:(　　)

A. 战争破坏　　B. 阳光照射　　C. 大风吹歪　　D. 树木古老

3. 最后一段话主要讲述《达坂城的姑娘》的:(　　)

A. 歌词和乐曲　B. 流传的时间　C. 传唱的原因　D. 作者王洛宾

4—5

在新疆维吾尔自治区伊犁哈萨克自治州伊宁市郊的阿依墩村,有一条远近闻名的"小康街",街道两旁全是一栋栋极富民族特色的精美别墅。农民库尔班大叔的家就在这些别墅群中。55 岁的库尔班介绍,这栋 3 层小楼是 4 年前盖的,居住面积有 280 平方米,盖楼加装修大约花了 30 多万元。一个种地的农民,哪儿来这么多钱建这样漂亮的房子?面对记者的疑问,库尔班笑着回答说,他从 1993 年就开始在霍尔果斯口岸做边贸生意,主要是建材和纺织品的出口。前些年一年能赚七八万元,现在做生意的人多,竞争激烈了,收入比以前减少了一些,但每年也可以入账 4 万多元。说到这些年生活的变化,库尔班十分感慨。过去村里农民的收入主要是靠种地,全家人在地里忙上一年,收入还不到 2000 元,加上供 4 个孩子上学,日子过得紧巴巴的。那时村里家家户户住的都是土坯房,连砖瓦房都盖不起,住别墅就更不敢想了。最让库尔班自豪的是,他的 4 个孩子都是大学毕业生,如今都已成家立业。

4. "日子过得紧巴巴的"说的是:(　　)

A. 劳动很紧张　B. 花钱不浪费　C. 住房非常小　D. 生活很艰苦

5. 库尔班大叔致富靠的是:(　　)

A. 勤俭持家　　B. 生产建材　　C. 做服装买卖　D. 做边贸生意

6—9

内地的朋友谈起新疆,大多都有些误解。经常会问些奇怪的问题,新疆的孩子是不是骑着马或骆驼上学?新疆是不是到处都是沙漠啊?诸如此类,我总是哈哈一笑，告诉他们，新疆是一个你根本想不到有多美的地方。

新疆是个好地方。就拿乌鲁木齐市来说，城市虽不大，其繁华程度却和内地一样。街道、生活、娱乐、餐饮，完全是大都市的气派，一点都不比内地差。路上跑的车子也一样不比内地逊色，甚至这里有更多的越野车，每辆价值至少都在几十万以上。除了乌鲁木齐，其他的城市也很干净，但因为地广人稀，有时也难免会感到街上有些冷清。

与内地的不同是，你总能在路上、商店、餐厅、公交车里看到很多美丽的维吾尔族姑娘，美丽的汉族姑娘也多。说来奇怪，如此偏远而且气候恶劣的地方，怎么会有那么多的美女？其实想想道理很简单，现在的乌市，包括新疆其他很多城市，基本上是近代发展起来的移民城市。内地迁居过来的各地人都有，血缘关系远，形成双亲优势，很容易造就这么多的美女。另外，维族姑娘本来大多就很美丽，白白的肤色，蓝蓝的眼睛，高挺的鼻子，苗条的身材，说着一口带着异族方音的汉话，真是别有一种风情！

6. 乌鲁木齐与内地城市相比：(　　)

A. 城市很大　　B. 越野车多　　C. 不够气派　　D. 有些冷清

7. 说话人认为新疆美女多的主要原因是：(　　)

A. 各地美女齐聚集　　B. 双亲血缘关系远

C. 当地生活条件好　　D. 父母漂亮子女美

8. 说话人介绍新疆的语气是：(　　)

A. 热情称颂　　B. 存有疑问　　C. 冷静客观　　D. 夸大其词

第五课

“中国文化年”花开法国

“砰！”随着一声脆响，金门大厦大厅正中央的天花板上，忽然撒出五彩缤纷的彩带和彩纸。来参加“中国文化年”开幕式活动的中、法人士，在惊喜之中纷纷鼓掌庆贺。2003 年 10 月 6 日，由中法两国元首共同商定的互办文化年活动在法国巴黎正式揭幕。

“热身”活动早已开始

2003 年 10 月至 2004 年 7 月，中国在法国举办文化年；2004 年秋季至 2005 年 7 月，法国在中国举办文化年。中法互办文化年是中法关系史和中外文化交流史上的空前盛事，也是新中国成立以来最大规模的一次对外文化交流活动。实际上，在中国文化年正式开幕之前，许多“热身”活动早已开始。

10 月 1 日清晨，巴黎市中心名店云集的旺多姆广场上，50 多名法国老板，与法国外交部长德维尔潘和中国驻法国大使赵进军一起，为“中国之旅”开张剪彩。所有参加这一活动的世界知名品牌，都在自己的专卖店悬挂这次活动特制的红、黄两色彩旗，同时隆重推出和中国有关的商品或参观、展览、研讨、品尝等。这项持续 15 天的活动，还将组织抽奖：凡是此次活动的参加者都有可能胜出赴中国旅游。

许多与中国有关的企业、民间团体，以及法国各地地方政府，都在借中国国庆节和文化年即将开幕的机会，组织中、法艺术家的展览、表演，中国商品的展卖，有关中国历史、文化、艺术、社会等主题的讲座等等。中、法两种语言的中法文化年网站，早就开通运行。组织者通过它发布新闻，观众通过它查询、下载资料、进行交流……

特别需要指出，这些“热身”活动中的大部分，并非由双方文化年组委会安排，完全是有关组织或个人的自发行为。这充分显示出法国各界对中国人民、对中国文化的热情。

三个主题300多个项目

自1999年以来，中国在法国已相继组织举办了“中国文化周”、“中国文化季”。这次文化年活动，将使中法文化交流更集中、更活跃，水平更高、质量更好，充分发挥文化交流的巨大功效。

“中国文化年”活动有300多项，其中重点项目有60多项。古老的中国、多彩的中国、现代的中国是法国“中国文化年”的三大主题。

“东方既白——20世纪中国绘画展”、“走近中国——中国当代生活艺术展”、“四川三星堆文物展”、中法两国同时举办的“康熙时期艺术展”和“路易十四时期艺术展”、“孔子文化展”、“吴作人画展”、“圣山文物展”、“21世纪中国高等教育展”、“中国旅游展”、“中国现代艺术展”、“中国民族服饰文化展”等都是展览项目中的精品。

“中国电影回顾展”在艾菲尔铁塔对面的法国电影资料馆举办，将放映100部中国电影。这100部电影都是中国电影史上的杰作，从20世纪20年代中国电影诞生时期的默片，一直到“第五代”①的作品。其中许多影片是第一次在国外映出。

中法两国之间已经建立了46对友好省区和城市。“中国文化年”期间，北京、上海、广州、重庆、武汉、秦皇岛等城市，分别在其对口城市巴黎、马赛、里昂、图卢兹、波尔多和敦刻尔克举办文化周活动。北京将在巴黎爱丽舍大街组织春节欢庆大游行，上海将展出“上海一条街”。两国地方省市间通过友好城市的形式开展活动，使“中国文化年”覆盖法国全境。

中国民族服饰展演将在卢浮宫隆重推出。中国爱乐乐团、中央民族乐团、中央芭蕾舞团、广东杂技团、中国武术队等中国最高水平的表演或体育团体，将通过巡演给法国观众带来交响音乐会、民族音乐会、芭蕾舞剧《红色娘子军》，和法国人已经通过电影对故事耳熟能详的《大红灯笼高高挂》等精彩节目。

“中国文化年”期间，还将邀请中、法有关专家学者就中国各个领域的发展变化、中法文化等主题发表演讲和举办讲座。

“中国文化年”其实就是“中国年”

中国国务委员陈至立在“中国文化年”开幕式上说：“中国要在国外第一次办一个‘文化年’，不选择法国，还能选择哪里？”法国对世界文化的发展作出了巨大的贡献。卢浮宫、巴黎圣母院、艾菲尔铁塔等传世杰作，巴尔扎克、雨果、萨特②等世界级的思想家、文学家、艺术家，都是其中的代表。而作为具有五千年历史和灿烂文化的中国,同样得到法国人民的高度赞赏和崇拜。作为东西方具有代表性的两个文化大国,中法互办文化年具有深远的意义和影响。

法国总统希拉克说,法文对"中国文化年"的表述就是"中国年"。中法文化年体现的是大文化的概念,包括政治、经贸、文学艺术、教育、科技、广播电视、图书出版、青年、体育、建筑、环保、民族、旅游等。据透露,除中法两国领导人及部门负责人将互访外,两国企业界也在文化年大展身手,积极推动中法经贸合作。

在法国,从领导人到普通民众,确有一股"中国热"在升温,在扩展。从18世纪开始,法国社会就有收藏中国文物,欣赏中国文学、绘画的传统。近些年来,随着中国的改革开放和经济持续发展,法国公众对古老的和今天变化中的中国有着越来越大的兴趣。不少中国电影在法国影院上映或在电视台播放。书店里有关中国的新书不断上架。一些旅法华人文化人士得到法国主流社会的认可,获得很高荣誉,如画家赵无极、朱德群,作家程抱一先后被选为法兰西院士。

越来越多的法国年轻人希望学习中文,今年在巴黎东方语言学院注册学中文的学生达1800人。希拉克总统从年轻时代起就对中国历史文化怀有极大兴趣,他对中国古代历史和青铜器的研究和造诣堪称专家级水平,工作之余还撰写了关于中国唐代大诗人李白③的剧本。

"中国文化年"给中、法两国人民带来的喜庆色彩和思考不会停留在表面上,正如法国外长在文化年开幕式上所指出的:更深刻的意义在于捍卫一个接受差异、将另类文化视为机遇,而非威胁的世界;建立一个重视国际社会成员互相协商的世界,一个尊重多样性的世界。

(选自《光明日报》2003年10月10日,作者:何农,有改动)

注　释

① "第五代"

"第五代"是指20世纪80年代从北京电影学院毕业的导演、演员等电影人,他们经历过"文化大革命",在改革开放年代,他们满怀创新的激情走上影坛。代表人物有张艺谋、陈凯歌等。

② 巴尔扎克、雨果、萨特

巴尔扎克(1799—1850),法国作家,著作有《欧也妮·葛朗台》、《高老头》、《人间喜剧》等。雨果(1802—1885),法国作家,著作有《巴黎圣母院》、《悲惨世界》等。萨特(1905—1980),法国作家、哲学家,著有长篇小说《恶心》、哲学著作《存在与虚无》等。

③ 李白

李白(701—762),字太白,唐朝著名诗人,有"诗仙"之称。李白的诗歌今存 990 多首,有《李太白文集》三十卷。

生　词

1. 元首	yuánshǒu	(名)	head of state
2. 剪彩	jiǎncǎi	(动)	cut the ribbon at an opening ceremony
3. 运行	yùnxíng	(动)	operate, operation
4. 查询	cháxún	(动)	inquire about
5. 下载	xiàzài	(动)	download
6. 组委会	zǔwěihuì	(名)	organizing committee
7. 服饰	fúshì	(名)	clothing, costume
8. 放映	fàngyìng	(动)	show
9. 杰作	jiézuò	(名)	masterpiece
10. 覆盖	fùgài	(动)	cover
11. 耳熟能详	ěr shú néng xiáng		so familiar as to be able to depict
12. 崇拜	chóngbài	(动)	worship, adore; adoration
13. 透露	tòulù	(动)	disclose
14. 主流	zhǔliú	(名)	mainstream
15. 注册	zhùcè	(动)	register; registration
16. 造诣	zàoyì	(名)	attainments
17. 堪	kān	(副)	may well be
18. 撰写	zhuànxiě	(动)	write
19. 捍卫	hànwèi	(动)	defend

练　习

一、选择对画线词语恰当的解释

1. 中法互办文化年是中法关系史和中外文化交流史上的空前<u>盛事</u>。(　　)

A. 兴盛的事业　B. 隆重的仪式　C. 高兴的喜事　D. 重大的事件

2. 中、法两种语言的中法文化年网站，早就开通<u>运行</u>。(　　)

A. 营业　B. 连续转动　C. 进行工作　D. 运算

3. 自 1999 年以来，中国在法国已<u>相继</u>组织举办了"中国文化周"、"中国文化季"。(　　)

A. 先后　B. 互相　C. 纷纷　D. 不断

4. 两国企业界也在文化年<u>大展身手</u>，积极推动中法经贸合作。(　　)

A. 进行竞争　B. 施展才能　C. 尽情表演　D. 开展活动

5. 书店里有关中国的新书不断<u>上架</u>。(　　)

A. 展览　B. 储存　C. 摆上书架　D. 提高层次

6. 越来越多的法国年轻人希望学习中文，今年在巴黎东方语言学院<u>注册</u>学中文的学生达 1800 人。(　　)

A. 申请　B. 登记　C. 纪录　D. 签字

二、根据课文选择正确答案

1. 中法两国互办文化年活动是由谁发起的？(　　)

A. 中法两国的领导人　B. 法中两国知名人士
C. 中法双方文化年组委会　D. 两国的企业和民间团体

2. 巴黎市中心名店举办的"热身活动"为什么叫"中国之旅"？(　　)

A. 名店悬挂中国国旗　B. 出售中国名牌商品
C. 活动中奖者可赴中国旅游　D. 专卖店有中国旅游的展览

3. "中国文化年"举办展览的主题多是哪方面的？(　　)

A. 考古成果　B. 科技教育　C. 文化艺术　D. 旅游景点

4. 丰富多彩的演出节目里没有提到什么？（　　）

A. 芭蕾舞剧　　B. 中国京剧　　C. 民族音乐　　D. 交响音乐

5. 什么事说明旅法华人得到了法国主流社会的认可？（　　）

A. 法国人喜欢收藏中国文物

B. 中国电影在法国影院上映

C. 中国文化人士入选法兰西院士

D. 大批的法国青年开始学习中文

6. 法国外长在“中国文化年”开幕式致词中强调了什么？（　　）

A. 不同的文化影响人们思想交流

B. 文化年给两国人民带来喜庆和思考

C. 文化年对两国经济、政治有深刻的意义

D. 建立一个尊重多样性、协商互助的世界

三、根据课文回答问题

1. 中法互办文化年活动是什么意思？
2. 中国文化年开幕前的“热身”活动有哪些？
3. “中国文化年”的三大主题是什么？
4. 从“中国电影回顾展”可以了解哪些情况？
5. 为什么说“中国文化年”覆盖法国全境？
6. 从哪些方面可以看出法国的“中国热”？

四、扩展练习：根据下列文章片段选择正确答案

1—3

1月24日是大年初三。下午2时在法国巴黎香榭丽舍大道上，彩旗红灯狮与龙，鼓乐齐鸣歌与舞。当听到充满东方神韵的鼓乐，你不敢相信这是在花都巴黎；当看见水泄不通的香榭丽舍大道，你不敢相信这是中国人在此组织盛装游行，因为即使在法国国庆日也少见这么多热情的观众。这就是中国文化年活动“北京文化周”的主要活动：香榭丽舍大街盛装大游行。

此时，从观礼台向1公里外的凯旋门方向望去，除了大街全是人群，连面向大街的楼顶、阳台、路灯标志牌下或在电话亭里，你都可以看见热情激动的观众。据保守估算，有50万观众在现场观看。这大大超过巴黎警方的预计，不得不在盛装游行开始后紧急调来隔离护栏。真可谓“人潮欢声老与幼，激情四

射华街行”。

一边是不断增加的观众，一边是目不暇接的东方精彩艺术：来了，中国杂技“抖空竹”，瞬息万变的“金猴舞”，豪迈奔放的蒙古族“顶碗舞”，农民的舞龙队来了，北京2008奥运会彩车，身着中国红的大秧歌，中国功夫队，舞狮队，舞龙队。来了，中法友好团体表演的功夫，巴黎华侨华人团体的彩车，法国朋友中的中国文化迷……

持续3个多小时的盛装大游行于下午5时许结束。一位专程从外地赶来的退休老太太情不自禁地说：“太美了，太好了！我要亲自去中国看看！”对于这次盛装游行活动的成功，专程前来巴黎的中国文化部长孙家正说，中法文化年反映了中法全面伙伴关系发展的一个崭新阶段。文化是一座桥梁，它将对两国政治、经济产生深远的影响。中法文化年是两国元首倡导的又有广泛群众参与的活动，是一次“政府主导、社会参与、商业运作”获得成功的一次重要活动。

1. 没提到观众在哪儿看盛装游行？（　　）

A. 楼顶上　　B. 大树上　　C. 阳台上　　D. 电话亭中

2. 介绍游行情况时，哪种说法是不对的？（　　）

A. 有中国杂技抖空竹　　B. 舞狮和舞龙的表演

C. 奔放的藏族顶碗舞　　D. 中法友好团体表演功夫

3. “政府主导、社会参与、商业运作”这句话介绍了活动的什么情况？（　　）

A. 过程　　B. 规模　　C. 作用　　D. 模式

4—6

“妹妹要过河，哪个来推我嘛？”在美国肯尼迪表演艺术中心，当一身苗族打扮的中国歌唱家宋祖英用英语说出中国民歌《龙船调》的对白时，观众席上数百个美国男子不约而同用英文高呼：“我来帮助你！”而当她用英语清唱《美丽的美国》时，现场观众感动得掉下了眼泪。3次谢幕，5分钟的起立鼓掌，中国艺术家在美国观众面前受到了前所未有的最高礼遇。这是中国歌唱家宋祖英继4年前的悉尼歌剧院独唱音乐会、3年前的维也纳金色大厅独唱音乐会之后，又一次在世界上唱响中国民歌。

当晚的演唱会，宋祖英从古色古香的中国之门走出，以优美的《好一朵美丽的茉莉花》开头、以欢快昂扬的《爱我中华》谢幕，演唱了《木兰从军》《龙船调》《出嫁歌》等18首经典曲目，倾倒了现场2200名美国观众。事实上，从走下飞机舷梯时，宋祖英就开始感受到美国观众的冲天热情。她的粉丝(fans)不仅有华人华侨，还有大量的美国人。据当地人介绍，宋在美国很有影响，她的维也纳音乐会和百年留声大碟被收藏在国会图书馆。演唱会结束后，宋祖英得到了美国国会图书馆颁发的荣誉证书。当地媒体说，宋祖英演唱会未演先热，开演之前，已经一票难求。评论认为，宋祖英放歌美国，是中国音乐文化走向美国乃至世界的重要尝试，为美国公众了解中国文化提供了难得的机会，也是中美文化交流的一次重要实践。民族的才是世界的，宋祖英在美成功举办个人演唱会，再次诠释了这一真理。

4. 这是宋祖英在国外举办的第几次音乐会？(　　)

A. 第一次　　B. 第二次　　C. 第三次　　D. 第四次

5. 文中的"粉丝"指的是什么？(　　)

A. 食品　　B. 听众　　C. 朋友　　D. 歌迷

6. 宋祖英个人演唱会的成功举办说明了什么道理？(　　)

A. 民族的艺术才是世界的　　B. 全球经济文化应该一体化

C. 中国文化还没有走向世界　　D. 中西结合是现代音乐的出路

7—9

中国春节正在走向世界，正在变成一个受到各国主流民意欢迎的节日，一个华人与外国人共同享受的美丽节日。大约是从上个世纪90年代起，在那些有华侨华人居住的国家和地区，过春节渐成时尚，节庆活动颇为壮观。国家元首或政府首脑在春节来临之际向华侨华人表示祝贺已成惯例；一些城市和地区通过立法把春节定为法定假日。今年春节前夕，在纽约的地标建筑帝国大厦的顶层，亮起了1000多盏灯；伦敦市长和中英两位球星共同按下点亮大红灯笼的按钮。旅居法国巴黎的友人在电话里相告，春节期间，一家农民在超市推销奶酪，凡是购买奶酪者都可得到一双中国筷子。吃奶酪并不需要筷子，可那卖奶酪的说，送筷子是要借春节的热乎劲把生意做得红火。从总统到农民，法国人用自己的方式表达着对春节的关注与喜爱。春节的"国际味"越来越浓，是因为它所蕴藏着的文化价值日胜一日地被外界发现和推崇。和西方的宗教节日的含义不同，美不胜收的春节民俗活动表达的是现世追求。祈求幸福、憧憬未来、守护亲情，追求人际关系的和美、和顺、和谐等理念，在一系列节庆活动中得以表达。那喜庆的锣鼓、喧闹的爆竹，那充满青春律动的狮舞，那无处不在的"中国红"，表达着乐观向上的生活态度，构成一曲催人奋进的春天交响乐，在大地复苏、万象更新的季节，带给我们长久的温暖和感动。如果说，春节是中国人展示民俗，展现人间温情的盛大节日，那么对于国外其他民族的人们而言，它有着更广更深的意蕴，它是文化交流的节日，是欣赏异域文化、开展文明对话的盛会。美丽春节，走向世界，春节因中国的发展与强盛愈发美丽，世界因春节而有了新的文化语境。

7. 中国春节期间哪国的一家超市买奶酪送中国筷子？（　　）

A. 法国　B. 德国　C. 英国　D. 美国

8. 中国春节民俗突出地展现了什么？（　　）

A. 宗教信仰　B. 人间亲情　C. 喧闹气氛　D. 民族性格

9. 中国春节走向世界的根本原因是什么？（　　）

A. 华侨的热心推动　B. 中国的发展与强盛

C. 外国领导人的祝贺　D. 世界经济一体化的影响

第六课 杭州荣登中国城市投资环境排名榜首

近日在杭州举行的第四届中国投资环境论坛上，世界银行①中国局公布了中国 120 个城市投资环境评价报告，杭州荣登榜首。

杭州何以排名榜首？

在这份名为《中国 120 个城市竞争力的提升》的报告中，世界银行给出的理由是，无论是软环境②还是硬环境，杭州的表现都很出色。这份排行榜，正是依据各地总体的投资环境、政府效率及建设和谐社会的进展而排列的。

总体投资环境 世界银行报告以“全要素生产率”——“生产活动在一定时间内的效率”为准。它一般的含义为资源（包括人力、物力、财力）开发利用的效率。外资公司关心的投资环境问题是运输成本、海关通关、当地管理的质量、城市的生活质量等。

政府效率 根据外资公司反馈的政府效率的城市排名。政府效率的其中一项是：100%杭州企业都能获得银行贷款，在所有被考察的东南 30 多个城市中位列第一；在企业与政府打交道天数考察评定中，杭州只需 8.1 天时间，而上海企业年均有 60 天要花在与政府打交道上。

建设和谐社会 在世行报告里有关和谐社会的城市排名中，杭州在上海、深圳、北京、东莞、威海之后，排名第六。在总体投资环境、政府效率及和谐社会建设等五大指标中，杭州的排名都名列前茅。

提升软环境并非一日之功——持续六年破解“七大难”

世界银行专家组根据中国国情决定，软环境所占的比重达到 75%，这足以表明投资者对软环境的重视。杭州全体市民，包括居民、农民和外来务工人员对城市的满意度，这与投资者的满意度是一致的。改善杭州的软环境——就业、看病、上学、交通、办事、住房、清洁，是群众最关心的热点、难点。跨入新世纪以来，破解这“七大难”问题，成为杭州政府工作的重中之重。

以“春风行动”为重点，解决困难群众生产生活问题。“春风行动”成为杭州帮扶工作的一个响亮品牌，6年共筹集帮扶救助资金1.54亿元，帮扶救助困难家庭4.58万(户次)。

以“四改联动”为重点，解决“看病难”问题。解决群众看病难是个系统工程，绝非医院一家能解决，必须医疗卫生体制、药品生产流通、医疗保险、医疗救助联动。目前，杭州社区卫生服务街道覆盖率达到100%，93.78%的居民步行15分钟可以到达社区卫生服务点就诊。

以“好上学”为重点，解决“上学难”问题。杭州进一步完善教育资助券和人民助学金制度，采取“公办学校为主，设置外来务工子女学校为辅”的办法，确保困难家庭子女和外来务工人员子女有书读。

以“居者有其屋”为重点，平稳房价，解决“住房难”问题。近年来，杭州一方面加快拆迁安置房的建设，一方面采取“就近安置”原则，去年全市新建拆迁安置房100万平方米，累计安置5667户，占当年应安置总数的85.89%。杭州房地产价格平稳，结构更趋合理。已销售经济适用房近300万平方米，解决了3万多户困难家庭的住房问题。

破解“停车难、行路难”，市区交通手术显成效。“三口五路”、“一纵三横”等工程的逐步实施，使得交通“两难”问题得以缓解。科学合理地组织单向交通，提高道路资源利用率，并推出人性关怀的管理方式。

以机关效能建设为重点，解决“办事难”问题。杭州成立“杭州市行政服务中心，有效地建立了集中办事制度，整合了建设工程、产权、土地等资源的统一平台，设置了几十个对外服务窗口，平均办结天数4.68天，比从前提前38%。

以创建文明城市为重点，解决“清洁杭州”问题。今年，生活垃圾收集率达100%，集中住宅小区垃圾分类率达到25%。如今，杭州百姓的生活更健康、更文明、更舒适、更优美、更满意。杭州在软环境与硬环境的优势结合中，比其他城市先行一步。

直面不足，杭州仍在努力

世行报告指出，即使是排名最高的城市，也不是在社会发展的每一方面都是卓越的。虽然杭州的一些绩效指标超过世行标准，但仍有几项是刚达到或尚未达到要求的。(见下表)

	项　目	世纪银行标准	杭州的指标
1	人均教育支出	1100 元/年	2169 元/年
2	工业废弃物处理	95%	97%
3	人均绿地	10 平方米	10.5 平方米
4	空气良好天数	300 天/年	292 天/年
5	失业率	3%以下	4.3%
6	平均工资	20000 元/年	28186 元/年
7	婴儿死亡率	6‰以下	6.3‰
8	医保职工覆盖率	85%	94%
9	女学生/在校生	47%	47%

近年来,杭州市全力打造和谐环境,得到社会各界的普遍认同。杭州把优美的自然风景和悠久的人文历史融于一体,被联合国授予“最佳人居奖”,连续三年被美国《福布斯》[3]杂志评为“中国大陆最佳商业城市”第一名。此次,由世界银行对中国城市的投资环境做出评价,杭州名列榜首,更加凸显杭州这块金牌的含金量。

(选自《人民网》2006 年 11 月 24 日,
作者:鲍洪俊、翁迪凯,有改动)

注　释

① 世界银行

世界银行(the World Bank)也称“世行”,是国际复兴开发银行的简称,它是联合国属下的一个专门机构,负责长期贷款的国际金融机构,特别是向发展中国家提供资金和技术帮助。

② 软环境

指物质条件以外的环境,如政策、法规、管理、服务、人员素质等方面的情况。对应的词是“硬环境”。

③《福布斯》

美国出版的著名大型商业杂志 *Forbes*，也是全球最具影响力的财经出版物之一。

生 词

1.	投资	tóuzī	（名/动）	investment; invest
2.	论坛	lùntán	（名）	forum
3.	榜首	bǎngshǒu	（名）	first place, top of the list
4.	出色	chūsè	（形）	outstanding
5.	排行榜	páihángbǎng	（名）	ranking
6.	要素	yàosù	（名）	factor
7.	生产率	shēngchǎnlǜ	（名）	productivity
8.	反馈	fǎnkuì	（动）	feed back
9.	贷款	dàikuǎn	（动）	loan
10.	筹集	chóují	（动）	raise, collect
11.	覆盖率	fùgàilǜ	（名）	coverage rate
12.	平稳	píngwěn	（动）	stabilize
13.	就近	jiùjìn	（副）	nearby
14.	安置	ānzhì	（动）	settle, place
15.	累计	lěijì	（动）	accumulate, add up
16.	缓解	huǎnjiě	（动）	alleviate
17.	平台	píngtái	（名）	platform
18.	卓越	zhuōyuè	（形）	excellent, remarkable
19.	绩效	jìxiào	（名）	performance
20.	凸显	tūxiǎn	（动）	highlight

练　习

一、选择对画线词语恰当的解释

1. 无论是软环境还是硬环境,杭州的表现都很出色。(　　)

   A. 鲜艳　　B. 美好　　C. 特别　　D. 优秀

2. 世界银行报告以“全要素生产率”——“生产活动在一定时间内的效率”为准。(　　)

   A. 指标　　B. 原则　　C. 目标　　D. 标准

3. 在总体投资环境、政府效率及和谐社会建设等五大指标中,杭州的排名都名列前茅。(　　)

   A. 指导方针　　B. 测试考评　　C. 规定的目标　　D. 计划的数额

4. 破解这“七大难”问题,成为杭州政府工作的重中之重。(　　)

   A. 越来越重要　　B. 最重要的事情

   C. 最大的重量　　D. 重新确定重点

5. 93.78%的居民步行 15 分钟可以到达社区卫生服务点就诊。(　　)

   A. 检查　　B. 买药　　C. 看病　　D. 咨询

6. 破解“停车难、行路难”,市区交通手术显成效。(　　)

   A. 医疗　　B. 治理　　C. 治疗　　D. 整理

7. 近年来,杭州市全力打造和谐环境优势,得到社会各界的普遍认同。(　　)

   A. 广泛　　B. 一致　　C. 普通　　D. 一般

二、根据课文选择正确答案

1. “全要素生产率”中“资源”里没有提到:(　　)

   A. 人力　　B. 动力　　C. 物力　　D. 财力

2. 荣登中国建设和谐社会排名榜首的城市是:(　　)

   A. 杭州　　B. 北京　　C. 上海　　D. 深圳

3. “春风行动”为困难群众送去：（　　）

A. 节日礼物　　B. 文娱演出　　C. 救助资金　　D. 科学技术

4. 杭州组建“杭州市行政服务中心”的目的是：（　　）

A. 开放对外窗口　　B. 提高办事效率

C. 节约办公费用　　D. 整合建设工程

5. 从表中看出，下列指标中杭州距世行要求相差最大的是：（　　）

A. 失业率　　B. 医保覆盖率

C. 婴儿死亡率　　D. 女生与在校生比率

6. 外商普遍认为杭州是：（　　）

A. 旅游的最佳去处　　B. 理想的移居地点

C. 最好的贸易伙伴　　D. 投资的首选城市

三、根据课文回答问题

1. 中国城市竞争力排名的主要依据是什么？
2. 什么是“全要素生产率”？
3. 外资公司关心的投资环境主要是哪些方面？
4. 杭州群众最关心的热点难点是什么？
5. 杭州采取了哪些解决群众“看病难”的措施？
6. 杭州在解决“住房难”方面取得了哪些成绩？

四、扩展练习：根据下列文章片段选择正确答案

1—3

在2006第四届中国投资环境论坛上，最佳投资城市的桂冠落到了杭州头上，在与全国100多个城市的“角力”中，杭州甩开北京、上海、广州等强劲对手，脱颖而出，荣获投资环境“金牌城市”，一同摘得金牌的还有青岛、绍兴、苏州、厦门和烟台。北京、大连、广州、上海、深圳、天津等13个城市则捧得银牌。此次世界银行公布的城市排名，主要围绕总体的投资环境、政府效率及建设和谐社会的进展三方面展开。

2005年，世界银行曾对中国23个城市进行排名，这次扩大到120个城市。有很多未被调查的城市，包括中小城市，主动要求作类似的分析和调查，以更好地吸引外资和国内私营企业。基于这些考虑，此次调查的城市范围更

为广泛，分布于中国大陆除西藏外所有的省份，每个省份的省会城市都包括在内，而其他城市的入选则依据各省的GDP水平。这120个城市占到中国GDP总量的70%~80%。此次调查，世界银行联合国家统计局动用1200余名人员，分别对120个城市的12400个企业进行面谈式调查分析，最终得出今天的结果。整个调查过程非常复杂，涉及的数据包括城市特征、生活质量、当地经济、卫生、教育和环境等各方面，从开始到公布，整个研究历时一年多。

1. 评价中国最佳投资城市没有提到哪方面因素？（　　）

A. 总体投资环境　　B. 民主法制建设

C. 政府工作效率　　D. 和谐社会建设

2. 不少中小城市为什么主动要求作投资环境调查？（　　）

A. 吸引内外投资　　B. 反映政府政绩

C. 提高市民素质　　D. 树立城市形象

3. 调查人员通过什么方式调查企业情况？（　　）

A. 填写表格　　B. 网上问答　　C. 直接谈话　　D. 参观访问

4—7

杭州有人间天堂般的湖光山色，是旅游胜地。杭州美是因为有西湖，任何一处都会让人流连驻足。根据我在杭州旅游的经验，作如下提示：

(1) 出杭州火车站，你会觉得眼花缭乱，有一大群人向你提供打折住宿，千万别上当。西湖边有风格各异的星级宾馆饭店，各类小型旅馆也很多。近年来，杭州的私人旅店如雨后春笋遍布全市，设施虽不如大宾馆，但价格低廉，服务周到，且大多干净整洁，是普通游客的首选之处。

(2) 杭州菜属中国八大菜系之江浙菜，以质优价廉风靡江南。你也许会冲着老字号"楼外楼"慕名而去，但此处除景色绝佳外，实在不是明智的选择。你往往因要一个菜——"叫化鸡"，而苦苦等待一个多小时。另外，一只叫化鸡88元的价钱有点令人咋舌。建议你去问问当地人，哪些是他们经常光顾的饭店，哪家饭店价格合理，是正宗的杭州风味。

(3) 杭州当地土特产有龙井茶叶、杭州丝绸、王星记扇子、张小泉剪刀、西湖绸伞等。购买土特产品可到大型综合商店，价格较高；路边地摊、小店铺的商品便宜。但要买真正的龙井茶还是去大型商店好，货真价实。龙井村附近的农妇卖的高价茶叶，其实并不一定正宗。

(4) 到杭州旅游本应轻松而休闲。最重要的是静下心来享受闲庭信步的感觉,慢慢品味这个城市的优雅与舒适。蜻蜓点水、走马观花的匆匆过客是无法体会其中滋味的。

4. 说话人建议普通游客最好住在:(　　)

A. 星级宾馆　B. 私人旅店　C. 小型旅馆　D. 高档饭店

5. “令人咋舌”的意思是让人:(　　)

A. 惊奇　B. 遗憾　C. 称赞　D. 害怕

6. 游客买正宗龙井茶最好去:(　　)

A. 小店铺　B. 龙井村　C. 路边地摊　D. 大型商店

7. 这几段话可能选自:(　　)

A. 今日杭州摄影　B. 杭州旅游指南

C. 杭州民居画册　D. 杭州民间传说

8—9

台湾电机电子工业同业公会公布了2001年中国大陆44个城市投资环境调查报告,江苏吴江在调查中名列A级城市第一。“上有天堂,下有苏杭,苏杭中间是吴江”。地处上海、江苏、浙江两省一市交汇处的吴江自古就有着“鱼米之乡”、“丝绸之府”的美誉,是江南的一个好地方,也是一个新兴的科技城市。如今,很多落户吴江的台商都说,他们选择吴江的重要原因,是看中吴江各部门急客商所急,想客商所想的服务。随着吴江城市的成长,规划建设的吴江经济开发区也迅猛发展,尤其是开发区内电子信息产业园横空出世,海内外电子信息业投资者纷至沓来。截至目前,已有160多家外资企业落户开发区,总投资超过12亿美元。正如台湾电脑科技(吴江)有限公司总经理邱先生所言:“在吴江投资创业很快乐,自始至终都能得到吴江人无微不至的关怀,甚至让我们有‘度蜜月’的感觉。”

8. 吴江市的新特点是:(　　)

A. 江南鱼米之乡　B. 传统丝绸之府

C. 发展中的新兴城市　D. 投资环境最佳城市

9. 外商喜欢在吴江投资是因为:(　　)

A. 交通很便利　B. 生活条件好

C. 政府服务好　D. 科技力量强

附　录

练习答案

第一单元　新鲜故事

第一课　人生试题

一、1. B　2. A　3. D　4. A　5. C　6. B　7. B

二、1. B　2. B　3. D　4. C　5. A　6. B　7. D　8. A

四、1. B　2. D　3. A　4. C　5. B　6. C　7. A　8. D　9. C

第二课　不试怎么知道

一、1. A　2. A　3. A　4. C　5. D　6. D　7. C　8. B

二、1. B　2. D　3. A　4. D　5. B　6. D　7. A

四、1. D　2. B　3. D　4. C　5. A　6. B　7. B　8. C

第三课　悬赏举报人

一、1. C　2. A　3. C　4. A　5. B　6. B　7. D

二、1. B　2. A　3. B　4. C　5. D　6. A　7. D

四、1. B　2. D　3. C　4. B　5. B　6. A　7. C　8. A

第四课　千金一叫

一、1. B　2. A　3. D　4. A　5. C　6. B　7. B

二、1. A　2. C　3. B　4. A　5. D　6. B

四、1. C　2. B　3. B　4. C　5. A　6. B　7. D　8. D

第五课　难得夕阳无限好

一、1. C　2. B　3. A　4. D　5. B　6. B　7. A

二、1. B　2. D　3. A　4. A　5. B　6. C　7. A

四、1. A　2. C　3. B　4. A　5. B　6. B　7. A　8. D　9. D　10. C

第六课　我与哥哥

一、1. C　2. C　3. A　4. C　5. D　6. B

二、1. B　2. C　3. A　4. D　5. A　6. D

四、1. D　2. A　3. B　4. D　5. D　6. C　7. A

第二单元　校园内外

第一课　温总理到小学听课

一、1. A　2. D　3. C　4. B　5. B　6. C　7. D

二、1. C　2. B　3. C　4. A　5. D　6. A　7. C　8. C

四、1. C　2. C　3. D　4. A　5. B　6. D　7. D　8. B　9. A

第二课　金大中为南开中学题词

一、1. A　2. D　3. C　4. B　5. B

二、1. D　2. A　3. B　4. C　5. B　6. A　7. D

四、1. D　2. A　3. B　4. C　5. A　6. B　7. D　8. C　9. B

第三课　扬起语言的风帆，让中华文化远航

一、1. A　2. B　3. C　4. D　5. A　6. B

二、1. C　2. B　3. A　4. D　5. C　6. B　7. D

四、1. B　2. C　3. A　4. D　5. D　6. B　7. C　8. C　9. A

第四课　坚持教育创新　培育一流人才

一、1. A　2. B　3. C　4. D　5. D　6. C

二、1. C　2. A　3. B　4. D　5. B　6. A　7. D　8. C

四、1. B　2. A　3. D　4. C　5. A　6. C　7. D　8. B　9. A

第五课　实践验真知　服务促和谐

一、1. B　2. D　3. A　4. D　5. B　6. C

二、1. C　2. C　3. B　4. D　5. D　6. B　7. A

四、1. B　2. C　3. D　4. A　5. C　6. B　7. A　8. C　9. B　10. B

第六课　中国教育

一、1. A　2. C　3. D　4. B　5. C　6. B　7. D

二、1. A　2. D　3. B　4. C　5. B　6. C　7. A

四、1. A　2. C　3. D　4. B　5. D　6. B　7. A　8. C　9. C　10. B

第三单元　中国脊梁

第一课　我和文学

一、1. B　2. C　3. D　4. A　5. D　6. C

二、1. A　2. B　3. D　4. C　5. A　6. C　7. B　8. D

四、1. A　2. D　3. B　4. C　5. A　6. B　7. B　8. C　9. D

第二课　姚明:跨越大洋的文化使者

一、1. B　2. A　3. A　4. C　5. D

二、1. B　2. C　3. A　4. D　5. A　6. D　7. B　8. C

四、1. C　2. B　3. A　4. D　5. B　6. C　7. D　8. A　9. C

第三课　他让阳光温暖艾滋病人

一、1. C　2. B　3. D　4. A　5. D　6. C

二、1. C　2. A　3. B　4. D　5. C　6. B　7. A　8. D　9. B

四、1. C　2. A　3. D　4. B　5. C　6. A　7. B　8. C

第四课　"杂交水稻之父"袁隆平

一、1. C　2. B　3. A　4. D　5. D　6. D

二、1. A　2. C　3. B　4. D　5. B　6. A　7. D　8. C

四、1. C　2. D　3. A　4. B　5. C　6. A　7. B　8. D

第五课　王选:知识分子的楷模　自主创新的典范

一、1. D　2. B　3. A　4. C　5. D　6. A　7. B

二、1. B　2. A　3. D　4. C　5. B　6. A

四、1. B　2. A　3. C　4. D　5. D　6. A　7. B　8. C

第六课　人民科学家钱学森

一、1. A　2. C　3. D　4. D　5. B　6. A　7. C

二、1. A　2. D　3. C　4. B　5. C　6. B　7. A　8. D

四、1. C　2. B　3. A　4. D　5. D　6. A　7. C　8. B　9. C

第四单元　历史瞬间

第一课　"银球"转动"大球"

一、1. C　2. B　3. A　4. D　5. B　6. D

二、1. C　2. D　3. B　4. A　5. A

四、1. D　2. B　3. C　4. A　5. A　6. C　7. D　8. B

第二课　最后一搏

一、1. A　2. D　3. B　4. C　5. A　6. C

二、1. A　2. B　3. C　4. D　5. C　6. A　7. D

四、1. B　2. D　3. A　4. D　5. C　6. A　7. B　8. D　9. A

第三课　废墟上的奇迹

一、1. C　2. C　3. A　4. D　5. B

二、1. C　2. A　3. B　4. D　5. A　6. D　7. C

四、1. C　2. C　3. D　4. A　5. B　6. A　7. C　8. D

第四课　中国政府恢复对香港行使主权

一、1. D　2. B　3. A　4. A　5. C　6. C

二、1. B　2. A　3. C　4. C　5. C　6. A　7. C　8. B

四、1. B　2. A　3. D　4. C　5. B　6. A　7. B　8. C　9. D

第五课　九亿农民告别"皇粮国税"

一、1. B　2. C　3. A　4. D　5. C　6. C　7. A

二、1. B　2. D　3. A　4. C　5. A　6. D　7. C　8. B

四、1. B　2. A　3. D　4. C　5. A　6. C　7. D　8. B　9. A

第六课　"神六",祖国为你骄傲

一、1. B　2. D　3. B　4. A　5. D　6. A　7. B

二、1. B　2. C　3. A　4. D　5. D　6. A　7. C

四、1. C　2. C　3. B　4. D　5. B　6. D　7. C　8. A　9. B

第五单元　巨龙腾飞

第一课　列车驶入拉萨

一、1. B　2. A　3. B　4. A　5. C　6. D

二、1. A　2. C　3. B　4. D　5. B

四、1. B　2. C　3. D　4. A　5. A　6. B　7. C　8. D　9. A　10. B

第二课　"华西文化"促进新农村和谐发展

一、1. C　2. B　3. D　4. B　5. A　6. B　7. B

二、1. D　2. C　3. A　4. D　5. B　6. C

四、1. B　2. C　3. A　4. B　5. C　6. D　7. D　8. B　9. A

第三课　我国外贸突破万亿美元

一、1. B　2. D　3. C　4. D　5. A

二、1. A　2. D　3. B　4. C　5. B　6. C

四、1. C　2. D　3. B　4. B　5. A　6. D　7. B　8. A　9. C

第四课　新疆这五十年

一、1. D　2. C　3. B　4. C　5. A　6. B

二、1. D　2. B　3. C　4. A　5. C　6. D

四、1. A　2. C　3. C　4. D　5. D　6. B　7. B　8. A

第五课　"中国文化年"花开法国

一、1. D　2. C　3. A　4. B　5. C　6. B

二、1. A　2. C　3. C　4. B　5. C　6. D

四、1. B　2. C　3. D　4. C　5. D　6. A　7. A　8. B　9. B

第六课　杭州荣登中国城市投资环境排名榜首

一、1. D　2. D　3. C　4. B　5. C　6. B　7. A

二、1. B　2. C　3. C　4. B　5. A　6. D

四、1. B　2. A　3. C　4. B　5. A　6. D　7. B　8. D　9. C